KRÜGER

Matthias Lohre

Der Film-Verführer

Warum Frauen Action lieben und Männer Romantik wollen

S. FISCHER | KRÜGER

MIX
Papier aus verantwortungsvollen Quellen
FSC® C014496

Erschienen bei FISCHER Krüger

Satz: Pinkuin Satz und Datentechnik, Berlin
Druck und Bindung: GGP Media GmbH, Pößneck
ISBN 978-3-8105-1153-9

INHALT

Vorspann 7

Titanic 3D
Ist Winslet eine Matrone und
DiCaprio eine schwule Kartoffel? 14

Fight Club
Sich prügelnde Männer sind romantisch 27

Twilight – Bis(s) zum Morgengrauen
Kein Sex bitte – Wir sind Vampire 42

Keinohrhasen
Ein Film wie ein Einkauf bei Ikea 56

Die Simpsons – Der Film
Das Paradies auf Erden ist eine Kultnacht 70

Top Gun – Sie fürchten weder Tod noch Teufel
Wer bist du: Val Kilmer oder Tom Cruise? 83

Terminator 2
Der einzige Mann, der etwas taugt,
ist eine Maschine 97

Pretty Woman
2000 Jahre Kulturgeschichte in zwei Stunden 112

Erbarmungslos
Clint Eastwood – Vater der Girl Power 132

Die Brücken am Fluss
Was ist wahre Liebe? 148

Sex and the City – Der Film
Katharsis mit Kartoffelchips 162

Frühstück bei Tiffany
Emanzipation im »kleinen Schwarzen« 175

James Bond 007 – Skyfall
Der berühmteste Agent: ein Muttersöhnchen? 188

Alien – Das unheimliche Wesen aus einer fremden Welt
Der wahre Action-Film für Frauen 198

Findet Nemo
Wie Bambi unter Wasser 210

Und täglich grüßt das Murmeltier
Hamlet in einer Sitcom-Welt 224

Abspann 237

Danksagung 240

VORSPANN

Seit ich *Schlaflos in Seattle* gesehen habe, weiß ich, wie wir alle die große Liebe finden können. Die Idee ist, wie alle genialen Ideen, im Kern einfach. Und das Beste daran: Um den passenden Menschen zu finden, muss niemand wie Meg Ryan eine nächtliche Radiosendung hören, in der einer wie Tom Hanks zögerlich von seiner verstorbenen Frau erzählt. Damit hätte ich ein Problem. Schließlich bin ich ein Mann auf der Suche nach einer Frau, was soll ich da mit einem Witwer? Es braucht auch niemand seinem kleinen Sohn nach New York hinterherzufliegen, der ausgebüxt ist, um seine neue Mama auf der Aussichtsplattform des Empire State Buildings zu treffen. Ich zumindest will die perfekte Frau ja erst kennenlernen, mit der ich ein Kind bekomme, das meine Nerven strapaziert. Nein, die Sache ist viel einfacher. Wer hätte gedacht, dass man beim Suchen und Finden der Liebe auch bequem sitzen und Popcorn essen kann? Aber der Reihe nach.

Vordergründig geht es bei *Schlaflos in Seattle* ja um die Frage, ob Tom Hanks und Meg Ryan zueinander finden – entgegen aller Wahrscheinlichkeit und über Tausende Kilometer hinweg. Es ist eine typische, perfekt inszenierte Romantische Komödie. Aber jeder gute Hollywoodfilm ist mehr als die Summe seiner Drehbucheinfälle und Schauspielleistungen. Ein Meisterwerk seines Genres bringt etwas in Menschen zum Schwingen, von dem sie oft selbst nicht wissen, was es ist. Es lässt sie ahnen, was sie fürchten und wünschen. So war es auch bei mir, als ich neulich *Schlaflos in Seattle* guckte.

Es war später Abend, ich sah allein fern. Mehr brauche ich wohl kaum zu sagen, um klarzumachen, dass ich schlechte Laune hatte. Meine Freundin und ich hatten uns kurz zuvor getrennt, grässliche Streitereien und noch grässlicheres Schweigen inklusive. Der Eisberg, der unserer Beziehung den tödlichen Stoß versetzte, hieß *Titanic 3D*. Von diesem Schiffbruch erzähle ich gleich, vorher aber zu *Schlaflos in Seattle*.

Im Fernsehen war gerade zu sehen, wie Sam (Tom Hanks) nach dem Krebstod seiner Frau versucht, ins Leben zurückzufinden. Spätestens da hätte ich auf einen Film für Männer umschalten müssen, aber sogar dafür war ich zu deprimiert. Und in diesem Moment kommt Annie (Meg Ryan). Sie macht sich zu Filmbeginn daran, ihren netten, aber langweiligen Freund zu heiraten. Annie redet sich ein, als Frau in den Dreißigern müsse sie ihre Jungmädchenträume von der großen Liebe aufgeben.

»Schicksal«, sagt Annie ihrer Mutter, *»ist etwas, das wir erfunden haben, weil wir den Gedanken nicht ertragen können, dass alles, was passiert, reiner Zufall ist.«*

Ich legte die Fernbedienung aus der Hand. Genau, dachte ich, so ist es! Wir können nicht darauf warten, dass der perfekte Mensch an der Tür klingelt nach dem Motto: »Dingdong, du hattest die große Liebe bestellt. Hier bin ich. Oh, du guckst *Schlaflos in Seattle*. Hast du noch Platz auf der Couch? Ich hab' auch Choco Crossies.«

Wer die große Liebe finden will, muss etwas dafür tun. Aber was? Ich schaute auf die DVD-Hülle. Darauf stand: »Stell Dir vor, jemand, den Du nie getroffen hast, den Du nie gesehen hast, den Du nie kennengelernt hast, ist die Liebe Deines Lebens.« (Okay, ich geb's zu: Ich habe den Film nicht zufällig im Fernsehen gesehen, ich habe die DVD in der Videothek ausgeliehen. Bitte nicht meinen männlichen Freunden erzählen.) Mir wurde klar, dass tief in mir große Unruhe herrschen musste, wenn eine Romantische Komödie es schafft, mich derart zu berühren. Irgendwo verbarg sich eine ungestillte Sehnsucht, und sie scherte sich einen Dreck darum, ob ein Film kitschig ist oder nicht. Die perfekte Frau für mich mochte da draußen sein, und ich saß allein zu Hause und hatte nicht mal Choco Crossies. Das musste sich ändern. Vielleicht verhält es sich mit dem Schicksal wie mit Marmelade: Selbst gemacht ist es am besten. Aber wie helfe ich dem Lebensglück nach? Dann kam diese unscheinbare Filmszene.

Annie eilt zu ihrem älteren Bruder. Sie ist verwirrt, ihr geht die Stimme aus der nächtlichen Radiosendung nicht aus dem Kopf: die Stimme des Witwers Sam. Annie fragt ihren Bruder, ob es tatsächlich sein könne, dass sie verliebt ist in einen Mann, den sie gar nicht kennt. Ihr Bruder antwortet ruhig:

»Wenn du dich zu jemandem hingezogen fühlst, heißt das nur, dass dein Unterbewusstsein sich von dem anderen Unterbewusstsein angezogen fühlt – unterbewusst. Also ist das, was wir Schicksal nennen, das Bewusstsein zweier Neurosen, dass sie perfekt zusammenpassen.«

Es war gut, dass meine große Liebe noch nicht neben mir auf der Couch saß, denn mein Mund stand offen. Etwas in mir wusste: Das ist es. Das ist die Lösung der Probleme bei der Partnersuche. Die Lösung *meiner* Probleme. Dass ich nicht früher darauf gekommen bin! Dabei hatte ich die Antwort die ganze Zeit direkt vor meinen Augen.

Filme beeinflussen uns weit mehr, als wir verstehen. Sie verbinden sich mit unseren Hoffnungen, Ängsten und Sorgen, ohne dass wir es ganz begreifen. Sie prägen unseren Blick auf die Welt. Romanzen beispielsweise haben großen Einfluss darauf, welche Bilder in unseren Köpfen entstehen, wenn wir an Verliebtheit, Liebe und Heirat denken. Als Victoria von

Schweden im Jahr 2010 heiraten wollte, gab es ein Problem. Die Kronprinzessin bestand darauf, dass ihr Vater, König Carl XVI. Gustaf, sie durchs Kirchenschiff bis zum Altar begleitete, wo ihr Bräutigam auf sie wartete. Eine typische Hollywood-Situation, bekannt etwa aus *Vater der Braut* mit Spencer Tracy und Elizabeth Taylor. Das Abba-Musical *Mamma Mia!* handelt sogar größtenteils von der Suche einer Braut nach ihrem unbekannten Vater, damit dieser sie zum Altar geleitet. Doch dieser Akt der Übergabe war in dem skandinavischen Land unüblich. Es gab Streit. Die protestantischen Kirchenoberen und große Teile der Bevölkerung sahen darin einen archaischen, unemanzipierten Brauch: den symbolischen Übergang des väterlichen »Eigentums« in das des Bräutigams. Diese amerikanische Sitte sollte nicht Einzug in das schwedische Königshaus halten! (Ins Musical einer schwedischen Popband hatte es das ja schon geschafft.) Doch Victoria bestand darauf. Man einigte sich auf einen Kompromiss: Carl XVI. Gustaf begleitete seine Tochter bis zur Mitte des Kirchenschiffs. Dort übergab er sie an seinen künftigen Schwiegersohn, und der schritt mit der Prinzessin zum Altar. Es war ein Kampf zwischen Hollywood auf der einen Seite, jahrhundertealten Kirchentraditionen und einem europäischen Königshaus auf der anderen. Punktsieg für die Traumfabrik.

Die Macht der Bilder reicht aber viel weiter. Bei den Anschlägen vom 11. September 2001 war die erste Reaktion vieler Menschen: »Das ist ja wie im Film.« Wir hatten Szenen einer Katastrophe im Kopf, die sich noch gar nicht ereignet hatte. Als die beiden Türme des World Trade Centers in New York zusammenbrachen, Menschen vor den herabstürzenden Trümmern flohen und kurz darauf der US-Präsident ernste Worte in eine TV-Kamera sprach, da schien das Leben Hollywood zu imitieren. Nicht umgekehrt.

Filme sind mächtig, weil sie uns Bilder einprägen können.

Das gelingt ihnen aber nur, wenn sie dabei an etwas rühren, was bereits in uns schlummert. »Im Laufe eines Tages sind wir mehrmals in das Entstehen und Vergehen kompletter Seelenwelten einbezogen«, schreibt Dirk Blothner in seinem Buch *Erlebniswelt Kino*. Blothner ist Medienpsychologe und Psychotherapeut, er analysiert, warum und wie Filme auf uns wirken. Sie hinterlassen einen bleibenden Eindruck, wenn sie unser Unbewusstes ansprechen. Auch in alltäglichen Situationen geraten wir ständig »in die Dramatik von Gelingen und Verfehlen, von Sieg und Niederlage, Ordnung und Chaos, Treue und Verrat. Jeden Tag aufs Neue«, schreibt Blothner. Im Büro gibt es Streit, jemand nimmt uns die Vorfahrt, oder der Blick eines Menschen auf der Straße irritiert uns. An das meiste erinnern wir uns schon bald nicht mehr. Das Unbewusste aber vergisst nicht, es kennt weder Vergangenheit noch Zukunft. »Das Kino ist ohne diesen zugleich erregenden und beängstigenden Alltagsbetrieb nicht zu verstehen. Es erwächst aus ihm«, schreibt Blothner. »Im Kino haben wir die dramatische Lebenswirklichkeit noch einmal vor Augen. Es eröffnet Wirkungswelten mit Herz. So wie unser Leben von Momenten wie Aufbrechen, Eindringen, Siegen, Verwirrung, Angst, Glück und Abschied bestimmt wird, so suchen wir diese Erlebnisse im Kino. Wir wollen sie immer wieder erfahren. Wir wollen den Wegen des Lebens folgen – Sieg und Vereinigung in gesteigerter Intensität, Trennung und Verlust in ungewöhnlicher Tiefe erleben. Wir möchten im freieren Raum der fiktionalen Unterhaltung ausprobieren, was wir uns im realen Leben nicht (zu)trauen. Wir benutzen das Kino, um zu erfahren, was uns lieb und teuer ist, und um unsere Grenzen kennenzulernen.« Hier kommt *Schlaflos in Seattle* ins Spiel. Annies Bruder Dennis sagt: »*Was wir Schicksal nennen, ist das Bewusstsein zweier Neurosen, dass sie perfekt zusammenpassen*« – unbewusst. Beim Sich-Verlieben verstehen zwei Menschen also gar nicht, was sie am Gegenüber so anziehend finden. Etwas in ihnen aber weiß es genau. Bekanntlich erweisen sich Beziehungen als besonders stabil, die auf Gemeinsamkeiten, nicht auf Unterschieden beruhen. Auf lange Sicht halten Menschen es nur mit ähnlich Gesinnten aus. Wie aber lässt sich herausfinden, welche Neurosen, Ängste, Sehnsüchte und Vorlieben ein Mensch hat und ob sie zu meinen passen, ohne viel Geld fürs Bestechen seines Psychotherapeuten auszugeben? Jemanden direkt zu fragen nützt häufig wenig; schließlich kennen die meisten Menschen sich selbst schlechter, als sie glauben. Und gegenüber anderen malen sie von sich oft ein Bild, das zu charmant ist, um wahr zu sein. (Abgesehen von mir. Ich bin ganz objektiv ein toller Typ.) Wenn Menschen eine Beziehung eingehen, brauchen sie oft Monate, gar Jahre, um zu verstehen, dass sie sich im Partner getäuscht haben. Beispielsweise, wenn ein Mann – ein objektiv toller Typ – erfährt, dass seine Freundin seine Leidenschaft für Filme gar nicht teilt. Jetzt aber habe ich die perfekte Abkürzung zum Glück gefunden.

Meine Idee: Der effizienteste und kurzweiligste Partnerschaftstest, den es gibt, ist ein gemeinsamer Kino- oder DVD-Abend. Nichts verrät so untrüglich wie ein beiläufiger Blick in die Augen des Sitznachbarn, was diesen Menschen im Innersten bewegt. Lächelt er oder sie unwillkürlich im selben Moment wie ich? Oder gähnt da etwa jemand während meiner Lieblingsszene? Hält mein Date meinen Leinwandhelden für einen Trottel? Ein Kichern und ein Seufzen an der richtigen oder falschen Stelle sagen eine Menge aus. Auch ein Plausch über Filme verrät viel. Ein Spielfilm ist wie ein Lügendetektor. Wir können ihn nicht überlisten, weil wir oft nicht mal ahnen, was das Leinwandgeschehen in unserem Unbewussten berührt. Das Es mag pulsen und beben, und wir bekommen es kaum mit. Ein Filmabend ist ein Lügendetektortest, bei dem man zwischendurch aufs Klo gehen kann. Mich beispielsweise bewegt weniger die Frage, ob die von Meg Ryan und Tom Hanks gespielten Figuren tatsächlich zueinander passen. Mein Unbewusstes schert sich auch nicht darum, ob die Schauspieler große Stars oder Nobodys sind. Viel wichtiger ist, dass die Leinwandhelden stellvertretend für mich ihre Hoffnungen erhalten und Widerstände überwinden. Wenn die beiden es schaffen, sagt etwas tief in meinem Hirn, dann kann ich es auch. Wenn Annie und Sam am Ende zueinander kommen, habe auch ich eine Chance, die große Liebe zu finden. Zugegeben: Es ist kein gutes Gefühl zu merken, dass ich die Erfüllung meines Lebensglücks in die Hände fiktiver Figuren einer überzuckerten Hollywood-Romanze lege. Aber *Schlaflos in Seattle* ist nur der Auslöser. Jetzt nehme ich die Sache in die Hand.

Ich drückte auf die Stoptaste der Fernbedienung, und auf dem Fernseher gefror das Bild des einsamen Tom Hanks, der nachts vor seinem Hausboot auf einem Stuhl hockt. Anders als die Figur im Film stand ich auf. Ich warte nicht mehr auf das Schicksal. Das ist doch bloß etwas, was wir erfunden haben, weil wir den Gedanken nicht ertragen können, dass alles, was passiert, reiner Zufall ist.

Ich mache mich auf, die Frau fürs Leben zu finden. Wie Männer so sind, habe ich dabei einen Plan: Ich werde gezielt Frauen kennenlernen und mit ihnen über Filme plaudern. Ich werde sie zum Kino- oder DVD-Abend einladen. Und ich werde schneller denn je verstehen, ob eine von ihnen wirklich zu mir passt. Wer die unbewusste Wirkung von Filmen begreift, der begreift auch die Charaktere derer, die sie schauen. Das Verständnis von Lieblingsfilmen ist der Königsweg zum Herzen moderner Menschen – Frauen wie Männer. Womöglich ist die Liebe meines Lebens jemand, den ich nie getroffen habe, den ich nie gesehen habe, den ich nie kennengelernt habe. Doch Liebe überwindet derlei Kleinigkeiten. Hab' ich im Kino gesehen.

TITANIC 3D

Ist Winslet eine Matrone und DiCaprio eine schwule Kartoffel?

Hoffnung ist angeblich die letzte Zuflucht der Schwachen. Wenn das stimmt, geht es mir noch schlechter, als ich dachte. Denn ich habe nicht mal mehr Hoffnung. Es ist der Abend vor meiner Eingebung, wie ich die große Liebe finde. Ich gehe mit der Frau, von der ich einmal dachte, sie könne die große Liebe werden, ins Kino. Retten, was nicht zu retten ist. Letztlich ist mir klar, dass aus Tina und mir kein glückliches Paar mehr werden kann. Wir haben einfach zu wenig gemein. Seit acht Monaten sind wir ein Paar, seit schätzungsweise sieben Monaten füllen wir unsere Treffen mit Streitereien, und wir wüssten nicht einmal genau zu sagen, worum es dabei geht. Manchmal kommt es mir vor, als seien unsere Dates Verabredungen zum Kampf. Wir treffen uns, der eine sagt irgendetwas, der andere fühlt sich aus irgendeinem Grund angegriffen, und los geht das Geschrei. Eine desolate Paarbeziehung, präzise aufeinander abgestimmt wie eine Schweizer Kuckucksuhr. Aber statt eines Vogels, der »Kuckuck« ruft, kommen zu festgelegten Zeiten Tina und ich aus dem Doppeltürchen und meckern. Diese Beziehung ist ein sinkendes Schiff. Dummerweise erkennen Menschen die Wahrheit ja häufig erst an, nachdem alle anderen Möglichkeiten erschöpft sind.

Wenn uns irgendein Film daran erinnern kann, was wir aneinander haben, dann dieser. Das sage ich natürlich nicht laut, sondern denke es nur, während Tina und ich unsere Plätze im dunklen Kinosaal suchen. Als wir uns in die Sessel fallen lassen, brüllt die Werbung los. Auch gut, denke ich, dann brauchen wir uns nicht zu unterhalten. Wir gucken *Titanic* in der digital überarbeiteten Version. Die Geschichte einer aussichtslos erscheinenden, aber großen Liebe. Der Versuch zweier Menschen, sich selbst und den geliebten Menschen aus unentrinnbar scheinenden Zwängen zu befreien. Und das Ganze in 3D. Wen lässt so was kalt?

»Ich stehe ja nicht so auf 3D«, sagt Tina, als sie die sperrige, schwarze Brille aufsetzt. »Erst recht bei alten Filmen. Warum bringt man *Titanic*, der auch ohne so'n Schnickschnack total erfolgreich war, noch mal ins Kino?«

Ich könnte jetzt antworten: Weil »so 'n Schnickschnack« jede Menge Geld einspielt. Die digitale Nachbearbeitung, um das Dreistundenwerk in 3D darzustellen, mag zwar 60 Wochen und 18 Millionen Dollar gekostet haben. Dafür muss das Studio aber keine teure Werbekampagne starten, den Film kennt ja eh jeder. Und noch ist die 3D-Technik etwas, was sich nicht einfach illegal von Internetseiten herunterladen lässt. Wer das dreidimensionale Erlebnis will, muss zahlen. Aber allein wegen tiefenscharf dargestellter Smokings und Abendkleider geht niemand ins Kino. Technische Raffinesse erklärt nicht den Erfolg des Dramas. Es geht um Gefühle. Und Gefühle, so viel weiß ich über Frauen, sollten Männer ernst nehmen. Oder, wie in Tinas Fall, deren Abwesenheit.

»Okay, technisch kommt der Film vielleicht nicht an *Avatar* ran«, sage ich. »Aber der James-Cameron-Blockbuster wurde ja von vornherein in 3D gedreht. Und anders als dieses ›Pocahontas im Weltall‹ hat *Titanic* Herz.« Tina seufzt. Ein gutes Zeichen. Sie denkt bestimmt: Mensch, mein Freund ist nicht so ein kalter Klotz, kein Eisberg, der …

»›Herz‹?«, fragt Tina.

»Na, du weißt schon. Die Geschichte einer großen, tragischen

Liebe. Armer, aber schöner und lebenshungriger Draufgänger trifft reiche, aber in Konventionen gefangene, junge Frau, die des Geldes wegen einen bösen Mann heiraten soll. Die beiden lernen voneinander, was es heißt, zu leben, und …«

»… und zu sterben!« Tina lacht laut auf. »Wenigstens«, ruft sie mit einem Blick, den ich wohl kaum erklären muss, »hatten die beiden vorher schmutzigen Sex auf'm Autorücksitz!« Grummeln in der Sitzreihe hinter uns.

Ich blicke Tina von der Seite an. Ein wichtiger Grund, weshalb wir uns seit acht Monaten die Streitereien antun, ohne entnervt aufzugeben, ist starke körperliche Anziehung. Unzufriedenheit über zu wenig oder schlechten Sex ist für uns nie Anlass für Streit gewesen, im Gegenteil: Sex war oft die Lösung. Zumindest bis zum nächsten Streit.

Tinas Gesicht ist erhellt vom strahlenden Licht der Abschiedsszene in Southampton: An einem sonnigen Frühlingstag im Jahre 1912 gehen mehr als 2200 Menschen an Bord des damals größten Schiffes der Welt. Jubel, Uniformen, schöne Kleider, rauchende Schornsteine. Zwei Jahre vor Ausbruch des Ersten Weltkriegs birgt die Zukunft das Versprechen auf ein schöneres Leben für fast alle. Die Titanic, kurz vor ihrer ersten Atlantiküberquerung, wird inszeniert als dessen glanzvolle Einlösung. Tina scheint das weniger zu beeindrucken. Ihr Gesicht leuchtet auch deshalb, weil das Display ihres Smartphones so hell ist. Sie verschickt eine SMS.

»Das Geniale an der Szene«, sage ich leise, »ist die perfekte Nutzung von Technik. Nur ein Teil der Schiffswand ist echt, der Rest stammt aus dem Rechner. Außerdem gab es nur eine Bordwand. Für die Szene brauchten sie die andere. Da haben sie einfach alle Beschriftungen spiegelverkehrt aufgeklebt und in der Postproduktion das Bild gespiegelt. Und das Tageslicht strahlt nicht in England, sondern in Mexiko. Alles ist Fake – und wirkt doch echt.«

»Hmm.«

»Krass, oder? Alles strahlt Aufbruchstimmung aus. Aus Technik wird Emotion. Wie bei der Titanic selbst.«

Ich freue mich, dass ich mich über so etwas dermaßen freuen kann. Tina scheine ich damit beeindruckt zu haben, jedenfalls lässt sie endlich ihr Handy sinken und schaut mich mit großen Augen an.

»Du bist verknallt in *Titanic*«, sagt sie ungläubig. Irgendwas läuft hier schief.

»Pfffffft, doch nicht verknallt«, sage ich mit einem Achselzucken. »Mich reizt die technische Umsetzung des Films. Und die perfekte Dramaturgie. Es ist ja nicht leicht, die Leute für einen Film zu begeistern, wenn jeder weiß, wie die Sache ausgeht. Mittlerweile hat sich ja 'rumgesprochen, dass die Titanic gesunken ist. Aber Cameron hat es geschafft, drumherum eine Geschichte zu erfinden, die alles verbindet: Explosionen und dampfende Maschinen für die Männer, und eine tragische Romanze für die Frauen.«

»›Für die Frauen‹?«

»Na ja, also …« Jetzt bloß nicht in Stereotypen verfallen. Nach dem Motto: Männer sind so, Frauen so.

»Ehrlich gesagt«, erklärt Tina, ohne die Stimme zu senken: »Das Schicksal von Jack und Rose ist mir ziemlich schnurz.«

»Uns aber nicht«, sagt eine ungehalten klingende Männerstimme hinter uns. »Wenn ihr den Film nicht gucken wollt, dann geht doch bitte raus.«

»Habt ihr etwa Angst, ihr könntet was Wichtiges verpassen?«, fragt Tina laut. »Ich verrat' euch was: Am Ende verrecken fast alle.«

Wieder dieses grollende Lachen. Aus irgendeinem Grund erinnert es mich an die drohende Katastrophe auf der Leinwand. Glücklicherweise ist nur eins von beiden in Dolby Surround.

Wie kann jemand nicht beeindruckt sein von dieser perfekten Symbiose filmischer Mittel, von Action- und Liebesgeschichte? Millionen Frauen haben sich identifiziert mit Rose DeWitt Bukater, der siebzehnjährigen Tochter aus gutem, aber verschuldetem amerikanischen Hause, die einem Leben an der Seite eines reichen, aber herzlosen Mannes entgegensieht. Rose, gespielt von Kate Winslet, durchlebt stellvertretend für die Zuschauerinnen die Entwicklung vom pubertierenden und verwirrten Mädchen zu einer selbstbewussten Frau. Rose lernt, sich von ihrer vereinnahmenden Mutter zu lösen, und entscheidet selbst über ihren Lebensweg. Die Begegnung mit dem Herumtreiber Jack Dawson geschieht passenderweise in dem Moment, in dem Rose beschlossen hat, lieber in den Tod zu stürzen, als sich den Konventionen ihres sozialen Milieus zu beugen. Mit Hilfe Jacks (Leonardo DiCaprio) lernt sie, einen vom Elternhaus unabhängigen Weg zu gehen. Sie emanzipiert sich als Frau und lernt die Liebe kennen. Wie kann Tina davon nicht beeindruckt sein? Erst recht, da sie selbst fast noch ein Teenager war, als der Film im Januar 1998 das erste Mal in die deutschen Kinos kam. Ich gebe nicht auf. Die nächste Szene kann auch Tina nicht kalt lassen.

Jack und Rose stehen gemeinsam am Schiffsbug, Jack hält Rose zärtlich fest, als diese, die Arme ausgebreitet, gen Horizont blickt. Ihre sexuelle und gedankliche Befreiung erreicht einen ersten Höhepunkt. Auf der Jungfernfahrt (!) rast sie in ein neues, freieres Leben. Tinas Gesicht flammt rot und blau auf: Die Farben der Meeresoberfläche unter und des Sonnenuntergangs vor ihr spiegeln sich darin. Der gesamte Film ist geprägt von in Blau- und Rot-Tönen gehaltenen Szenen. Rot steht für Leben, Emotion, Aufbruch. Etwa in der Liebesszene im Auto, die Tina offenbar so mag. Blau steht für Erstarrung, Kälte und Gefahr, beispielsweise beim Zusammenstoß mit dem Eisberg. Dass in der Bugszene beides verbunden wird; dass Farben das Entstehen eines vollwertigen, Kontrolle und Leidenschaft verbindenden Menschen symbolisieren; dass sich dabei das Versprechen der Freiheit und die Drohung der Verletzung vermengen und einen Rausch erzeugen – welche Frau berührt das nicht?

»Warum ist nicht die dicke Winslet ertrunken?« Wer in die atemlose Stille des Kinos hinein diese rhetorische Frage stellt, muss ich wohl kaum erwähnen.

»Im Ernst«, sagt die immer genervtere Stimme hinter uns, »hier sitzen zufällig noch ein paar Leute mit Sinn für Romantik. Wenn ihr keinen Bock auf den Film habt, dann geht doch vögeln.«

»Eins nach dem anderen«, sagt Tina und schaut mich wieder auf eine Weise an, dass mein Gehirn kribbelt.

Mir dämmert, dass mein Plan für den Verlauf des Abends gerade zerfällt. Frau + Liebesdrama = Romantik? Nicht mit Tina. Meine Freundin scheint gegen Emotionen immun zu sein. Aber ein neuer Plan tut sich auf: Frau + Mann = Sex. Oder bin ich da zu rationalistisch, wie die Erbauer und Passagiere der Titanic? Habe ich gedacht, die technische Finesse der 3D-Animationen würde Tina beeindrucken und eine mir bislang unbekannte Seite an ihr zum Vorschein bringen? Am schwierigsten, sagten die Produzenten der dreidimensionalen Version, waren die Close-Ups und Szenen, in denen viel Kleinteiliges zu sehen ist, wie etwa ein Abendessen auf dem Oberdeck. Da stehen zwölf Gläser auf dem Tisch, und jedes muss in der richtigen Perspektive angeordnet werden. Ich habe geglaubt, mein Date wie eine mathematische Gleichung angehen zu können. Und dabei habe ich eines vergessen: den Faktor Mensch. Deshalb habe ich den Eisberg, der alle Planungen ins Wanken bringt, nicht früh genug gesehen. Mein verhängnisvolles Hindernis heißt Tina. Zumindest können dieser Eisberg und ich Sex haben. Dazu muss ich jetzt dasselbe tun wie Rose: bis zum Ende durchhalten. Für mich heißt das: bloß keinen Streit mit Tina anzetteln, egal, was sie sagt.

Nach der Hälfte des Films nimmt die Katastrophe ihren Lauf – auf der Leinwand wie im Kinosaal. Ich entgegne nichts, als meine Eisklotz-Nachbarin nach und nach jede Filmszene mit ihren Kommentaren belegt. Tapfer schweige ich, während Jack und Rose durchs sinkende Schiff irren, auf der Flucht vor Roses wütendem, extrem unsympathischem Verlobten, und Tina urteilt, diesen Schauspieler würde sie »nicht von der Bettkante schubsen«. Ich atme tief durch, als Offiziere und Heizer auf dem sinkenden Schiff weiterarbeiten, so ihr Leben für andere opfern und Tina kommentiert, das sei ja »schön blöd von diesen Fraggles«. Und ich räkle mich nur ein wenig im Sessel, als sie mäkelt, ein dahergelaufener Straßenjunge aus Wisconsin (Jack) könne doch niemals wissen, wie man sich beim Untergang eines Ozeandampfers verhält: »Hallo? Drehbuch?« Dabei ist Jack weit mehr als die Projektionsfläche für Begierden weiblicher Zuschauer. Er ist ein junger Mann, der die Welt entdeckt, in Paris Prostituierte zeichnet und mit irischen Auswanderern ausgelassen im Schiffsbauch tanzt. Er lebt und kümmert sich nicht um die Erwartungen anderer. Ein ausgefülltes Leben ist ihm wichtiger als materieller Erfolg. *Titanic* ist auch ein Männer-Film.

Das Schiff sinkt immer schneller. Jack und Rose klettern aufs hoch in der Luft schwebende Heck und blicken gemeinsam in den Abgrund: aufs schwarze, kalte Meer und die hinabstürzenden Menschen. Die Kamera rast mit den beiden in die Tiefe, die Identifikation mit Jack und Rose lässt sich kaum noch steigern. Ihre Angst wird zur Angst der Zuschauer, erst recht in 3D. Es ist, als erblickten sie alle gemeinsam den gleichgültigen, dröhnenden Tod selbst. Ein Angriff auf menschliche Urängste, der niemanden kaltlassen kann.

»Ich geh' kurz für kleine Überlebende«, sagt Tina, und hiermit nehme ich meine jüngste Annahme zurück.

»Bleib am besten gleich draußen«, sagt die Männerstimme

hinter uns. Und eine weitere, zwei Reihen weiter vorn, ergänzt: »Wenn diese Frau Leo noch *einmal* ›schwule Kartoffel‹ nennt, schrei' ich.«

Da habe ich eine Idee.

»Lass uns gehen«, sage ich zu Tina. »Die Leute hier haben echt keine Ahnung. Wir müssen uns von denen nicht beschimpfen lassen.«

Genial: Endlich hört sie auf, über diesen Meilenstein der Filmgeschichte zu lästern, und ich bin der galante Begleiter, der seinen Mann steht. Als wir in der Dunkelheit unsere Jacken greifen, lächle ich: Wieder mal habe ich alles richtig gemacht. Als wir dem Ausgang zustreben, erfrieren auf der Leinwand gerade mehr als eintausend Menschen im Wasser des nächtlichen Nordatlantiks. Da scheint es doch eher unpassend, dass einige Zuschauer unserem Abgang applaudieren.

»Boah, endlich draußen«, sagt Tina, als wir unsere Jacken anziehen. »Nur gut, dass wir nicht mehr zuschauen mussten, wie die Matrone den Hänfling nicht aufs rettende Holzstück lässt.«

Wann hört sie endlich auf zu reden?

»Trotzdem schade, dass wir nicht bis zum Ende drin waren. Dann läuft ja ›My Heart Will Go On‹. *Das* ist mal romantisch!« Mit offenem Mund forsche ich nach Spuren von Ironie in Tinas Gesicht. Das Suchergebnis gefällt mir gar nicht. »Aber DiCaprio war schon großartig in diesem Behinderten-Film«, sagt Tina. Ich schöpfe Hoffnung.

»Du meinst *Gilbert Grape – Irgendwo in Iowa*?«

»Genau. Wie er da diesen geistig behinderten Bruder von Johnny Depp spielt, das war so, so …« Tina schaut in die Luft, als schwebe dort die Antwort.

Sag' es: Es war so bewegend. So traurig. Großartig gespielt. DiCaprios erste, völlig verdiente Oscar-Nominierung. Vielleicht ist Tina doch nicht so kalt.

»… so lustig!«

Tina nimmt meinen offen stehenden Mund nicht wahr. Entschuldigung: Was hat sie gerade gesagt? Tina lächelt mich an.

»Wir haben einen ganzen Abend ohne Streit geschafft. Das ist doch was. Zur Feier geht's ab zu mir. Spring auf, Cowboy!«

Liebes Gehirn, an dieser Stelle möchte ich dir einen Deal vorschlagen, okay? Du tust, als hättest du Tinas Worte über *Gilbert Grape* nicht gehört. Dafür revanchiere ich mich gleich im Bett mit der Ausschüttung einer gehörigen Portion Glückshormone. Was hältst du davon? Leider hört mein Gehirn selten auf mich.

»Tina, ich glaub', das lassen wir lieber.«

»Was meinst du? Den Sex?«

»Den Sex und den Streit. Also unsere Beziehung.«

»Damit ich richtig verstehe: Also auch kein Sex mehr?«

»Ja!«

Hätte ich eine Liste der Dialoge, die ich niemals führen wollte, wäre dieser hier in den Top 3. Auf Platz 2 läge ein Gespräch, das anfängt mit: »Sie haben die Wahl: Tod oder Amputation aller Gliedmaßen. Nummer 1 wäre vermutlich eine Variation von Nummer 2, nur ginge es da um meinen Penis.

Nur dieses eine Mal wünsche ich mir, wir würden streiten. Weil es zeigen würde, dass wir noch aneinander hängen. Weil etwas in uns den Trennungsschmerz noch ein wenig hinauszögern will, und sei es durch Gemecker. Aber so ist es nicht.

Kurz darauf gehen Tina und ich nach Hause, jeder für sich. Mir wird klar, es ist besser so. Spätestens als ich in dieser Nacht, so sternenklar wie damals im eiskalten Nordatlantik, eine immer leiser werdende Frauenstimme höre, die schief »My heart will go on« singt.

Mein Fazit auf dem Nachhauseweg: *Titanic* ist ein Film für Männer und Frauen – wenn auch nicht für jede Frau. Er spricht beide Geschlechter an, weil hier zwei Protagonisten Reisen antreten, die sie zu einem erfüllten Leben bringen sollen. Diese

Geschichte ist universell, nur die Akzente sind unterschiedlich. Wenn Rose am Bug stehend die Arme ausbreitet, dann ist ohne viele Worte klar: Hier entfalten sich die Sehnsüchte und die Sexualität einer jungen Frau. Nicht zufällig steht Jack ihr bei – wie ein Liebespartner. Als er an der Schiffsspitze thront, jubelt Jack »Ich bin der König der Welt!« und lädt so maskuline Erwartungen auf sich: Ich kann es schaffen in der Welt, selbst bestimmt und autark. Es ist das Versprechen, die ängstlichen, kleinen Anfänge der Jugend hinter sich lassen zu können, um ein starker Mann zu werden. Sexuelle Konnotationen spielen da natürlich auch hinein, schließlich reitet Jack gewissermaßen auf einem 269 Meter langen Phallus. Das ist ja schon was. Allerdings frage ich mich, was es damit auf sich hat, dass in diesem Moment hinter dem Wellenreiter ein weiterer Mann steht – sein wissend lächelnder italienischer Freund. Wie jeder große Hollywood-Film bietet auch *Titanic* eine Lebensregel. Sie lässt sich zusammenfassen mit »Wahre Liebe engt nicht ein, sondern befreit.« Oder: »Nur wer nach eigenen Maßstäben lebt, lebt wirklich.« In gewisser Weise bin auch ich, indem ich Nein zur Beziehung mit Tina gesagt habe, meinen Maßstäben treu geblieben.

Titanic ist das seltene Beispiel eines Films, bei dessen Anblick Frauen wie Männer Emotionen zeigen dürfen. Normalerweise gestatten sich Kerle Trauer oder Angst im Kino nur, wenn Aliens oder Roboter im Spiel sind. Nicht zufällig ist James Cameron auch der Regisseur von *Aliens – Die Rückkehr* und den ersten beiden *Terminator*-Filmen. Männer werden in ihrer Jugend noch immer dazu angehalten, ihre Emotionen stärker zu unterdrücken als Frauen. Auch wenn die Eltern diese Norm nicht einfordern, werden sich Mitschüler und Vereinskollegen bestimmt darum kümmern – keine Sorge. Doch *Titanic* ist eine perfekte Symbiose aus Liebes- und Katastrophenfilm. Und er bietet damit die willkommene Tarnung für Männer, die sich vom Leinwandgeschehen berühren lassen wollen. Der Lärm des Schiffsuntergangs überdeckt mögliches Schluchzen. Genauer betrachtet, haben Männer hier sogar mehr Grund zu weinen als Frauen. Immerhin lautet die unausgesprochene Moral von der Geschicht': Kinder und Frauen zuerst, nur feige Kerle wollen überleben. Jacks böser Verlobter überlebt die Tragödie, während Jack seiner Geliebten ohne Zögern den einzigen Platz auf der Holzplanke lässt – und damit seinen sicheren Tod in Kauf nimmt. Der Körper der Frau ist extrem kostbar, der eines Mannes bloße Verhandlungsmasse.

Erst, als ich ein paar hundert Meter gegangen bin, merke ich, was ich gerade getan habe, und bleibe stehen.

»Ich Idiot habe gerade tollen Sex ausgeschlagen?«, sage ich laut vor mich hin. »Weil Tina *Titanic* nicht romantisch fand, Céline Dion aber schon? Was sind denn das für bescheuerte ›eigene Maßstäbe‹?«

»Hab' doch gesagt: ›Nehmt euch 'n Zimmer.‹« Der Mann aus der Reihe hinter uns schlendert an mir vorüber, im Arm hält er seine Freundin. Einer von uns beiden geht im sicheren Gefühl nach Hause, richtig gehandelt zu haben. Der andere redet mit sich selbst.

Auf dem nächtlichen Nachhauseweg verfluche ich die brillanten Spezialeffekte und die zeitlose Romeo-und-Julia-Liebesgeschichte, in der nicht Kinder zweier verfeindeter Familien, sondern gesellschaftlicher Schichten zueinanderkommen wollen. Und ich verfluche Enya, die eigentlich die Filmmusik schreiben sollte, aber absagte und so Mitschuld trägt am Entstehen eines der scheußlichsten Lieder der Welt, vor allem aber am Ende meiner Beziehung.

»Man lernt, das Leben so zu nehmen, wie es gerade kommt«, sagt Jack am hoffnungsfrohen Beginn des Films. Was weiß der schon?, denke ich. Der Bengel war ja sogar zu blöd, nach einem größeren Wrackteil zu suchen, auf das er sich hätte retten kön-

nen. Hätte nicht Kate Winslet auf dem Stück Holzvertäfelung gehockt, sondern die erste Wahl James Camerons für den Part der Rose, die schlankere Claire Danes, dann wäre bestimmt Platz genug gewesen für den dünnen DiCaprio. Genau: Kate Winslet hat Jack auf dem Gewissen! Wenn ich länger darüber nachdenke, fällt mir ein: Vielleicht gefällt mir *Titanic* doch nicht so gut. Und Winslet *ist* eine Matrone. Hätte ich das bloß Tina gesagt. Da wären wir uns endlich mal einig gewesen.

Das also war der Tiefpunkt. Bevor mir großes Kino behilflich war, meine große Liebe zu finden, half es, eine Beziehung zu beenden. Am nächsten Tag lieh ich mir deprimiert *Schlaflos in Seattle* aus.

Und die Geschichte vom Filmverführer beginnt.

Geschlechter-Check

Liebesszenen: Eine. Da schippern die Verliebten auf dem luxuriösesten Gefährt ihrer Zeit über den Ozean. Und wo entjungfert Jack seine Rose? Auf einem Autorücksitz.
Dramatische Küsse: Jede Menge – zum Leidwesen Winslets. Sie klagte später über DiCaprios Kettenraucher-Atem.
Zentraler Dialog: *»Es ist nicht Ihre Aufgabe, mich zu retten, Jack.« – »Da haben Sie recht. Das können nur Sie allein.«*
Bester Männer-Spruch: *»Ah, vergiss es, mein Freund. An eine Frau wie die kommst du nicht ran. Vorher fliegen dir kleine Engel aus dem Hintern.«*
Bester Frauen-Spruch: *»Aber jetzt wissen Sie, dass es einen Mann namens Jack Dawson gab. Und, dass er mich gerettet hat. In jeder Weise, wie ein Mensch nur von einem anderen gerettet werden kann.«*
Taschentuchfaktor für Männer: 5 / 5
Taschentuchfaktor für Frauen: 5 / 5

Der nächste Film, den Frauen gucken sollten: *Marrakesch.* Kate Winslet auf Selbsterkundungstrip in Nordafrika.

Der nächste Film, den Männer gucken sollten: *Avatar.* Wieder ein James-Cameron-Film mit jeder Menge Spezialeffekten. Und diesmal überlebt der Hauptdarsteller.

FIGHT CLUB

Sich prügelnde Männer sind romantisch

Homer Simpson ist Videothekar. Sagt man das so: »Videothekar«? Oder klingt es ungewollt ironisch, einen DVD-Raussucher in die Nähe von Bibliothekaren zu rücken? Karriereresistenter Nerd versus Hüter des gedruckten Weltwissens? Popkultur versus Hochkultur? Aus Homers Sicht gibt es diesen Unterschied nicht. Die Kultur der Welt ist versammelt in ihren Filmen und Fernsehserien. Homer liebt und pflegt diesen Schatz. Da ist es doch nur naheliegend, dass er sich einen Künstlernamen zugelegt hat, denn mein Freund, der Videothekar, heißt in Wirklichkeit natürlich nicht wie die Hauptfigur der Cartoonserie *Die Simpsons*.

»Aber was ist schon Wirklichkeit?«, fragte mich Homer einmal. »Wir spielen doch alle Rollen, permanent. Manche tun es bloß besser als andere. Millionen Menschen nehmen andere Namen an, wenn sie heiraten. Schauspieler geben sich Künstlernamen. Und wozu? Um die neuen Rollen, die wir uns im Leben ausgesucht haben, besser auszufüllen. Namen«, sagte er, »sind wie Filme. Sie sind ein Spiel mit den Möglichkeiten des menschlichen Daseins. Und die besten sind Spiegel einer kollektiven Psyche.«

Homer ist nicht nur Mitarbeiter meiner Stammvideothek, Single und Träger einer Theodor-W.-Adorno-Brille, sondern auch Philosoph. Passend zur Brille. Warum er sich als Spitznamensgeber ausgerechnet eine übergewichtige Comicfigur ausgesucht hat, einen miserablen Ehemann, überforderten Vater dreier Kinder und Teilzeitalkoholiker, das wusste ich bislang nicht.

Bis heute Abend.

Als ich an den Tresen komme, sehe ich, dass Homer schlechte Laune hat. Das mag nicht sonderlich überraschen bei einem erwachsenen Mann, der fünf Tage die Woche in einer Videothek arbeitet. Um sicherzugehen, dass jeder Besucher seine Stimmung bemerkt, trägt er eines seiner selbstbedruckten T-Shirts, die er jeweils mit Homer-Simpson-Zitaten versehen hat. Weiß auf schwarz prangt auf seiner Brust der Ausspruch: »Ich werde lebend aus dieser Stadt herauskommen, auch wenn ich dabei sterbe.« Immer noch besser, denke ich, als das Zitat von neulich: »Gott ist meine absolute Lieblings-Science-Fiction-Figur.« Der Verleih von Kinderfilmen an junge, ernste Eltern hat seither deutlich nachgelassen.

»Gib mir 'nen Tipp, Homer. Ich brauch' Nachschub«, sage ich und lege die *Schlaflos in Seattle*-DVD auf die Theke.

»Auch dir erst mal einen schönen guten Abend.« Homer kann empfindlich sein. »Wie wäre es mit einem französischen Krimi aus den späten Sechzigern? Kaum Dialoge, tiefe Blicke und tolle Klamotten. Ein Meisterwerk des existentialistischen Kinos. Ist nur erhältlich als Originalversion mit arabischen Untertiteln. Die DVD kommt aus Algerien.«

»Hmm, ja, ich überleg' mal. Kannst du mir nicht einen intelligenten Actionfilm empfehlen? Jetzt, wo Tina und ich Schluss gemacht haben, brauch' ich was zum Aggressionsabbau. Aber mit 'ner Story, die mich nicht langweilt.«

»Dann nimm auf keinen Fall den hier.« Sagt nicht Homer, sondern eine ärgerlich klingende Stimme hinter mir. Als ich mich umdrehe, knallt eine Frau eine DVD-Hülle auf die Theke. »Wenn ihr euch schön den Abend versauen wollt, dann guckt das hier.«

Wie kann jemand, der so schlecht gelaunt ist, nur so gut aussehen? Die Wut steht der Frau neben mir gut. Ihre schwarzen Locken umrahmen ein ebenmäßiges Gesicht, als wollten sie es schützen. »Ihre schwarzen Locken umrahmen …«? Klarer Fall, ich vergucke mich gerade in sie. Neben die zurückgebrachte DVD legt sie ein Ausleihkärtchen auf die Theke. Homer nimmt den einen Film an und holt den anderen aus dem Kabuff. Zeit für mich, die Frau aus den Augenwinkeln zu mustern: Trotz des kühlen Wetters trägt sie keine Jacke, nur einen Pullover mit V-Ausschnitt. Alle paar Sekunden blickt sie aus dem Schaufenster, spielt mit dem Schlüsselbund in ihrer Hand. Vermutlich kommt sie gerade von der Arbeit und parkt ihr Auto im Halteverbot.

Los, Junge, tu was. Gleich ist sie weg. Für immer. Sag' was Kluges. Ach, was soll's. Sag' einfach irgendwas, was zu dir passt.

»Was fandest du an dem Film denn so scheiße?«, frage ich.

»Ach«, antwortet die Lockenfrau und seufzt, »ich mag ja Action, wirklich. Verfolgungsjagden in schicken Sportwagen, zum Beispiel wie bei *Drive*. Oder Schießereien, die aussehen wie ein Ballett, wie die in *Matrix*. Aber da?« Sie zeigt verärgert auf die Stelle, an der vorhin die DVD lag, wie ein Gärtner auf einen Maulwurfshügel. »Da schlagen sich Männer ständig bildfüllend grün und blau. Das ist doch öde.« Welchen Streifen könnte sie meinen? *Rocky? Rocky II? Vier Fäuste für ein Halleluja?* »Oder kannst du mir etwa erklären, was an dem Streifen gut sein soll?«

Bevor ich fragen kann, welchen Film sie meint, kommt Homer mit der neuen DVD zurück. Warum sucht sich einer der faulsten Menschen der nördlichen Hemisphäre ausgerechnet diesen Moment aus, um sich zu beeilen? Die Unbekannte zahlt passend, lächelt mich kurz an und eilt zu ihrem Wagen. Stumm blicke ich hinterher. Hoffentlich verachtet diese Frau kein Filmmeisterwerk wie *Rocky*, sondern Schund wie *Rocky V*.

Das wäre meine Chance gewesen, meinen Plan in die Tat umzusetzen: Finde die große Liebe durch großes Kino! Das Bewusstsein zweier Neurosen, dass sie perfekt zusammenpassen! Der Partnerschaftstest mit Popcorn! Ich muss diese Frau wiedersehen, mit ihr ins Gespräch kommen. Und ich weiß auch schon, wie.

»Homer, du musst mir sagen, welchen Film die Frau zurückgegeben hat. Davon hängt sehr, sehr viel ab. Vielleicht mein Liebesglück. Ich habe da nämlich so eine Theorie: Das Unbewusste zweier Menschen lässt sich anhand von Lieblingsfilmen …«

»Das geht nicht«, sagt Homer mit ernster Miene.

»Wie, das geht nicht? Unterliegst du so 'ner Art Videothekaren-Schweigepflicht, oder was?«

»Alter, du kannst unmöglich etwas von einer Frau wollen, die *Fight Club* ›öde‹ findet.«

O nein. Ausgerechnet *Fight Club*, einer meiner absoluten Lieblingsfilme. Der Versuch, eine Art »Filmverführer« zu werden, fängt ja großartig an. Aber ich gebe nicht klein bei. In guten Filmen ahnt man zwar, dass der Held etliche Hürden überwinden muss, um an sein Ziel zu gelangen. Die Zuschauer wissen nicht, welche Aufgaben es sind und wie er sie meistern wird. Manchmal säuft der Held sogar vorher ab, siehe *Titanic*. Aber wenn ich irgendwas durch übermäßigen Filmkonsum gelernt habe, dann das: Der Held muss den Ruf zum Abenteuer annehmen. Er kann scheitern, aber er hat es zumindest versucht.

»Kommt die Frau immer zur selben Zeit hier rein?«, frage ich Homer.

»Immer auf dem Heimweg von der Arbeit. Und immer in Eile. Sie steht jedes Mal im Halteverbot, direkt vorm Schaufenster. Wieso?«

»Wenn sie die andere DVD morgen zurückbringt, werde ich da sein. Wir werden ins Gespräch kommen, und meine klugen Ansichten über *Fight Club* werden sie beeindrucken.«

Und wenn sie auch nur eine Sekunde lang wegguckt, werde ich an ihren Locken schnuppern. Wie der Typ in *Das Parfüm*, nur ohne die Morde. Ich sehe zu viele Filme.

»Homer, ich weiß, welchen Film ich ausleihen möchte. Gib mir *Fight Club*.«

Homer schüttelt den Kopf und geht ins DVD-Kabuff. Auf der Rückseite seines T-Shirts lese ich: »Im Gegensatz zu den meisten von euch bin ich kein armer Irrer.«

Als ich mit der DVD in der Hand nach Hause gehe, erinnere ich mich, wie es war, das Werk von David Fincher (*Sieben, The Social Network*) 1999 im Kino zu sehen. Viel stärker als die Geschichte über einen namenlosen Verwaltungsmitarbeiter eines Autoherstellers, der nach Heilung von seiner Schlaflosigkeit sucht, ist mir ein Gefühl im Gedächtnis geblieben: eine Mischung aus Wut, Verzweiflung und Lebensfreude, die dieses 139 Minuten lange Werk in mir erzeugte. Irgendwas war mir beim Schauen dieses dampfenden und keuchenden Filmmonsters in den Hirnstamm gekrochen. Wie die Bilder von Penissen, die Tyler Durden, der von Brad Pitt gespielte Freund des Angestellten, als Filmvorführer in harmlose Familienstreifen einschleust. Stolz sagt der Namenlose:

»Die Zuschauer wissen nicht, dass sie es gesehen haben, aber sie haben es gesehen.«

Zu Hause lege ich die DVD ein und setze mich auf die Couch. Als der Vorspann losbrüllt, eine digital animierte Kamerafahrt durch ein menschliches Hirn, frage ich mich: Worum geht es noch mal in *Fight Club*? Wenn die Antwort so einfach wäre.

Die Kamerafahrt endet mit einem Blick auf einen verprügelten, panisch blickenden Mann. Im Mund steckt der Lauf einer Pistole, und aus dem Off erklingt seine Stimme: *»Mir ist plötzlich klar geworden, dass der Schlüssel zu all dem – den Waffen, den Bomben, der Revolution – ein Mädchen namens Marla Singer ist.«*

Vordergründig handelt die 65 Millionen Dollar teure US-Produktion von einem namenlosen Angestellten, gespielt von Edward Norton. Der schmalbrüstige Single um die Dreißig kann nicht schlafen. Erst die Besuche von Selbsthilfegruppen befreien ihn kurzfristig davon. Umgeben von Menschen mit Hodenkrebs und anderen schrecklichen Schicksalen, kann der körperlich Gesunde sich emotional fallenlassen, weinen und danach selig schlafen: *»Jeden Abend starb ich und wurde wieder geboren.«* Bis eine weitere Leidens-Voyeurin in den Sitzungen auftaucht und ihm sein eigenes Verhalten vor Augen führt: *»Marla, diese Elendstouristin. In ihrer Lüge spiegelte sich meine Lüge.«*

Marla Singer, gespielt von Helena Bonham Carter, ist ähnlich bindungs- und orientierungslos wie der Erzähler. Sie besucht die Selbsthilfegruppen, denn: *»Der Kaffee ist umsonst, und es ist billiger als Kino.«*

Die Schlaflosigkeit des Erzählers kehrt zurück. Nur zwischendurch, auf seinen Business-Flügen durch mehrere Zeitzonen, fällt er in leichten Schlummer. Die Welt um ihn herum erscheint ihm wie in Watte gepackt: *»Wenn man in einer anderen Zeit aufwacht, an einem anderen Ort, kann man dann auch als anderer Mensch aufwachen?«*

Kurz darauf lernt er Tyler Durden (Brad Pitt) kennen. Der sexy Anarchist scheint alles zu vereinen, was der Erzähler nicht ist: Er ist selbstsicher und schert sich nicht um Karriere und Ansehen. Und er hat keine Angst. Als aus ungeklärten Gründen die Wohnung des Erzählers explodiert, ruft der Vereinsamte Tyler an. Nach einem gemeinsamen Besäufnis fordert Tyler ihn auf, ihn zu schlagen.

»Was weißt du über dich, wenn du dich nie geprügelt hast?«

Die beiden prügeln sich, einfach so.

»Das tut echt weh«, ächzt der Erzähler. *»Schlag noch mal zu.«*

Nach und nach kommen weitere Männer hinzu, ein regelmäßiges Treffen entsteht. Tyler ist der unbestrittene Chef, der dem Bund die Gesetze gibt.

»Die erste Regel des Fight Club lautet: Ihr verliert kein Wort über den Fight Club. Die zweite Regel des Fight Club lautet: Ihr verliert kein Wort über den Fight Club.«

Halbnackte Männer fügen einander mit bloßen Händen Schmerzen zu. Was, frage ich mich, kann eine Frau daran nicht mögen?

Auf meiner Couch rutsche ich hin und her. Ich ahne die Antwort. Das ist ein Film mit Männern über Männer und übers Mannsein. Aber keiner der Sorte *Rocky* oder *Der Soldat James Ryan*, in denen Gewalt, so drastisch sie auch dargestellt ist, noch irgendeine Art von Sinn innewohnt. Bei *Fight Club* geht es nicht um körperliche Gewalt als Mittel zum Erringen eines gesellschaftlichen Status – wie beim ersten Teil des Boxerdramas. Oder um Waffengewalt als schreckliches, aber aufgezwungenes und notwendiges Mittel, um ein noch schrecklicheres Übel, das Nazi-Regime über Europa, zu zerstören. Bei *Fight Club* spricht der Erzähler aus dem Off.

»Wenn der Kampf vorbei war, war nichts gelöst, aber nichts war von Bedeutung.«

Die Männer können in ihre grauen Erwerbsleben, die sie verabscheuen, zurückkehren. Bis zum nächsten Kampf. Woher aber stammt diese Wut? Tylers Monolog bei einem der nächtlichen Treffen, langsam durch die Reihen seiner Anhänger schreitend, hat Filmgeschichte geschrieben, wie so vieles an diesem Film.

»Wir sind die Zweitgeborenen der Geschichte, Leute. Männer ohne Zweck, ohne Ziel. Wir haben keinen großen Krieg, keine große Depression. Unser großer Krieg ist ein spiritueller. Unsere große Depression ist unser Leben. Wir wurden durch das Fernsehen aufgezogen in dem Glauben, dass wir alle irgendwann mal Millionäre werden, Filmgötter, Rockstars. Werden wir aber nicht.

Und das wird uns langsam klar. Und wir sind kurz, ganz kurz vorm Ausrasten.«

Manche Kritiker sehen darin einen halbherzigen Versuch von Konsumkritik. Vor allem linke Rezensenten warfen dem Film bei Erscheinen vor, dass sich ausgerechnet weiße, mittelalte Männer über ihre Machtlosigkeit beklagten. Dabei hätten sie mehr Macht in Händen als je eine soziale Gruppe vor ihnen. Aber wegen Konsumkritik werde ich, auf der Couch sitzend, nicht unruhig. Sie sorgt nicht dafür, dass etwas in mir aufbrechen, sich rühren will.

Warum gucken Männer diesen Film? Was steckt mehr darin als perfekt inszenierte Gewalt von Männern an Männern? Wieso wurde Tyler Durden 2008 vom US-Magazin *Empire* zum besten Filmcharakter aller Zeiten gekürt? Auf dem Fernseher erscheint das unvergessliche Bild des jungen Brad Pitt als Tyler Durden: ein charismatischer Anführer mit nacktem, sehnig-athletischem Oberkörper und geschwollenem Auge, der rauchend, ein Bier in der Hand, einen Zweikampf betrachtet.

Als Marla überraschenderweise eine Affäre mit Tyler anfängt, lehnt dieser eine engere Bindung zu ihr ab.

»Wir sind eine Generation von Männern, die von Frauen großgezogen wurden. Ich frag' mich, ob noch eine Frau wirklich die Antwort auf unsere Fragen ist.«

Später monologisiert Tyler, ein Trennungskind wie der Erzähler: *»Unsere Väter waren unser Bild von Gott. Unsere Väter haben sich verpisst. Was verrät dir das über Gott? (…) Halt' dir vor Augen, dass es sein könnte, dass Gott dich nie leiden konnte. Dass er dich nie gewollt hat. Bei realistischer Betrachtungsweise hasst er dich sogar. Aber das ist keine Katastrophe. Wir sind nicht auf ihn angewiesen.«*

Das ist es. Generationen von Männern sind im Wissen herangewachsen, dass sie Frauen zu respektieren haben. Aber ihnen fehlen maskuline Vorbilder, die ihnen vermitteln, was es heißt, ein moderner Mann zu sein. Ihre Väter arbeiteten für die Familie oder trennten sich von ihr. Die Sehnsucht nach Begleitung, nach Antworten auf Fragen, die sie selbst nicht einmal bewusst stellten, ist in vielen Fällen unbefriedigt geblieben. Diese Männer wissen, wie ideale Männer zu sein haben, weil sie sie im Kino oder in der Calvin-Klein-Werbung gesehen haben. Aber sie wissen nicht, was es heißt, sich zu respektieren, wenn man kein Rockstar oder Filmgott ist. Frauen haben sich emanzipiert und dabei neue Lebensbereiche erobert. Viele Männer haben das Gefühl, weniger zu sein, weniger zu können als frühere, idealisierte Männer-Generationen, die noch vermeintlich sinnvolle Kriege fochten. Sie verachten ihre schwachen Väter, die ihnen bei ihrer Selbstsuche nicht genügend geholfen haben. Als Folge verachten sie sich selbst: Weil sie Männer sind, aber nicht wissen, was sie damit anfangen können. Sie beschleicht die Angst, sie könnten werden wie ihre verachteten Väter. Im *Fight Club* bekommt diese Verachtungswut eine Richtung. Männer schlagen einander. Aber eigentlich schlagen sie sich selbst. Um sich als Mann zu spüren und zugleich, um sich für ihr Mannsein zu bestrafen. Es ist eine extreme Form der »Autoaggression«. Dieses Wort passt besonders gut angesichts der brillanten Drehbuch-Wendung kurz vor Schluss.

Super These. Aber die kann ich doch nie und nimmer der Wut-Frau aus der Videothek vermitteln. Sie ist überzeugt, in diesem Klassiker gehe es darum, dass sich Männer aus Spaß an der Freude grün und blau schlagen. Darauf kann auch nur eine Frau kommen. Frei nach dem Titel eines Plakats für einen imaginären Film, das kurz in *Der bewegte Mann* auftaucht. Darauf steht: »NEU: Stallone – Ruck zuck ist die Fresse dick«. – Ich sehe wirklich zu viele Filme.

Als *Fight Club* nach zwei Stunden seinem dramatischen Ende zugeht, als in Hochhäusern Bomben ticken und alles sekündlich schlimmer wird, habe ich eine Idee. Ich setze mich auf der Couch auf, nehme einen Zettel und schreibe ein Wort: »Romantik!« Das ist es. Meine These ist eigentlich etwas zu steil, um wahr zu sein. Aber sie könnte der Frau gefallen. Man muss Prioritäten setzen.

Zur selben Uhrzeit wie am Vortag betrete ich die Videothek, und Homer guckt mich an mit einem Blick, den ich nicht recht deuten kann. Ist es Stolz, weil ich mich um eine Frau bemühe, die sich vermutlich ans gestrige Gespräch nicht mal erinnert? Oder ist es Mitleid – weil ich mich um eine Frau bemühe, die sich vermutlich ans gestrige Gespräch nicht mal erinnert? Auf seiner Brust prangt Homer Simpsons Rat an Sohn Bart: »Egal, wie gut du irgendetwas kannst, es gibt immer ungefähr eine Million Leute, die es besser können. Und was lernen wir daraus? Man soll es gar nicht erst versuchen.«

Homers & Homers Rat ignoriere ich, als sich kurz darauf die Tür öffnet und die Frau vom Vortag eintritt. Menschen sind so berechenbar. Sie kommt direkt zur Theke, blickt auf ihr Handy. Sie scheint in Eile zu sein. Wie kann jemand, der sich gerade offensichtlich keine Mühe macht, irgendjemanden zu beeindrucken, so schön sein? Luft holen und los!

»Ah, hallo, du auch hier.«

Nicht schlecht. Die Frau nickt mir zerstreut zu, während sie in ihrem Portemonnaie etwas Kleingeld zusammensucht.

»Gestern hab' ich zufällig *Fight Club* gesehen«, sage ich. Gäbe es einen Oscar für die beiläufigste Überleitung, er ginge an mich.

»Zufällig? Lief er im Fernsehen?«

»Äh, jedenfalls … hab' ich mich gefragt, warum dir der Film nicht gefallen hat.«

»Na, wegen der Grundaussage: Männer sehnen sich nach körperlicher Gewalt und können sich nichts Schöneres vorstellen als anonymer Teil einer militanten Gruppe zu werden, die ihren Anführer vergöttert. Diesen, diesen …«

»... Tyler Durden?«

»... Durden, genau. Wenn du mich fragst: Diese Typen sind eine Mischung aus SA und Al Qaida.«

Hm, Nationalsozialismus und islamistischer Terror. Nicht unbedingt ideale Flirtbedingungen. Aber wofür habe ich schließlich den Überleitungs-Oscar gewonnen?

»Stimmt alles«, sage ich nickend. »Eine Generation von Männern, die sich ungeliebt und überflüssig fühlt, sucht einen Lebenssinn in der Selbsterniedrigung des Einzelnen und gleichzeitigen Überhöhung der eigenen Gruppe. Aber ich meine was vollko...«

»Und du hast den Film echt nur zufällig gesehen?« Die Frau verschränkt ihre Arme und sieht mich forschend an. Als ich hilfesuchend in Homers Richtung schaue, hat er sich bereits umgedreht und tut, als müsse er etwas aus dem Lager holen. Auf seinem Rücken steht: »Ich bete normalerweise nie, aber wenn es dich wirklich da oben gibt: Bitte rette mich, Superman!«

»Schau dir doch mal an, wie der Film endet«, sage ich. »Ja, die Terrortruppe von Tyler Durden will Hochhäuser in die Luft sprengen. Durden sagt sogar den geradezu prophetischen Satz: ›*Es ist so weit: Ground Zero.*‹ Hochhäuser! Terroristen! Ground Zero! Zwei Jahre vor dem 11. September!«

Die Frau legt Kleingeld auf die Theke. Jetzt oder nie!

»Aber abgesehen von den Explosionen, dem Hass und dem Terror ist *Fight Club* doch etwas ganz anderes: eine Romantische Komödie!« Sie guckt irritiert, hört auf, ihre Münzen abzuzählen. Ich krame meinen Zettel hervor.

»Das Empire Magazine schrieb 2008 über Tyler Durden: ›Er ist stylish, ohne etwas dafür zu tun. Er ist unerschütterlich cool und gefährlich charismatisch. Er ist ein Rockstar-Gott, ein geborener Anführer, ein Trendsetter. Er ist das unkontrollierte Unbewusste, ein Monster. Er ist der Inbegriff des modernen Mannes (oder zumindest des modernen Mannes, wie er sich gern sähe). Er sieht aus, wie du aussehen willst, er fickt, wie du ficken willst …‹«

»Du, ich parke im Halteverbot, und …«

»Was ich sagen will: Im letzten Drittel des Films wird dem Erzähler doch klar, dass er an einer Bewusstseinsspaltung leidet und Tyler Durden nichts anderes ist als seine Erfindung. Weißt du noch? Als er denkt: ›*Bitte bringen Sie Ihren Sitz in eine aufrechte Position.*‹«

»Hmm.«

»Genau da wandelt sich der Action- zum Liebesfilm! Der Erzähler versteht: Sein Hirn hat eine Figur erfunden, die es ihm erlaubt, sich zu ertragen. Er hat ein Super-Ich erschaffen. Nicht nur, aber auch, weil er sich nicht hat vorstellen können, dass Marla Singer ihn, den Normalo, lieben könnte. Und jetzt wird ihm klar, dass sie die ganze Zeit auf ihn stand: auf den frustrierten, gestörten Büromenschen. Und das gibt ihm die Kraft, gegen seine Bewusstseinsspaltung anzugehen. Als er erfährt, dass Tyler Marla umbringen will, weil sie angeblich zu viel über die Terroranschläge weiß, schießt er sich sogar in den Kopf! Er ist bereit, sein eigenes Leben zu opfern, damit die Frau, die er liebt, lebt. Ist das nicht romantisch?«

»Okay, okay«, sagt die schöne Frau und fasst sich an die Stirn. »Selbst wenn das alles stimmt: Warum soll das eine Komödie sein?«

»Na, letztlich ist es die älteste Geschichte der Welt: Junge trifft Mädchen. Junge verliebt sich in Mädchen, Junge wird psychisch kranker Anführer einer Terrororganisation …« Homer schüttelt kaum merklich den Kopf. »Auf alle Fälle kriegen sie sich am Ende, die beiden halten sogar Händchen, als die Hochhäuser vor ihnen zusammenstürzen. Dabei hat er sich gerade in den Kopf geschossen! Die Explosionen sehen aus wie ein gewaltiges Feuerwerk, nur für sie gemacht. Es ist bizarr, es ist surreal, es ist einzigartig. Und als alles in die Luft fliegt, sagt er, schwer verwundet, aber seelenruhig, weil er endlich zu sich stehen kann: *»Du hast mich in einer seltsamen Phase meines Lebens getroffen.«* Ist das nicht romantisch? Und komisch?«

»Weißt du, was?«, sagt die Frau und lächelt mich zum ersten Mal an. Gott, ist sie hübsch. »Das hat mein Freund auch gesagt.«

Bitte bringen Sie Ihren Sitz in eine aufrechte Position.

Die nächsten Sätze höre ich wie durch Watte, wie der schlaflose Erzähler in *Fight Club*.

»Wir haben uns vorgestern Abend wegen des Films gestritten. Aber wie du's beschreibst, klingt's ganz plausibel. Vielleicht ist er doch nicht so ein Idiot, wie ich dachte.« Menschen sind so unberechenbar. »Und ich hab' ihn am Ende sogar aus meiner Wohnung geschmissen. Fast hätte ich mit ihm Schluss gemacht. Ich sollte mich bei ihm entschuldigen …«

Kann sie nicht endlich aufhören? Immerhin parkt sie im Halteverbot. Wo bleibt diese Bewusstseinsspaltung, von der ich so viel Gutes gehört habe? Durch die Frischhaltefolie fragt sie: »Hast du auch so eine interessante Meinung zu *James Bond*-Filmen?«

Als ob das noch wichtig wäre.

»Wie wär's mit diesem französischen Krimi aus den späten Sechzigern?«, fragt Homer die Frau, deren Beziehung ich gerade unwillentlich gerettet habe. »Kaum Dialoge, tiefe Blicke und tolle Klamotten. Sehr romantisch. Stichwort: Versöhnungssex.«

Homer, warum hast du mich verlassen?

Als sich die Watte in meinem Hirn langsam verzieht, schließt sich die Videotheken-Tür hinter der Frau. Dank Homer und mir wird sie an diesem Abend Versöhnungssex haben. Ich habe alles falsch gemacht. Nun gut, das mit der Romantik meine ich ernst. Aber ich habe die ersten beiden Regeln dieses großartigen Films gebrochen: *»Ihr verliert kein Wort über den Fight Club.«* Was folgt daraus? Ist dieser aufwendige Film, der an den US-Kinokassen floppte, weil er wegen der Gewaltszenen erst ab 18 Jahren freigegeben wurde, etwas für Frauen? Lässt sich etwas über den Charakter eines Mannes sagen, wenn er dieses Epos zu seinen Favoriten zählt? Wenn der Kerl seine dunkle Faszination zu reflektieren weiß, dann zeugt das von Charakter und Intelligenz. Vielleicht sollte das mal einer der Frau aus der Videothek sagen. Natürlich wird es immer Männer geben, die die Gewalt der Gewalt wegen schätzen: Männer mit unterdrückten Aggressionen und Ängsten, die sie stellvertretend auf dem Bildschirm ausleben. Dann stellt sich die Frage, warum sie das tun. Das müssen sie selbst beantworten. Oder ihre Freundinnen könnten sich gleich von ihnen trennen und es mit einem gewissen Knallertypen mit großem Filmwissen versuchen. Ich mache nur Vorschläge. Wer dieses moderne Epos nicht zu schätzen weiß, sollte einfach keinen Erfolg bei Frauen haben.

Epos. Das ist es. Ich blicke auf meinen Freund, der den nächsten Kunden bedient. Homer ist auch der Name des Autors der klassischen Epen des Abendlandes, der *Odyssee* und der *Ilias*. Geschrieben in einer Zeit, als noch niemand unterschied zwischen Geschichten und Geschichte, zwischen Legenden und Tatsachen. Der Grieche Homer ist der Vater der europäischen Geschichtsschreibung und zugleich Stammvater der Literatur, des Geschichtenerzählens. Im Film wird die moderne Unterscheidung zwischen Realität und Phantasie wieder aufgehoben. An eindrückliche Filme erinnert sich der Zuschauer beinahe wie an etwas selbst Erlebtes. Charaktere werden zu lebens-, ja überlebensgroßen Figuren. Wie Tyler Durden. Oder wie Homer Simpson, das moderne Sinnbild des niemals aufgebenden, aber auch nie dazulernenden Menschen. Der Homer der *Ilias*. Homer Simpson. Der Videothekar. Jetzt verstehe ich, weshalb er sich diesen Namen gegeben hat. Mein Freund ist wirklich ein Philosoph.

Der Mann, der in meinen Augen drei Jahrtausende Kultur verkörpert, popelt mit einem Finger in der Nase und sagt: »Der

Film, den deine Traumfrau heute zurückgebracht hat, war übrigens *Pretty Woman*. Sie hat ihn zum achten Mal ausgeliehen.«

Du meine Güte! Ausgerechnet *Pretty Woman*, die Disney-Schmonzette, deren Erfolg fast so groß war wie meine Abneigung dagegen? Hätte mir Homer das nicht früher sagen können? Mann, bin ich geladen. Wo ist ein Fight Club, wenn man ihn braucht?

Geschlechter-Check

Liebesszenen: Liebe? Tyler nennt es »Sportficken«.
Dramatische Küsse: Null
Zentraler Dialog: *»Bist du irre? Du hast mir aufs Ohr gehauen!« – »Gott, entschuldige! Tut mir leid.« – »Au! Scheiße! Wieso aufs Ohr, Mann? Fuck!« – »Ich hab's total versaut. Ich ...« – »Nein. Das war super!«*
Bester Männer-Spruch: *»Du bist nicht dein Job. Du bist nicht das Geld auf deinem Konto. Nicht das Auto, das du fährst. Nicht der Inhalt deiner Brieftasche. Und nicht deine blöde Cargo-Hose. Du bist der singende, tanzende Abschaum der Welt.«*
Bester Frauen-Spruch: *»Das Kondom ist der gläserne Pantoffel unserer Generation. Du schlüpfst hinein, wenn du einen Fremden triffst. Du tanzt die ganze Nacht. Und weg damit. Das Kondom mein' ich, nicht den Fremden.«*
Taschentuchfaktor für Männer: 0 / 5
Taschentuchfaktor für Frauen: 0 / 5
Der nächste Film, den Frauen gucken sollten: *Chippendales. Ein mörderisches Geschäft.* Ein lahmer Film über die Entstehung der männlichen Stripper-Truppe. Aber die Kerle sind muskulös und glänzend wie in *Fight Club* – und sie prügeln sich nicht.
Der nächste Film, den Männer gucken sollten: *Zwielicht.* Edward Norton als junger Mann mit gespaltener Persönlichkeit.

TWILIGHT – BIS(S) ZUM MORGENGRAUEN

Kein Sex, bitte – Wir sind Vampire

Twilight ist letztlich eine Art *Dirty Dancing* mit Vampiren. Ein schöner, starker Mann und ein zartes, aber neugieriges Mädchen treffen aufeinander, die Hormone feiern Betriebsausflug, und schließlich rappelt's im Karton. Wobei es erstaunlicherweise im bald dreißig Jahre alten Tanzfilm heftiger rappelt als in der weit jüngeren Vampirsaga. Die Handlung von *Dirty Dancing* beginnt, als eine Tänzerin wegen einer schlampig durchgeführten, heimlichen Abtreibung ausfällt. Bei *Twilight* kann so was nicht passieren, denn dazu müsste ja irgendwer Sex gehabt haben. Bis es im Universum der Amerikanerin Stephenie Meyer so weit kommt, müssen viele schmachtende Blicke geworfen und wildpochende Herzen gespürt werden – vier Romane und sogar fünf Kinofilme lang. Ich hoffe sehr, mein vierzehnjähriger Neffe muss nicht so lange auf Erfolg bei Mädchen warten. Und ich weiß auch schon, wie ich ihm helfen kann.

Als Lucas fragte, ob er und eine gewisse Alina aus der Parallelklasse in meiner Wohnung DVDs gucken dürfen, habe ich sofort zugesagt. Theoretisch weiß ich ja nun, wie man die Liebe fürs Leben findet. Aber bei Sturzhelmen und Medikamenten macht man doch auch erst noch ein paar Tests, bevor man sie auf den Markt wirft. Wegen der Sicherheit. Das tue ich ebenso – zumindest zur eigenen Sicherheit. Meine Versuchskaninchen heißen Lucas und Alina. Unter einem Vorwand werde ich, wenn die beiden morgen hierherkommen, noch eine Zeitlang in der Wohnung bleiben. Mir fällt da bestimmt noch was Kluges ein. Irgendwas, das nicht aufdringlich oder plump wirkt. Niemand gibt ein besseres Testobjekt ab, um die Kinderkrankheiten bei der Partnersuche aufzuspüren, als zwei Teenager. Ich weiß doch, wie es jungen Menschen geht. Ich bin ja selbst noch einer – mal abgesehen vom Alter, Aussehen und dem Blick auf die Welt. Auf jeden Fall bin ich nicht wie ihre Eltern. Die kämen unter irgendeinem Vorwand ins Wohnzimmer und fragten, ob alles in Ordnung und der Film spannend sei. Dabei ist doch klar, dass alles spannend und nichts in Ordnung ist, schließlich ist man in der Pubertät. Ich hingegen habe Lucas ein Paar meiner Wohnungsschlüssel gegeben und mich für den besagten Abend zum Kino verabredet. Coole Onkel wie ich engen junge Leute nicht ein, wir bevormunden sie nicht. Wir sind zurückhaltende Ratgeber auf dem Weg zum Erwachsenwerden. Als Lucas mir sagte, er wolle mit Alina alle fünf *Twilight*-Filme ausleihen »und mal gucken, wie weit wir kommen«, dachte ich lächelnd: Ja, guck', wie weit du kommst, du Schlingel, ich wünsche dir viel Erfolg.

Denn eines ist doch klar: Bei *Twilight* geht es nicht darum, dass sich eine neu in eine Kleinstadt gezogene Siebzehnjährige in einen einhundertacht Jahre alten Vampir verliebt, der aussieht wie ein Teenager und zur Tarnung in dieselbe Highschool-Klasse geht. Genauso wenig lautet der auf mehr als 1700 Buchseiten ausgetragene Konflikt zwischen Edward Cullen und Bella Swan folgendermaßen: Kommt der attraktive Vampir Bellas Drängen nach einem Biss nach, um sie auf ewig zu Seinesgleichen zu machen? Oder widersteht er der gewaltigen Versuchung aus Respekt vor der Geliebten? Nein, bei *Twilight* geht es selbstverständlich um Sex.

Seit der Ire Bram Stoker im Jahr 1897 seinen Roman *Dracula* veröffentlicht hat, ist die Figur des bluttrinkenden Untoten fester Bestandteil der Populärkultur. Allerdings hat sich sein

Charakter stark gewandelt. Anfangs war der Vampir eher eine ekelerregende Figur. Ende des 19. Jahrhunderts hatte sich das Wissen, dass mangelnde Hygiene und Krankheitsfälle eng miteinander zusammenhängen, in Europa endgültig durchgesetzt. Zur selben Zeit, als sich westliche Metropolen öffentliche Abwassersysteme und aufwendige Badehäuser leisteten, tauchte die Figur des lebenden Leichnams auf: ein in kalten Gemäuern hausender, in muffigen Särgen ruhender Kerl. Ein Symbol des Verfalls und des Aberglaubens in einer Ära, die den Segen von Technik und praktischer Vernunft pries. Ein den Tag verschlafender Adliger in der Hochphase des strebsamen Bürgertums. Ein Mann, der sich lustvoll am Blut junger, schöner Damen labte zu einer Zeit, in der schon ein öffentlich entblößter weiblicher Ellenbogen das Zeug zum Gesellschaftsskandal hatte. Der Vampir symbolisierte die unterdrückten Sehnsüchte der Menschen, und er erinnerte sie an ihre eigene, gar nicht so ferne Vergangenheit. Der Blick auf ihn bereitete Angstlust: Wie viel vom Blutsauger mochte im Betrachter schlummern?

Ein Vampirbiss gilt seit jeher als Chiffre für Sex: fürs Eindringen des Mannes in einen Frauenkörper, für das Gewalttätige, aber auch Lustvolle an der Intimität zweier Leiber. Diese Symbolik verstand das menschliche Unbewusste im prüden Viktorianischen Zeitalter, und so ist es auch in der Youporn-Ära. Doch das 2005 erschienene Jugendbuch *Twilight*, das im deutschsprachigen Raum *Bis(s) zum Morgengrauen* heißt, und seine drei Nachfolger unterscheiden sich in einem wichtigen Punkt von anderen Blutsauger-Sagen. Die Idee dahinter ist einfach, aber genial, und sie passt perfekt in unsere Zeit. Ich hoffe, mein Neffe und seine Verabredung nehmen sie nicht allzu ernst.

Bevor die beiden morgen hierherkommen, muss ich dringend aufräumen – sofern ich so lange lebe. Träge rutsche ich noch etwas tiefer in meine Badewanne. Mein Kopf taucht unter Wasser. Vielleicht werde ich ja so das Gefühl los, mein Hirn sei auf Watte gebettet. Langsam richte ich mich wieder auf. Durchatmen. Alles geht mir zu schnell. Mein Herz rast schon, wenn ich die Treppen hinunter zur Haustür laufe. Deshalb habe ich das heute gelassen und bin zu Hause geblieben. Ich bin erkältet, habe leichtes Fieber. Gleich geht's ab ins Bett.

Trotz Schaum und Wasser in meinen Ohren höre ich ein Geräusch, eine Art Piepsen. Ist das tatsächlich in meiner Wohnung? Oder möchte sich ein Tinnitus mit mir bekannt machen? Langsam, ganz langsam wuchte ich mich aus der Wanne. Als ich den Bademantel überziehe, blicke ich in den Spiegel. Mir starrt ein blasses, frierendes Wesen entgegen, das den Tag verschläft und grelles Licht scheut. Ich bin ein frisch gewaschener Vampir.

Im Flur wird das Geräusch lauter. Entweder bietet dieser Tinnitus für jeden Teil meiner Wohnung eine andere Klangkulisse, oder außer mir ist noch jemand hier. Aus dem Wohnzimmer dringen Gesprächsfetzen. Eine Mädchenstimme sagt: *»Er sieht wahnsinnig gut aus. Offensichtlich.«* Das Kompliment kann mir die Stimme ruhig persönlich machen. Als ich langsam die Wohnzimmertür öffne, reißen zwei Vierzehnjährige die Augen auf. Sie sehen irritiert bis entsetzt aus. Das weiß ich genau, denn die Augenpaare richten sich auf mich.

»Das ist jetzt nich' wahr, oder?«, sagt Augenpaar 1. Es gehört zu Lucas. Er blickt verschämt zu Augenpaar 2: Alina.

»Das höre ich oft von Leuten, wenn ich meinen Batman-Bademantel trage«, antworte ich mit unsicherem Lächeln. »An die Kapuze sind Batman-Öhrchen genäht.« An die Kapuze sind ...? Ich muss ins Bett.

»Äh, ich meinte eher ...«

»Ach so, ja: Wolltet ihr euren DVD-Abend nicht *morgen* machen?«

Niemand übertrifft zwei Vierzehnjährige darin, mit nur einem Augenaufschlag zu sagen: Erwachsene-haben-keine-Ahnung-und-sind-komplett-ohne-Plan. Dabei hätte mir ein Blick in den Terminplaner meines Smartphones gezeigt, dass sie recht haben. Der DVD-Abend war heute. Aber mein Handy war ausgestellt. Wie mein Gehirn.

»Tut mir echt leid«, sage ich. »Ich bin total erkältet und geh' gleich schlafen. Tut einfach, als wär' ich nicht da, okay?«

Als ich die Tür wieder schließe, höre ich Alina leise fragen: »Welcher erwachsene Mensch hat denn einen Superhelden-Bademantel?« Auf dem Weg zurück ins Bad versuche ich, die Sache positiv zu sehen: Jetzt brauche ich mir keinen klugen Vorwand mehr auszudenken, um die beiden beim Date zu beobachten. Wer weiß: Vielleicht werden sie sich noch in zwanzig Jahren an diesen Abend erinnern.

Dieser Onkel weiß noch gut, wie es sich anfühlt, ein Teenager zu sein, nämlich grässlich. Man ist kein Kind mehr, aber noch kein Erwachsener. Hirn und Körper verhalten sich wie ein durchgedrehter Rechner: Von einem Moment auf den nächsten tun sie Dinge, die sie nie zuvor getan haben, und sie fragen nicht mal nach der Zustimmung ihres Nutzers. Ständig gibt es Upgrades, dabei ist der Speicherplatz ohnehin überlastet. Immerzu ploppt Sex-Werbung auf, man kommt gar nicht hinterher mit dem Wegklicken und … Diese Computer-Analogie ist weniger hilfreich, als ich hoffte.

Das Erwachen der Sexualität begleitet immer etwas Bedrohliches. Pubertierende Jungen und Mädchen sehen sich Empfindungen ausgesetzt, die sie verstören. Die Welt der Heranwachsenden verändert sich rasant, und sie selbst tun es auch. Wie geht man um mit Menschen, die noch vor kurzem bloß Mitschüler waren und nun Brüste kriegen, breitere Hüften, tiefe Stimmen und Bartwuchs – wenn auch hoffentlich nicht alles zusammen? Der Wandel verlangt nach Erklärung und Beruhigung: Ich bin nicht allein mit meinen Erfahrungen, und es gibt Lösungen für meine Probleme. Was liegt da näher, als nach Figuren zu suchen, die stellvertretend für jugendliche Leser und

Zuschauer einen noch tiefer greifenden Wandel durchleben? Solche überlebensgroßen Identifikationsfiguren sind Bella und Edward.

Im Wohnzimmer haben die Vampir-Festspiele begonnen. Zu Beginn des ersten Films der Serie zieht Bella um. Ihre Mutter möchte ihren neuen Mann, einen Baseball-Profi, bei seinen Reisen durchs Land begleiten. Ohne Groll verlässt die Siebzehnjährige das sonnige Phoenix, um bei ihrem allein lebenden Vater zu wohnen, dem gutmütigen Sheriff der Kleinstadt Forks. Forks ist wie das Örtchen Twin Peaks aus der gleichnamigen Fernsehserie von David Lynch: Das Leben im besonders regnerischen Teil des ohnehin verregneten US-Bundesstaats Washington scheint sich durch nichts zu unterscheiden vom Treiben sonstwo in der amerikanischen Provinz. Die Jugendlichen gehen in die örtliche Highschool, ins Kino und ins Diner, und weil darum herum so viel Platz ist, fahren sie mit ihren Autos ziellos durch die Gegend. Doch statt wie bei *Twin Peaks* mit einer rätselhaften Toten beginnt bei *Twilight* die Geschichte mit einer ganz und gar nicht rätselhaften Lebenden. Bella, die Neue, ist hübsch, aber ansonsten ein unbeschriebenes Blatt. Sie hat keine traumatische oder auch nur dramatische Vergangenheit. Ihre Eltern sind geschieden, widmen ihrem einzigen Kind aber große, wohlmeinende Aufmerksamkeit. Auch ihre neuen Mitschüler nehmen sie mit einer freundlichen Selbstverständlichkeit auf, die in seltsamem Kontrast steht zu Bellas einsilbigem, fast abweisendem Auftreten. Warum? Weil die Hauptfigur die größtmögliche Projektionsfläche für die Sehnsüchte pubertierender Mädchen bieten soll. Keine irritierenden Eigenheiten dürfen die Leserinnen und Zuschauerinnen davon abhalten, in dem blassen Mädchen sich selbst wiederzuerkennen, ihre Hoffnungen, Ängste und Sehnsüchte.

Es funktionierte. Allein der erste Teil, den Lucas und Alina gerade schauen, spielte nach der weltweiten Kino-Veröffentlichung 2008 mehr als 390 Millionen US-Dollar ein. Ein riesiger Erfolg – wie alles, was um diese Liebesgeschichte kreist. Keine andere 2009 veröffentlichte Spielfilm-DVD verkaufte sich häufiger: mehr als zehn Millionen Mal. Die *Twilight*-Serie traf den Nerv der Zeit. Aber womit?

Anscheinend stehe ich, auf dem Rückweg vom Umziehen, schon wieder an der Wohnzimmertür. Jedenfalls fragt eine kieksende Jungmännerstimme: »Du hast auch einen *Spiderman*-Bademantel?« Lucas scheint sich nicht entscheiden zu können: Soll ihn der Anblick seines Onkels, der durch den Türspalt linst, ärgern oder peinlich berühren?

»Och, das olle Ding«, sage ich, während ich die Tür wieder ein wenig öffne. »Die beiden Bademäntel sind Geschenke meiner Ex-Freundin. Sie meinte, ich würde es nicht wagen, sie zu tragen. Da hat sie sich aber mächtig getäuscht, was?«

»Ja, leider«, sagt Lucas. In der Pubertät entdecken ja viele junge Menschen den Sarkasmus.

»Tut einfach, als sei ich nicht da«, sage ich lächelnd. Als ich die Tür schließlich zuziehe, höre ich noch, wie Alina Lucas zuflüstert: »Das macht uns dein Onkel nicht gerade leicht.« Vom Witz her sind die beiden wie füreinander geschaffen.

Twilight passt so gut in unsere Zeit, weil die Serie Halt bietet. Kinder und Jugendliche in westlichen Ländern wachsen auf mit der Allgegenwart sexueller Darstellungen. Mit Bildern schöner nackter Körper bewirbt eine italienische Firma sogar Hunde- und Katzenfutter aus der Dose – und ich rede hier nicht von schönen Tierkörpern. Spätestens seit Madonna Anfang der achtziger Jahre einen Gürtel mit dem Aufdruck »Boy Toy« trug, arbeiten ganze Industrien daran, die Grenzen zwischen Koketterie, feministischer Selbstermächtigung und schlichtem *»sex sells«* zu verwischen. 2002 etwa tanzte Christina Aguilera im Video zum Lied »Dirrty« halb nackt, verschwitzt und von einer Menge angefeuert in einem Boxring Kopulationsstellungen nach. Auf demselben Album (»Stripped«) besang sie in »Beautiful« die Schönheit jedes Menschen, unabhängig vom Äußeren. Ein gefestigtes Bild von »guter« Sexualität zu entwickeln fällt vielen Neulingen in Sachen Sex da besonders schwer. Alles scheint möglich, aber nichts ist verlässlich. Bin ich froh, kein Teenager zu sein, der versucht, sich einen Reim auf die Erwachsenenwelt zu machen. So wie Lucas und Alina.

Twilight vermittelt Heranwachsenden unterschwellig die Botschaft: Wenn ihr euch sexuell enthaltet, kann euch nichts Schlechtes passieren. Der Name Bella Swan, also »schöner Schwan«, steht für Reinheit, Schönheit, Keimfreiheit. Sie gilt es zu bewahren. »Nirgends, außer in der Bibel«, schreibt die Frankfurter Allgemeine Zeitung genervt, »ist die Jungfräulichkeit ein ähnlich hohes Gut wie in der ›Twilight‹-Serie von Stephenie Meyer.« Die Bestsellerautorin ist ein gläubiges Mitglied der Mormonen. Die vierzehn Millionen Mitglieder zählende, in den USA entstandene Gemeinde versteht sich als christlich, auch wenn die Kirchen sie nicht als ebenbürtig anerkennen. Meyer lernte ihren späteren Ehemann als Vierjährige kennen. Die beiden heirateten, als sie einundzwanzig war, gemeinsam haben sie drei Söhne. Sie meint die Botschaft ihrer Bücher, dass Monogamie der Weg zum Glück ist, ernst. Ein Mann, eine Frau. Für immer. Ende der Durchsage. Weil diese Botschaft heutzutage selbst in den Ohren dreizehnjähriger Messdiener arg spießig klänge, vermittelt Stephenie Meyer sie nicht direkt.

Aus dem Wohnzimmer dringt Reifenquietschen zu mir herüber. Ich liege im Bett und versuche, ein Buch zu lesen, aber in meinem Zustand sind Geräusche viel interessanter als Buchstaben: E-Gitarren kreischen, dramatische Filmmusik, ein paar Wortfetzen, eine Autotür wird zugeschlagen. »*Geh ins Auto!*« Es ist Edward. Er kommt gerade rechtzeitig, um Bella vor dem Überfall einer Männerhorde zu retten. Der Gentleman-Vampir ist sich sicher: Männer sind Schweine, schließlich ist er einer von ihnen. Als er Bella in Sicherheit gebracht hat, sagt Edward zu seiner Angebeteten: *»Ich habe das starke Gefühl, dich beschützen zu müssen.«*

Was für ein klischeegetränkter Satz. Frauen sind in Stephenie Meyers Welt immerzu potentielle Opfer, Männer Täter oder Leibwächter. Warum fiel *mir* dieser Kitschspruch zu Teeniezeiten nie ein? Edward findet all die Worte, die Millionen sehnsüchtiger Mädchen hören wollen.

»Ich habe nicht die Kraft, mich länger von dir fernzuhalten«, sagt Edward zu Bella.

»Dann tu's nicht.«

Das ist der geniale Einfall von *Twilight*, die Milliarden-Dollar-Idee: Anstatt die Hauptfigur als schüchternes Mädchen anzulegen, das männliche Annäherungsversuche fürchtet, lässt Meyer Bella immerzu drängen. Edward möge sie doch endlich beißen, fleht sie, damit sie für immer beieinander sein können. Doch Edward wehrt sie ab. Der Vampir reißt sich zusammen, um die verlockende Schöne nicht im Blutrausch in eine Untote zu verwandeln. So steht Bella da als Jugendforsche: Sie ist zu allem bereit. Es geschieht nur deshalb nichts außer ein bisschen Knutschen, weil ihr Verehrer so hochherzig ist. Die Zurückweisung durch Edward erfolgt aus dem nobelsten aller Motive: aus selbstloser Liebe. Bella soll nicht sein freudloses Schicksal ereilen. Edwards Verzicht ist umso bewunderungswürdiger, weil er den Edelmut seiner Motive gar nicht erkennt. Er hält sich für ein Monster, das es zu zügeln gilt.

So eine fiebrige Erkältung ist verdammt öde. Ich denke langsamer, es fällt mir schwer, mich zu konzentrieren. Das Buch fesselt mich nicht. Was ich lese oder sehe, vergesse ich auf der Stelle wieder, und meine Konzentration … Wo war ich? Kurzum: Ich bin in der perfekten Stimmung, um *Twilight* zu gucken.

So beiläufig, wie es dem Träger eines Superheldenbademantels möglich ist, gehe ich ins Wohnzimmer. Lucas sitzt so kerzengerade auf der Couch, als sei sie ein elektrischer Stuhl. Alina hat es sich bequem gemacht: Die Schuhe hat sie aus- und die Beine angezogen, eine Decke liegt über ihren Knien. Als ich mich auf die Couchlehne setze, frage ich: »Ich hab' doch hoffentlich keine Sex-Szene verpasst?« Sarkasmus ist kein Privileg der Jugend.

»Ähm, dein Bademantel ist hochgerutscht«, sagt Lucas mit gepresster Stimme. »Und im ersten Teil gibt es gar keine ... also keinen Sex und so.«

»Im zweiten und dritten leider auch nicht«, sagt Alina.

Lucas dreht sich zu Alina um: »Leider?«

Auch in Teil Zwei und Drei (*New Moon – Bis(s) zur Mittagsstunde* und *Eclipse – Bis(s) zum Abendrot*) verzehren sich die Liebenden leinwandfüllend voller Sehnsucht nach dem anderen, ohne dabei mehr auszutauschen als jugend- und zungenfreie Küsse. Wer seine erste Liebe bereits hinter sich hat, mag das schnell ermüdend finden. Nur selten erlauben sich die Macher einen Scherz darüber. Etwa, wenn sie Bella in der Verfilmung von *New Moon – Bis(s) zur Mittagsstunde* mit »American Virgin« nach Italien fliegen lassen. Für viele Pubertierende hingegen ist die Keuschheit ein Versprechen. Der Glaube an den einen Menschen, der für immer zu einem gehört, erleichtert die Annäherung an die verwirrende Welt der Sexualität. In der Populärkultur ist der Vampir stets ein Symbol der Krise, des Umbruchs. Heute aber gilt er nicht immer als Zeichen des Verfalls, sondern häufig auch als Garant von Stabilität. Er achtet die Familie, wahrt die Umgangsformen, nimmt sich zurück. Der Aristokrat der Gefühle weiß sich zu benehmen, auch wenn es sonst niemand mehr tut. Bellas und Edwards Dialoge sind stets auch Gespräche über Vertrauen und die Bedingungen, unter denen Sex stattfinden darf.

Auf dem Bildschirm reißt sich Edward wieder mal von seiner Liebsten los: *»Ich darf bei dir nie die Kontrolle verlieren.«* Anschließend reden sie in Bellas Zimmer, voll bekleidet nebeneinander liegend, die ganze Nacht hindurch. Wie praktisch, dass Vampire nicht schlafen.

»Hätten die Mädchen zu meiner Zeit schon *Twilight* geguckt, wäre ich heute noch Jungfrau.« Noch während ich das ausspreche, bereue ich, dass ich vorhin den letzten Schluck Erkältungssaft getrunken habe.

»Kommst du mal bitte mit?«, fragt Lucas und steht auf. Seine Kiefermuskeln spannen sich imposant an. Vor einem Jahr konnten sie das noch nicht. »Kommst du mal bitte *ganz kurz* mit?« Den Satz kenne ich von seiner Mutter, meiner Schwester. Das ist keine Frage, sondern ein Befehl. Er schiebt mich durch den Flur in die Küche, atmet tief durch und sagt: »Bitte mach' keine Witze über *Twilight*, okay?«

»Tut mir echt leid. Eigentlich weiß ich ja, dass Mädchen die Serie total ernst nehmen. Aber mit Erkältungssaft intus bin ich mehr Tier als Mensch.«

»*Twilight* ist nicht nur für Mädchen!«, ruft Lucas. Dann erinnert er sich, dass Alina nicht weit entfernt sitzt, und flüstert: »Da geht's auch um Jungs, also Männer. Und die wollen keine Prolos sein, die wollen ihre Stärke zum Guten nutzen. Wie Jacob, der Werwolf. Der ist eigentlich gut, aber er wird halt leicht wütend, und dann weiß er nicht, was er tut. Kapierst du das?«

»Na, klar.« Das zu verstehen fällt mir nicht schwer. Eins dieser Werwolf-Männchen steht ja vor mir.

Tatsächlich habe ich etwas Wichtiges vergessen: *Twilight* spricht nicht allein das Unbewusste heranwachsender Mädchen an, die sich nach Zuneigung, Liebe, Sex und Halt sehnen. Sondern es bietet auch Jungen eine Anleitung, wie sie mit ihren pubertären Hormonschüben sozial verträglich umgehen können: Das tendenziell aggressivere Auftreten ihrer Geschlechtsgenossen müssen sie nicht nachahmen, um dazuzugehören. Nein, es zeugt sogar von Charakterstärke, sich Mädchen gegenüber zurückhaltend zu verhalten. Die männlichen Helden dieser Saga – Vampir Edward und Werwolf Jacob – beweisen echte Maskulinität nicht durch Aufreißertum, sondern Enthaltsamkeit.

»Lucas, setz' dich doch wieder zu Alina«, sage ich ruhig. »Ich bringe euch noch was zu essen, dann lass' ich euch allein. Ich muss eh dringend ins Bett.«

Ein paar Minuten später gehe ich mit einer Schale Chips ins Wohnzimmer, gut Wetter machen. Das Ende des ersten Teils naht. Edward und Bella haben wieder ein wenig geknutscht. Mal wieder hat sie auf mehr gedrängt, doch ihr Lover bleibt stur. Aus dem Off ist Bellas Stimme zu hören: »*Keiner von uns beiden wollte an diesem Abend nachgeben. Ich weiß, was ich will.*«

Das ist zu viel für mich. Die Kitschsätze, das Fieber, der Erkältungssaft.

»Boah, was für'n Quark«, sage ich genervt. »Liefe es bei den beiden wie im richtigen Leben, wär' die Geschichte nach fünf Minuten vorbei. Inklusive Vorspiel. Und so lahm, wie Robert Pattinson den Vampir spielt, glaubt man ihm glatt, dass er 108 Jahre alt ist. Hätten sie ja gleich einen echten Einhundertachtjährigen nehmen können: Johannes Heesters!«

Manchmal verpasst man glänzende Möglichkeiten, einfach mal den Mund zu halten.

»Also jetzt reicht's«, ruft Lucas mit frisch erworbener Erwachsenenstimme. Alina guckt überrascht zu ihm auf. »*Twilight* ist super romantisch, verdammte Scheiße! Da geht's nicht immer nur um … um Sex und so. Der Edward ist voll in die Bella verliebt, aber der will der auch nicht weh tun. Der will sie beschützen. Weil, die ist total verletzlich und so!«

Alina zieht die Decke noch etwas höher über ihre Beine. Sie blickt Lucas an und fragt: »Du nimmst die Filme also ernst?«

»Ja klar«, sagt Lucas und strahlt Alina an. »Ich bin nicht so einer, der bloß knutschen will und dann sagt: Tschüs, das war's. Ich bin auch romantisch und so, und …«

So ein Glück, denke ich: Alles wird gut! Ich werde Zeuge einer bewegenden Liebeserklärung unter Teenagern, und ich habe meinen Anteil daran. Mein Filmverführer-Testlauf ist ein voller Erfolg. Übers gemeinsame Filmschauen sind den zwei Teenagern ihre Gemeinsamkeiten bewusst geworden und sie sind einander nahegekommen. Die beiden werden sich noch in zwanzig Jahren mit Dankbarkeit an mich und diesen Abend erinnern, und …

»Schade«, sagt Alina und setzt sich auf. »Meine *Twilight*-Phase ist ewig her, mindestens ein Jahr. Ich bin ja kein Kind mehr. Ich dachte, du lädst mich zum DVD-Gucken ein, damit wir knutschen können wie Erwachsene. *Twilight* ist schließlich bloß 'n Kinderfilm.«

»Bloß 'n Kinderfilm?« Lucas guckt irritiert.

»Ja klar«, sagt Alina ruhig, während sie ihre Schuhe anzieht. »Da wird die ganze Zeit nur gequatscht. Auf die Dauer total öde. Ich mein': Die küssen nicht mal mit Zunge.«

»Genau meine Meinung!«, rufe ich. Wütend blickt Lucas zu mir, dann verzweifelt zu Alina. Er sagt: »Aber ich dachte, wir verstehen uns. Du und ich. Warten, kennenlernen, die große Lie…«

»Die große Liebe?«, fragt Alina mit weit aufgerissenen Augen.

»Ich habe das starke Gefühl, dich beschützen zu müssen.«

»Na, also bitte. Ich geh' jetzt besser nach Hause«, sagt Alina und steht auf. Lucas tut es ihr nach, mit hängendem Kopf trottet er neben ihr zur Wohnungstür. Sie sieht aus, als sei sie einen Kopf größer als er, dabei ist es umgekehrt.

»Es hätte echt was laufen können zwischen uns«, sagt Alina zu Lucas. Ihre Stimme hallt im Hausflur, ich kann sie gut hören. »Aber vielleicht ist es ganz gut, dass dein Onkel ins Zimmer gekommen ist. Hätte er dir nicht den Spruch reingedrückt, und hättest du dann nicht so reagiert, dann hätte ich versucht, dich zu küssen. Aber damit hätte ich dich vielleicht verletzt. Bist halt noch nicht so weit.« Alina reckt ihren Kopf und ruft mir zu: »Gute Besserung, Herr Heesters!«

Als Lucas langsam die Tür schließt und sich umdreht, ist er kein sanfter Teenager mehr. Aus dem Lamm ist ein Löwe geworden. Wie er mit hochrotem Kopf auf mich zugeht, ähnelt er ein wenig Jacob, kurz bevor er sich zum Werwolf wandelt. Hoffentlich verleiht mein Bademantel Superkräfte.

Geschlechter-Check

Liebesszenen: Träumen Sie weiter.
Dramatische Küsse: Einer. Ohne Zunge.
Der beste Moment, um aufs Klo zu gehen: Für Dreizehnjährige: nie. Für alle anderen: immer.
Zentraler Dialog: *»Ich bin ein Killer.« – »Das glaube ich nicht.« – »Weil du der Lüge glaubst. Das ist eine Tarnung. Ich bin das gefährlichste Raubtier, das es gibt. Alles an mir wirkt einladend auf dich. Meine Stimme, mein Gesicht, selbst mein Geruch. Als ob ich das nötig hätte. Als ob du mir davonlaufen könntest!«*
Bester Männer-Spruch: *»Wenn du klug bist, hältst du dich von mir fern.«*
Bester Frauen-Spruch: *»Keiner von uns beiden wollte an diesem Abend nachgeben. Ich weiß, was ich will.«*
Taschentuchfaktor für Männer: Da muss ich meinen Neffen fragen.
Taschentuchfaktor für Frauen: Was weiß denn ich schon?
Der nächste Film, den Frauen gucken sollten: die amerikanische TV-Serie *True Blood*. Drama mit viel Blut und Sex. Wie es sich für Vampire gehört.
Der nächste Film, den Männer gucken sollten: dito

KEINOHRHASEN

Ein Film wie ein Einkauf bei Ikea

Es gibt Schlimmeres, als an einem Samstagnachmittag als Paar durch Ikea zu hetzen. Nämlich, allein hierherzukommen. Die Menschen um mich herum haben große Pläne für ihre Zukunft. Die jungen Pärchen setzen sich auf Betten, in denen sie vielleicht bald ihr erstes Kind zeugen werden. Sie verharren nachdenklich in der Küchenabteilung, als betrachteten sie ein abstraktes Gemälde, und fragen sich: »Was will mir diese Einbauküche sagen? Möchte ich Tag für Tag lieber auf mattweiße oder weinrote Schrankwände blicken?« (Sie nehmen Mattweiß. Weinrot ist ihnen dann doch »zu extravagant«.) Die Aussicht auf ein gemeinsames Leben scheint die Pärchen nicht sonderlich zu erfreuen. Die Frauen haben rote Flecken am Hals und die Männer offenbar ADHS. Glück ist Stress.

»Und was hältst du von *dieser* Matratze?«, fragt eine Stressfleckfrau ihren Begleiter.

»Die is' auch okay«, antwortet der, ohne das Modell »Sultan« auch nur anzuschauen. »Lass uns die nehmen.«

»Ich kauf' doch nicht einfach so eine Matratze!«, ruft die Frau und legt sich aufs Bett. »Das ist 'ne wichtige Entscheidung! Wie kannst du'n Drittel deines Lebens mit etwas verbringen, ohne dir vorher Gedanken darüber zu machen?« Der Mann blickt auf seine Freundin. Er sieht aus, als stelle er sich eine ähnliche Frage, nur geht es dabei vermutlich nicht um die Matratze.

Für viele Paare ist Ikea die Hölle, weil sie fürchten, sie könnten sich gerade ein Leben mit dem Falschen aufbauen. Für Leute auf Partnersuche ist es schlimmer. Sie blicken auf die Paare und sorgen sich darum, ob sie es je bis zu dem Punkt schaffen, an dem sie fürchten, sie könnten sich ein Leben mit dem Falschen aufbauen. Ich bin Single. Warum tue ich mir das hier an? Ich weiß doch, wie der Ausflug zu Ikea endet, und zwar jedes Mal. Wieder werde ich weder ein Bett kaufen noch eine Couch. Wieder werde ich denken »Ich kann doch nicht hier rausgehen, ohne was gekauft zu haben« und mit einem Stapel blauweißer Geschirrtücher und einem Sechserpack Gläsern zur Kasse trotten. Vor dem Ausgang werde ich deprimiert einen Hotdog essen in der Hoffnung, dass dessen Zutaten meine Lebenserwartung verkürzen. Erst zu Hause wird meine Stimmung umschlagen. Dann werde ich mich freuen, dem Drang widerstanden zu haben, das wacklige Pressspanregal und den überflüssigen Schnellkochtopf zu kaufen. Ich werde froh sein über all den Krempel, der künftig *nicht* in meiner Wohnung steht. Ikea ist wie Knast: Wer drin war, weiß das eigene Leben wieder zu schätzen. Deshalb tue ich mir das hier an.

Doch heute stört etwas meine Katharsis: eine Frau. Ich bemerke sie, als sie sich gerade ungeheuer elegant auf ein schwarzes Ledersofa fallen lässt. Wie sie ihre Arme auf der Rückenlehne ausbreitet und sich gelassen umschaut, wirkt sie, als sei das ganze Einrichtungshaus ihre Wohnung und die Kunden ihr willkommener Besuch. Nie zuvor habe ich hier eine so schöne Frau gesehen. Während die Gastgeberin des Salons Ikea konzentriert prüft, ob das Sofa gemütlich ist, schaue ich sie mir genauer an. Ihre Coolness passt nicht hierher. Sie hat keine Stressflecken am Hals. Ihr Freund ist also entweder a) auf dem Klo, b) zu Hause, c) zu Hause auf dem Klo oder d) sie hat keinen Freund. Kann das sein?

Gewissenhaft tue ich so, als läse ich den Beipackzettel von »Poäng«. Dabei würde ich nie einen Sessel kaufen, dessen Name andeutet, mein Hintern sei zu breit für die Sitzfläche. Wie, frage ich mich, komme ich mit der Frau ins Gespräch? Etwa mit: »Na, auch hier?« Die Antwort ist doch recht offensichtlich. Oder mit: »Na, ganz allein unterwegs?« Sie ist doch kein Kind, das sich verlaufen hat. Ich hab's. Eigentlich ist der perfekte erste Satz ganz naheliegend. Als sei ich nicht ich, sondern ein gelassener Mensch, schlendere ich die wenigen Meter zur Ledercouch und sage: »Ikea ist wie *Keinohrhasen*, oder?«

»Hm?« Die Schöne schaut zu mir hoch. Sie sieht aus, als tauche sie gerade aus einem Tagtraum auf.

»Ich meine: Bei Ikea zielt alles darauf ab, heiter zu wirken. Die Farben Gelb und Blau, das viele Licht, die Werbestimmen mit dem niedlichen schwedischen Akzent, die einen duzen. Das Ganze ist auf den Geschmack eines möglichst breiten Publikums ausgerichtet. Nichts darf verstören. Wenn die Leute rausgehen, sollen sie glauben, sie hätten in den vergangenen Stunden schöne Dinge gesehen. Nur, was genau sie so angenehm fanden, können sie nicht sagen. Der diffuse Gesamteindruck macht's. Wie bei *Keinohrhasen*.«

Die Gastgeberin des Salons Ikea schaut mich mit einem forschenden Blick an. Für ein paar Sekunden scheint alles möglich. Sie könnte mir empört die Tür weisen (ich bin sicher, sie dürfte das). Sie könnte kühl erklären, sie rede nicht mit jemandem, der *Keinohrhasen* geguckt hat (das würde sie nur noch attraktiver machen). Oder …

»Das ist ein schöner Vergleich«, sagt sie mit einem Lächeln. »Da bin ich noch nicht drauf gekommen. Bei *Keinohrhasen* ist echt für jeden was dabei – wie bei Ikea. Die einen wollen eine Komödie, die anderen eine Liebesgeschichte, und der Arsch von Til Schweiger spielt auch mit.«

»Wobei nicht klar ist, wer der bessere Schauspieler ist: Schweiger oder sein Arsch.«

Sie lacht. Ich lächle. Ein Glück. Vielleicht erfahre ich bei diesem Plausch ja nicht nur mehr darüber, wie Frauen und Männer Filme wahrnehmen – sondern lerne auch meine Traumfrau kennen.

Als sie aufsteht, fallen ihr braune Haarsträhnen ins Gesicht, und dabei sieht sie aus, als spiele sie in einem Werbespot für kräftigendes Shampoo mit. Kaufen würde ich es.

»Haben sich die Zuschauer nicht gewundert, dass sich Nora Tschirner und Til Schweiger angeblich aus Kindheitstagen kennen?«, frage ich. »Die beiden trennen im echten Leben 18 Jahre. Schweiger könnte Tschirners Vater sein.«

»Tja, da musst du halt ein Auge zudrücken«, sagt meine Ikea-Begleiterin. »In dem Film geht's um die große Liebe. Eine verliebte Tschirner sieht Schweigers Falten nicht, und die Zuschauer auch nicht. Und für Nahaufnahmen gibt's gnädige Kamerafilter.«

Mein Gott: Wenn sie etwas Ironisches sagt und danach lächelt, dass sich die Haut auf ihrem Nasenrücken kräuselt, sieht sie noch hübscher aus. Am liebsten würde ich sie gleich mit nach Hause nehmen. Einpacken ist nicht nötig, danke.

»Das muss man sich mal vorstellen: Sechs Millionen Leute haben *Keinohrhasen* im Kino geguckt«, sage ich.

Es ist zwar nicht ideal, Smalltalk mit Zahlen zu füllen, aber egal. Hauptsache, ich tue, als fände ich es ganz normal, dass wir plaudernd die Ikea-Gänge entlangschlendern. Menschen mit großen Ikea-Einkaufsbeuteln (Modell »Frakta«) eilen an uns vorüber. Wären die Stressfleckfrauen nicht so gehetzt und die ADHS-Männer nicht so zerstreut, könnten sie den Eindruck gewinnen, wir zwei wären gemeinsam hier. Als Paar.

Diese Frau ist schön, humorvoll und durchschaut das Baukastensystem von *Keinohrhasen*. Habe ich ein Glück, so ein seltenes Exemplar kennenzulernen! Denn wenn es etwas gibt, was die meisten Männer von der Mehrzahl der Frauen charakterlich unterscheidet, dann ist es nicht ihr Maß an Einfühlungsvermögen und erst recht nicht ihre Fähigkeit, einzuparken. Meiner Erfahrung nach ist der größte Unterschied zwischen den Geschlechtern ihr Verständnis von Romantik. Das gilt natürlich nicht ausnahmslos. Ich kenne auch Frauen, die finden Filme wie *e-m@il für Dich* weder smart noch schön, sondern einfach langweilig. Leider denke ich das Gleiche über diese Frauen.

Vordergründig geht es bei *Keinohrhasen* um das Aufeinandertreffen des attraktiv-egozentrischen Klatschreporters Ludo Decker (Til Schweiger) mit der süß-unbeholfenen Kindergärtnerin Anna Gotzlowski (Nora Tschirner). Der Boulevardheld hat einmal zu häufig die Privatsphäre von B-Promis verletzt: Gemeinsam mit seinem Fotografen Moritz (Matthias Schweighöfer) hat er die Verlobung von Yvonne Catterfeld (Yvonne Catterfeld) und Wladimir Klitschko (gespielt von einem der Klitschko-Brüder) gesprengt. Ein Gericht verdonnert ihn daraufhin zu 300 Sozialstunden. Leistet Ludo sie nicht ab, muss er für acht Monate ins Gefängnis. Er wählt die Arbeit in einem Kinderhort in einer heruntergekommenen Villa am Rande Berlins. Hier trifft der smarte Ludo auf die leicht verklemmte, hübsche Anna. Sie erinnert sich sofort an ihre gemeinsame Vergangenheit, Ludo nicht. Er vermutet, sie müsse eine der vielen Frauen sein, mit denen er irgendwann betrunken im Bett gelandet ist. Die empörte Anna klärt ihn auf: Als sie Kinder waren, quälte der schon damals bei Mädchen Beliebte die Zahnspangenträgerin mit üblen Tricks. Damals war sie schwach, heute ist es umgekehrt. Anna hat die Macht, Ludo in den Knast zu schicken. Der Grundkonflikt der Geschichte ist damit klar. Ähnlich wie bei *Harry und Sally* lautet er, vereinfacht gesagt: Macho trifft Emanze. Zwei Menschen treffen aufeinander, deren Ansichten über sich, die Welt und die Geschlechter im starken Kontrast zueinanderstehen. Protagonisten stellvertretend gesellschaftliche Streitigkeiten austragen zu lassen ist Muster ungezählter Filme, Serien, Theaterstücke und Romane. Ist der dargestellte Konflikt den Lesern oder Zuschauern aus dem eigenen Leben bekannt, fiebern sie stärker mit, zähe Erklärungen des Hintergrunds der Geschichte werden überflüssig.

Doch selbst Konflikte wie »Emanze versus Macho« sind nur oberflächlich entscheidend, ob ein Film sein Publikum berührt. Wichtiger ist: Menschen wollen mit anderen Menschen mitfühlen, wenn diese stellvertretend für sie Abenteuer erleben. Sie wollen mit ihnen leiden, lieben, hoffen und triumphieren. Dabei kommt es viel stärker auf das Wie als auf das Was an. Beispielsweise ist es fürs Mitfühlen des Publikums nur von oberflächlichem Interesse, welchen Job Ludo ausübt oder welcher Anlass zur Begegnung mit Anna führt. Wichtiger ist, dass klar wird, für welchen Typus Ludo steht: beruflich erfolgreich, gesellschaftlich gewandt, gutaussehend, emotional blockiert und egozentrisch. Der moderne Macho ist für viele Frauen zugleich abstoßend und anziehend und gerade dadurch interessant. Und dass Anna in einem Hort arbeitet, ist nur insofern relevant, als klar wird: Sie ist eine total Liebe und Superhübsche mit viel Einfühlungsvermögen und ungerechtfertigt geringem Selbstwertgefühl, die es verdient hätte, endlich vom Prinzen geküsst zu werden; bloß steht sie sich selbst oft im Weg. Anna ist Aschenputtel, bloß ohne böse Stiefmutter – und damit Projektionsfläche romantischer Sehnsüchte der Zielgruppe des Films: Frauen. Und weil dieser Film eine Romantische Komödie ist, ist ihnen klar, dass Ludo und Anna ihre scheinbar unvereinbaren Gegensätze überwinden werden. Die Liebe wird siegen. Die Frage ist bloß: wie?

Auf dem Spaziergang vom Bettsofa »Lugnvik« zur Küchenabteilung erfahre ich, dass meine zukünftige Ehefrau Karo heißt. (Das mit der Ehefrau behalte ich vorläufig für mich.) Sie arbeitet als Grafikdesignerin, und ich bin nicht so verrückt zu fragen, was genau sie macht. Das versteht schließlich kein Mensch, vermutlich nicht mal Grafikdesignerinnen selbst. Auf

Höhe des Servierwagens Förhöja erfahre ich, dass sie dringend eine neue Wohnzimmereinrichtung braucht, weil ihr Exfreund das meiste bei der Trennung vor ein paar Monaten mitgenommen hat. Nie fand ich einen Plausch über Ikea-Möbel interessanter. Karo ist tatsächlich Single. Habe ich ein Glück.

Auf dem Weg zur Kasse greife ich mir noch einen Stapel blauweißer Geschirrtücher und einen Sechserpack Gläser, sonst kaufe ich nichts. Traditionen soll man pflegen. Langsam wird's eng. Noch fünfzehn Meter bis zur Kasse, noch zehn. Bis wir uns am Ausgang voneinander verabschieden, muss ich ihre Telefonnummer ergattert haben. Vorm Hotdog-Stand wird sich meine Zukunft entscheiden: lebenslanges Glück oder lebensverkürzende Essensreste in Wurstform.

»Ich geb' dir mal meine Handynummer«, sage ich, ohne Karo anzuschauen. Warum fällt es mir ausgerechnet dann schwer, diesen einfachen Satz gelassen auszusprechen, wenn es darauf ankommt?

»Gern, her damit. Ich bin mit dem Auto da. Wenn du magst, kann ich dich irgendwo in der Innenstadt absetzen.«

O Gott, ja. Ja! Lass uns durchbrennen, egal wohin!

»Och, öh, klar. Danke.«

Als ich mit Karo lächelnd den Stand der lebensverkürzenden Hotdogs passiere und durch die Ausgangstür zum Parkplatz gehe, denke ich: Das ging alles viel schneller, als ich zu hoffen wagte. Warum bin ich nicht schon vor Jahren auf die Idee gekommen, mit Frauen über Filme ins Gespräch zu kommen? Dass Karo einen Kitschstreifen wie *Keinohrhasen* ebenso scheußlich findet wie ich, bedeutet natürlich nicht, dass ich sie gleich vom Fleck weg heirate (ich war da vorhin vielleicht ein klein wenig voreilig). Aber andersherum wäre es für mich undenkbar, mit einer Frau zusammen zu sein, die Til Schweigers Nuscheln mit Schauspielerei verwechselt und dieses Film gewordene Billy-Regal mit Romantik.

Als wir in ihren Wagen steigen, könnte die Geschichte des Film-Verführers ihr hollywoodreifes Ende finden. Versöhnliche Musik, die Kamera blickt von weit oben auf den Ikea-Parkplatz, unten fährt ein Auto rückwärts aus der Parkbucht, es beschleunigt, reiht sich in den Straßenverkehr ein und verschwindet schließlich aus dem Blick. Abspann, raus aus dem Vorführsaal, Toilette. Nach dem Happy End dieser Romantischen Komödie kehrt das Publikum im bestärkten Glauben an die Macht der Liebe zurück ins echte Leben. Aber würde eine Romantische Komödie damit enden, dass der Mann auf dem Beifahrersitz zunächst auf die Straße blickt, dann auf die schöne Frau neben ihm und schließlich auf den Zündschlüssel, an dem ein Kuscheltier baumelt, dem die Ohren fehlen?

Wie kann das sein? Wie passt mein Bild von Karo zum Anblick des braunen, schielenden Kinderspielzeugs? Verständnislos blicke ich von Karo zum Plüschtier, vom Plüschtier zu Karo. Bestimmt sehe ich aus wie ein Zuschauer beim Tennis. Hoffentlich gewinnt das Duell Karo.

»Oh«, sage ich mit gespielter Überraschung, »du hast ja einen Keinohrhasen. Interessant. Weil … gerade haben wir noch darüber gesprochen, und jetzt … Also wirklich: interessant.«

Es gibt dafür nur eine Erklärung: Karo hat den Wagen geliehen. Machen ja viele, wenn sie zu Ikea fahren. Eine alte Schulfreundin, die zufälligerweise in derselben Stadt wohnt, hat ihr das Auto geliehen. Alte Schulfreunde sind ja eine ganz eigene Kategorie Mensch. Man hat wenig mit ihnen gemeinsam, außer einer Vergangenheit. Die Geschmäcker sind sehr unterschiedlich, aber das sieht man einander nach. Wer einander hat pubertieren sehen, den kann selbst ein Keinohrhase am Autoschlüssel nicht mehr schocken.

Wir halten an einer roten Ampel. Karo lächelt mich an, fummelt an ihrem iPod herum und verkabelt ihn mit der Stereoanlage. Sekunden später höre ich Klaviergeklimper, den Beginn einer Ballade. Es ist »Anna & Ludo – Hold me now« von Rea Garvey. Soundtrack-Musik von *Keinohrhasen*.

Noch kann alles gut werden. Vielleicht hat Karo ja einfach einen sehr ironischen Humor. Vielleicht hat ihr eine Nichte das Kuscheltier geschenkt, dieses Ergebnis eines volltrunkenen One-Night-Stands von Goofy und der Diddl-Maus. In dem Fall muss sie es natürlich bei sich tragen. Vielleicht hat sie den iPod ja auch nur geliehen. Womöglich mag Karo andere Teile der Filmmusik, und sie hat sich notgedrungen den ganzen Soundtrack runtergeladen. Es sind echt gute Lieder dabei, von den Killers beispielsweise. War ja nicht alles schlecht damals, 2007.

Karo lächelt wieder und sagt: »Weißt du, ich find's echt super, dass du als Mann auch so auf *Keinohrhasen* stehst.« Die Ampel wird grün, der Wagen fährt los, und das mit der Verlobung überlege ich mir noch mal.

»Äh, eigentlich«, sage ich, »*eigentlich* finde ich den Film gar nicht *so* gut.« Karo zieht die Stirn in Falten.

»Hä?«

»Na ja, ich dachte, wir verstehen uns: ›der Arsch von Til Schweiger spielt auch mit‹. Der Altersunterschied zwischen Schweiger und Tschirner. ›Ikea ist wie *Keinohrhasen*‹ und so.«

»Also, *ich* meinte: Schweigers Arsch ist echt knackig. Dass der seinen Auftritt hat, finde ich nur fair.«

»›Fair‹? Kann man einem Arsch gegenüber auch unfair sein? Was passiert dann? Guckt er traurig?«

»Und dass Schweiger älter als Tschirner ist: so what? Wichtig ist doch die Geschichte, und die ist superromantisch. Da achtet man nicht so auf Details.«

»Aha. Der nackte Arsch ist also mehr als ein Detail.« Werde ich gerade eifersüchtig auf Schweigers Gesäßbacken?

»Also, ich … Moment: Wenn du *Keinohrhasen* so schlecht findest, und wenn du findest, *Keinohrhasen* sei wie Ikea – was machst du dann bei Ikea?«

Jeder kennt den Wunsch, er könne etwas Gesagtes rückgängig machen. Wer wünscht sich nicht, in eine Streitsituation zurückkehren zu können und diesen total schlagfertigen Satz zu entgegnen – der einem leider erst drei Tage später eingefallen ist? Wer hätte nicht gern einen einfallsreichen Spruch parat für den Fall, dass man von einer schönen Frau auf einer Party gefragt wird, was man denn so mache, anstatt perplex zu stammeln: »Ich steh' fürs Klo an.« Hier ist das, was ich Karo gern geantwortet hätte:

»Liebe Karo, vielen Dank für deine Frage. Es ist eine wirklich gute Frage. Tatsächlich sehe ich eine gewisse Ähnlichkeit zwischen Ikea und *Keinohrhasen*. Hier wie da ist für jeden was dabei. Nichts verstört, alles sieht angenehm bekannt aus. Jeder hat etwas davon (in sich), auch wenn manche jahrelang schwören, es bei nächster Gelegenheit loszuwerden und durch Höherwertiges zu ersetzen, denn das meiste besteht aus Versatzstücken von geringer Qualität. Beide bedienen einen Massenmarkt. Das allein ist nichts Schlechtes – wir alle führen weit weniger individuelle Leben, als wir gern glauben. Unser Blick auf die Welt ist geprägt durch dieselben TV-Serien und -Nachrichtensendungen, Bücher und Zeitschriften. Ikea ist ein anonymer Großkonzern, der rund um die Welt seine Produkte herstellen lässt. Weil sein Ursprungsland Schweden ein so sympathisches Image hat, macht er es sich zunutze. Es ist eine Marketingentscheidung. Kühle Taktik, Kosten-Nutzen-Rechnungen, weltweite Produktionsstandorte – so etwas ist nicht romantisch. Romantik ist das Gegenteil von Berechnung und Massengeschmack. Romantik ist radikale Subjektivität: Was ein einzelner Mensch denkt, fühlt und erlebt, gilt als fast spirituelle Erfahrung. Die Welt da draußen mag wüst und leer sein, solange dieses Herz nur voll ist. Und wie prächtig die Welt auch erscheinen mag, sie ist dem romantisch Empfindenden nichts wert, wenn sein Herz leer ist. Du möchtest, dass ich endlich auf den Punkt komme? Sehr gern, Karo. Wie Ikea bemühen sich Filme wie *Keinohrhasen* darum, sympathisch und massenkompatibel zu wirken. Die Komödie setzt Einzelteile von geringer Qualität zusammen, um einen gewünschten Effekt zu erzielen: Es hagelt Cameo-Auftritte Prominenter, denn das sehen Leute immer gern, genauso wie hübsche, kleine Kinder, die dummes Zeug stammeln. Das Ergebnis aber ist wackelig wie ein Pressspanregal, bei dem zwei Schrauben und ein Brett fehlen. Bitte denk jetzt nicht, ich sei herzlos. Herzlos ist vielmehr der Mann, der diesen Film gedreht, produziert und zum Teil geschrieben hat: Til Schweiger. In einem Interview hat er selbst zugegeben, dass er *Keinohrhasen* aus wirtschaftlicher Not heraus gedreht hat. Sein düsterer Thriller *One Way* war gerade im Kino gefloppt. Deshalb, sagte er, gehe er jetzt wieder »lieber auf Nummer Sicher und produziere Romantische Komödien«. Romantik aber ist das Gegenteil von einer »sicheren Nummer«. Romantik ist Risiko und Einzigartigkeit. Brennende Kerzen und rote Rosen bei einem Date sind nicht romantisch, sondern das Gegenteil. Romantisch ist es, wenn ein Mann eine Frau sieht und er sie anspricht mit einem Satz, der womöglich nie zuvor in der Menschheitsgeschichte ausgesprochen worden ist – zum Beispiel mit ›Ikea ist wie *Keinohrhasen*, oder?‹ Romantisch ist es zu glauben, dass man die perfekte Frau an dem am wenigsten romantischen Ort kennenlernt, den man sich vorstellen kann: Ikea. Und es ist romantisch zu hoffen, dass die Frau das alles genauso empfindet. Später sitzen die beiden Menschen zum ersten Mal gemeinsam im Auto, und ihnen ist der gehetzte Feierabendverkehr um sie herum ganz egal, denn sie stellen einander lachend all die Fragen, die dieser Film aufwirft, aber nicht beantwortet: Warum fahren Anna und Ludo im Taxi zum Krankenhaus, als Ludos Neffe sich verletzt hat, anstatt einfach den Notarzt zu rufen? Warum verkehrt Anna, die Öko-Kindergärtnerin mit der Strickjacke, im Wellnessbereich desselben Luxushotels und im selben schicken Restaurant wie Ludo – und sogar zufällig zur selben Zeit, ohne dass die beiden aufeinandertreffen? Wo gibt es einen Kinderhort, der aussieht wie das Nachbarhaus der Villa Kunterbunt? Warum sehen alle Kinder dort aus wie aus dem Esprit-Katalog? Wieso ist der Porno, den Ludo guckt, in Schwarzweiß? Warum bewirft er den Fernseher, auf dem der Porno läuft, mit einem Schuh, um ihn während eines Telefonats mit Anna auszuschalten, anstatt ihn einfach per Fernbedienung auf stumm zu schalten? Warum verliebt sich Anna plötzlich in Ludo? Warum wird fast jede Filmszene mit völlig unpassender Musik vollgekleistert? Wir zwei lachen dann im Auto, denn wir kennen die Antwort. Die Musik ist nötig, um die Längen der Inszenierung zu kaschieren und selbst dem unaufmerksamsten Zuschauer zu signalisieren: Was jetzt kommt, ist lustig. Das ist kein Kinoerlebnis, sondern betreutes Filmgucken. Kurzum, liebe Karo: Ich bin nicht unromantisch, weil ich den Film nicht mag. Gerade, indem ich ihn *nicht* mag, offenbare ich mein romantisches Herz. Ich hoffe sehr, du kannst das nachvollziehen. Denn ich würde dich gern besser kennenlernen.«

Das wäre eine gute Antwort auf Karos Frage, warum ich allein bei Ikea war. Leider ist es nicht meine tatsächliche Antwort. Stattdessen sage ich: »Ikea ist wie Knast: Wer drin war, weiß das eigene Leben wieder zu schätzen. Es ist nämlich so: Die Stressfleckfrauen und …«

»Du bist so was von unromantisch.«

»… die, äh, ADHS-Männer …«

»Warum kannst du einen Film nicht einfach schön finden? Eine Frau und ein Mann treffen sich, es gibt Verwicklungen, und am Ende kriegen sie sich. Das wollen Frauen sehen. Es ist ein Trost. Die Realität ist nämlich gar nicht so rosig. Mal sieht ein Kerl gut aus, ein anderer ist im Job erfolgreich, und ein paar sind sogar echt nett. Aber wer ist schon alles zusammen?«

»Nun ja«, sage ich und lächle, »also *ich* …«

»Kinderliebende Knackärsche gibt's nur im Film. Wir Frauen wissen das ja, wir haben genug Erfahrungen gemacht mit bescheuerten Typen. Im Kino wollen wir nicht die Realität sehen, sondern einen schönen Traum. Außerdem: Es gibt auch Männer, die *Keinohrhasen* gut finden. Und Schweiger spielt den coolen Macho einfach gut.«

Los, Junge: Karo versucht, die Gemeinsamkeiten zwischen euch beiden zu betonen. Es ist deine letzte Chance. Nutze sie und sag: »Das finde ich auch. Schweiger inszeniert sich in *Keinohrhasen* und dem Nachfolger *Zweiohrküken* geschickt als cooler Kerl mit Schlag bei den Frauen. Als lässiger Bursche, mit dem männliche Zuschauer auch mal einen draufmachen würden. Auch wenn das Ergebnis nicht meinem Geschmack entspricht und ich seine schauspielerische Leistung für gering erachte, kann ich anerkennen: Das war ein kluger Schachzug von Schweiger. Das Einspielergebnis gibt ihm recht. *Keinohrhasen* zählt zu den kommerziell erfolgreichsten deutschen Filmen seit dem Zweiten Weltkrieg. Meine Meinung ist nicht mehr wert als die von sechs Millionen Kinogängern. Gibst du mir jetzt bitte deine Telefonnummer?« *Das* ist leider nicht meine Antwort. Sondern die hier: »Til Schweiger ist ein dermaßen schlechter Schauspieler, der kann nicht mal Til Schweiger spielen.« Die folgenden Minuten, bis Karo mich an einer Straßenecke absetzt, kann man sich nicht unangenehm genug vorstellen. Wir zwei sitzen schweigend nebeneinander, und der Feierabendverkehr um uns herum wirkt dichter als zuvor. Als ich aussteige, dringt »I still remember« von Bloc Party aus den Boxen. Dabei hätte Schweiger mit Sicherheit gewollt, dass in diesem Moment Track 16 läuft: »It's too late to apologize«. Ein Händchen für Filmmusik hat er ja, das muss ich ihm lassen.

»Tschüs. Und danke fürs Mitnehmen.«

»Ja«, sagt Karo, ohne mich anzuschauen. »Tschüs.«

Eine Zeitlang blicke ich Karos Wagen hinterher, dann verschwindet er zwischen all den anderen Autos. Die letzte Kameraeinstellung einer Romantischen Komödie ohne Happy End. Erst später fällt mir ein, dass ich Geschirrtücher und Gläser auf dem Rücksitz liegengelassen habe. Ich gehe nicht direkt in meine Wohnung, um mich zu freuen über das, was dort *nicht* herumsteht. Vorher kaufe ich noch zwei große, fettige Hotdogs.

Geschlechter-Check

Liebesszenen: Zwei. Ohne Nora Tschirner. Aber zum Glück ist sie in zwei anderen Szenen nackt.
Dramatische Küsse: Einer.
Der beste Moment, um aufs Klo zu gehen: Vorspann bis Abspann
Zentraler Dialog: *»Hallo, ich bin ...« – »... Ludo Decker. Ich fass' es ja nicht.« – »Kennen wir uns?« – »Ja. Ich bin Anna Gotzlowski.« – »Also, bei mir klingelt's nicht richtig.« – »Nein? Dann denk noch mal scharf nach.« (Pause) – »Ist es nicht manchmal schöner, sich danach nicht anzurufen und nur die Erinnerung zu genießen?«*
Bester Männer-Spruch: *»In Titten macht Silikon ja auch Sinn. Aber doch nicht im Arsch von Jürgen Vogel!«*
Bester Frauen-Spruch: *»Im Fernsehen lief einer von seinen Pornos. Ich hab' noch nie verstanden, wer sich diesen Quatsch freiwillig reinzieht. Aber ich hab's ihm zugestanden, weil ich ihn geliebt hab'. Aber dann geht dieser Typ hin und fickt meine beste Freundin auf meiner Fernsehdecke!«*
Taschentuchfaktor für Männer: 0 / 5
Taschentuchfaktor für Frauen: 5 / 5
Der nächste Film, den Frauen gucken sollten: *Zweiohrküken*
Der nächste Film, den Männer gucken sollten: *Knockin' On Heaven's Door*. Til Schweiger als Todkranker.

DIE SIMPSONS – DER FILM

Das Paradies auf Erden ist eine Kultnacht

Hier versteckt sich also das Paradies auf Erden. Ich hätte jetzt nicht unbedingt darauf getippt, dass es in einem kleinen Programmkino zu Hause ist. In einem dieser Kinos, auf dessen Boden Generationen von Besuchern eifrig Popcorn verstreuten, was Generationen von Kartenabreißern wiederum ignoriert haben. Bei jedem Schritt durchs volle Foyer schmatzt der schwarze Betonfußboden. Im Garten Eden könnte mal wieder gewischt werden. Aber mir und den Leuten um mich herum macht das nichts aus. Wenn ich in die Gesichter der Umstehenden blicke, fast alles Männer zwischen 20 und 40, dann sehe ich darin Vorfreude und eine fast alberne Ausgelassenheit. Ich weiß, wie es ihnen geht. Mir geht es ja genauso: Ich bin selig. Das Paradies auf Erden ist eine *The Simpsons*-Kultnacht.

Heute Abend nehme ich mir eine Auszeit von den Versuchen, mit Frauen über Filmvorlieben ins Gespräch zu kommen. Die gingen bislang in die Hose – also meine Bemühungen, nicht die Frauen. Ich gehe allein ins Kino. So muss ich niemandem erklären, warum ich diese Drehbuchwendung mag oder jenen Dialog öde finde. Hier, bei der Vorführung des *Simpsons*-Kinofilms und ausgewählter *Simpsons*-Fernseh-Episoden, bin ich Fan, hier darf ich's sein. Was würde Millionen von Menschen wie mir alles fehlen, hätten wir nicht das prägende Bildungserlebnis der *Simpsons* erfahren. Und mit »Millionen Menschen wie mir« meine ich: Männer.

Während ich in der Schlange vor dem Popcorn-Stand warte, blicke ich mich um. Überall lachende, gepflegte Herren in Grüppchen. Wüsste ich es nicht besser, würde ich sagen, heute Abend steigt hier ein schwules Filmfest. Aber dann wären mehr Frauen anwesend, die sich über die kultivierte Begleitung freuen. Doch bei der langen Nacht der *Simpsons* gibt es kaum Frauen. Eine steht direkt vor mir. Sie hält die Hand ihres Freundes so fest, als fürchte sie sich so allein unter gutgelaunten Irren. Ihr Freund versucht gerade, ihr zu erklären, warum die deutsche Synchronstimme von Homer Simpson viel zu tief und maskulin für die Zeichentrickfigur ist. Aber sie schaut gelangweilt auf ihr Smartphone. Dabei ist das mit der Stimme ein wichtiger Punkt, seit das ZDF die Serie 1991 erstmals in Deutschland gezeigt hat. Auf meine diesbezügliche Beschwerde-Mail hat ProSieben, wo sie seit 1994 läuft, komischerweise nie reagiert. *Simpsons*-Fan zu sein ist eine ernste Sache.

Im Zentrum der Serie steht Homer. Der dicke Glatzkopf hat es aus unerfindlichen Gründen zum Sicherheitsingenieur des Atomkraftwerks seiner Heimatstadt Springfield gebracht. Der ewige Enddreißiger ist Ehemann, Vater von drei Kindern und hat das Gemüt eines hyperaktiven Vierjährigen. Dem *Spiegel* erklärte Matt Groening, der Erfinder der Serie, die Figur Homers einmal so: »Er ist laut, tolpatschig, und man möchte ihn garantiert nicht zum Nachbarn haben. Aber er hat auch ein großes Herz. So sieht die Welt Amerika, und wir schämen uns nicht.« Homers Unfähigkeit, aus Erlebnissen die richtige Lehre zu ziehen, ist atemberaubend und tröstlich zugleich. Denn dieser Mann mag zum hundertsten Mal gegen dieselbe Wand rennen, doch er hört nie auf, sich lustvoll den einfachen Genüssen des Lebens hinzugeben: Essen, Bier und Fernsehen. Seine Fähigkeit, sich zu freuen, überstrahlt seine Dummheit. Etwa, wenn er erstaunt ausruft: *»Hör' mal, Internet gibt's jetzt auch schon für Computer!«*

Homer steckt in jedem Menschen. Der gelbhäutige Kerl mit den drei schwarzen Strichen, die seine Haare sein sollen, ist das Cartoonfigur gewordene Es. Homer ist ein Symbol der nie zu stillenden Sehnsucht nach sofortiger Befriedigung aller Bedürfnisse. Homer tut das, was wir gern täten, wovon uns aber Erfahrung, Scheu und gesellschaftliche Zwänge abhalten. Er frisst, säuft, jammert, beleidigt und begibt sich ständig in Gefahr – und kommt damit auch noch durch. Doch er ist mehr als das. Seine Worte sind immer wieder Beispiele für die Ambivalenz menschlichen Tuns. Etwa, wenn er nach einer kurzen, turbulenten Phase der Prohibition in seiner Heimatstadt ausruft: *»Auf den Alkohol – den Ursprung und die Lösung sämtlicher Lebensprobleme!«*

Die dringend nötige Stabilität erhält Homer durch seine etwas biedere, aber herzensgute Frau Marge. Sie ist ihrem Mann zwar in jeder nur denkbaren Hinsicht haushoch überlegen, doch hält sie ihrer Highschool-Liebe trotz aller Kopflosigkeiten die Treue. Notfalls bringt sie ihren Mann zurück auf den rechten Weg – das passiert in etwa jeder zweiten Folge. Homers und Marges Sohn Bart ist erst zehn Jahre alt, aber bereits ein allseits bekannter Schulversager mit Aufmerksamkeitsdefizitsyndrom, der fast so viel Zeit im Klassenraum verbringt wie im Zimmer des Schuldirektors. Die neunjährige Tochter Lisa ist eine feinsinnige Vegetarierin, deren intellektuelle Fähigkeiten nur übertroffen werden von ihrer Unbeliebtheit bei ihren Mitschülern. Maggie, die Jüngste, ist zwar ein Baby, das nichts mehr liebt als seinen Schnuller. Aber im Laufe von bislang mehr als 500 Episoden kamen die Autoren der Serie auf die Idee, ihr mitunter irrwitzige Taten zuzuschreiben: beispielsweise die Leitung des Aufstands einer geknechteten Krabbelgruppe und einen lebensgefährdenden Pistolenschuss auf den bösen Atomkraftwerksbetreiber Charles Montgomery »Monty« Burns.

Worte von *Simpsons*-Charakteren pflastern meinen Lebensweg. Anfangs waren es die offensichtlichen Lacher, allen voran Homers frustrierter Ausruf *»D'oh!«*, ins Deutsche übertragen als schrilles *»Nein!«*. Später wurden die Zitate elaborierter. Als mir ein Freund zerknirscht erzählte, seine Freundin habe ihn betrogen, zitierte ich Homer: *»Zum Lügen gehören immer zwei. Einer, der lügt, und einer, der es glaubt!«*

Der Freund fand es nicht so lustig. Er war wohl kein echter Fan.

Ich atme die popcornschwangere Luft ein. Ist es nicht herrlich? Heute Abend kann ich mir alle Erklärungen, warum ich diese Serie so liebe, sparen. Keine Frau, die missmutig fragt: »Was soll denn daran so lustig sein?« Oder noch schlimmer: eine Frau, die behauptet, sie schaue die Serie »auch total gerne«. Deshalb geht mein herzliches Beileid an den großen, dunkelhaarigen Adonis, der gerade das Foyer betritt. Denn hinter sich her schleppt er eine schöne, aber griesgrämig guckende … O nein, bitte nicht. Nicht heute Abend.

»Ach, hallo! Dich kenn' ich doch aus der Videothek. Bist du mit deinem Freund hier? Wie heißt er noch?«

»Homer«, antworte ich. »Nee, der konnte nicht. Spätschicht. Und dein Name war … Ada, richtig?« Dabei weiß ich natürlich, wie sie heißt. Homer verriet mir ihren Namen. Und ich weiß genau, woher ich sie kenne. Ada stand am Beginn meiner frustrierenden Suche nach einer Frau, die die Leidenschaft für dieselben Filme mit mir teilt. Nach einer Frau, deren unbewusste Sehnsüchte und Wünsche den meinen ähneln. Also nach einer Frau, die wirklich zu mir passt. Ada zuliebe habe ich mir eine steile These zu *Fight Club* ausgedacht, einem meiner Lieblingsfilme. Vor allem aber ist sie die Frau, von der sich schnell herausstellte, dass sie einen Freund hatte. Und mit meiner Deutung, *Fight Club* wandle sich gegen Ende zu einer Romantischen Komödie, half ich auch noch ungewollt, einen Streit zwischen ihr und ihrem Freund zu kitten. Wie Adas muskulöse Begleitung nahelegt, hatte meine Paartherapie anhaltenden Erfolg. Leider. Also: Finger weg.

»Oh, 'tschuldigung«, sagt Ada und dreht sich zum Unterwäschemodel neben ihr, »das ist mein Freund Björn.«

»Du bist bestimmt der Mann«, antworte ich mit gespieltem Gleichmut, »der *Fight Club* so liebt.«

»Äh«, sagt Björn und guckt Ada fragend an. Sie guckt auf den Boden, als suche sie nach Popcorn. »Ich glaub', da verwechselst du mich mit jemandem.«

Peinliche Stille. Ein Fettnapf, und ich trete mitten rein. Björn ist also bereits ihr Neuer. Oder eine sich anbahnende Affäre. Die Frau hat Kondition. Ein guter Spruch wäre jetzt gut, um der Situation die Spannung zu nehmen, zum Beispiel …

»Rette mich, Panik!«

Ada schaut mich an, als hätte ich sie gerade aufgefordert, mal schön den Mund aufzumachen für den Onkel Doktor. Björn aber lächelt und kontert: *»Ich darf von mir behaupten, dass ich mich noch nie danebenbenommen hab'.«*

Jetzt blickt Ada nicht mehr irritiert auf mich, sondern auf ihren Freund. Das ist doch schon mal ein Fortschritt. Seufzend sagt sie: »Ach so, klar. Das sind bestimmt Zitate aus den *Simpsons*. Da haben sich aber zwei gefunden. Von wem stammen die Sprüche denn?«

»Na, von Homer natürlich«, sagen Björn und ich zeitgleich, und Ada seufzt noch lauter.

»Ich versteh' echt nicht, wie man sich solche Sachen merken kann«, sagt sie und schüttelt leicht den Kopf. »Ich mein', ich guck' die Sendung ja jetzt …

»›… auch total gerne‹?«, sagen Björn und ich unisono. Wir schauen einander halb überrascht, halb belustigt an: zwei *Simpsons*-Fans, ein Gedanke. Wären wir beide schwul, fände meine Suche nach dem Menschen, mit dem ich ein glückliches Leben auf der Couch führen kann, in diesem Programmkino ein abruptes Happy End. Aber niemand ist perfekt.

»Magst du dich neben uns setzen?«, fragt mich Adas Begleiter. Ich sollte jetzt beleidigt sein. Denn noch schlimmer, als bei einer Frau nicht zu landen, ist es, von ihrem Freund nicht mal als potentieller Rivale angesehen zu werden. Aber Björn wirkt so nett. Ich stehe vor einer Entscheidung: Selbstachtung oder Sympathie unter *Simpsons*-Fans?

»Gern«, antworte ich. Im Leben muss man Prioritäten setzen.

Ein paar Minuten später sitzen wir drei im dunklen Kinosaal, langsam verebbt das Schmatzen von Schuhen auf klebrigem Boden. Der Abend beginnt mit dem bislang einzigen Film über die *Simpsons: Die Simpsons – Der Film*. Der Titel ist das einzig Simple daran. In 83 Minuten hat das Autorenteam etliches von dem eingebaut, was das Leben im imaginären US-Städtchen Springfield und den Witz und den Humor der Serie ausmacht. Der Film ist in gewisser Weise eine Essenz der mittlerweile 24 TV-Staffeln und doch etwas Eigenständiges. Mehr als hundert größere Änderungen durchlief das Drehbuch. Bis wenige Wochen vor dem Kinostart im Sommer 2007 wurden selbst größere Teile wieder herausgeschnitten. Gastauftritte von Schauspielgrößen wie Kelsey Grammer *(Cheers, Frasier)* und Edward Norton *(Fight Club)* flogen raus. Die Macher der Serie um ihren Erfinder Matt Groening konnten sich das leisten. In den *Simpsons* persifliert zu werden gilt als Ehre: als Nachweis, dass man zur popkulturellen Elite der Gegenwart gehört. Mel Gibson, Paul McCartney und Sting spielten sich selbst, ebenso die Mitglieder von U2 und Aerosmith. Auch der damalige britische Premierminister Tony Blair und das gelähmte Physikgenie Stephen Hawking liehen Comicversionen ihrer selbst die Stimme. Sogar der extrem öffentlichkeitsscheue Schriftsteller Thomas Pynchon hatte einen Auftritt – mit einer Papiertüte auf dem Cartoon-Kopf, um nicht erkannt zu werden. Anne Hathaway kommt gleich zweimal vor, und Michael Jackson sprach den Part eines Bauarbeiters, der glaubt, er sei der King of Pop. Ach, es gibt so viel zu erzählen über … Oh, ich muss aufhören, die Vorführung fängt an.

Auf der Leinwand ist jetzt, wenige Minuten nach Beginn des Films, Homer zu sehen. Wütend erhebt er sich aus einem Kinosessel und brüllt eine Kinoleinwand an: *»Langweilig!«*

»Dad«, ruft Tochter Lisa, *»du stehst uns im Bild.«*

»Ich glaub's nicht: Wir bezahlen Eintritt für etwas, das wir im Fernsehen umsonst kriegen.« Homer dreht sich zum Publikum hinter ihm um. Es sieht aus, als wende er sich an die echten Menschen im echten Kino.

»Wenn ihr mich fragt, seid ihr alle hier im Kino totale Versager. Und ganz besonders ihr!«

Das Publikum lacht. So ist er, unser Homer. Er mag andere brüskieren, blamiert sich dabei aber immer am meisten. Womöglich gerade wegen der ständigen Selbstreflexion funktionieren Serie und Film. Das Publikum fühlt sich ernst genommen, es will möglichst alle versteckten Verweise auf die (Pop-) Kultur verstehen. Die Gelegenheit, Rätsel zu lösen, macht vielleicht den besonderen Reiz der *Simpsons* aus: Es gibt immer noch etwas, was man beim vorherigen Anschauen noch nicht bemerkt hat. Gleichzeitig beschränkt sich die Serie nicht auf die Nerds unter den Zuschauern, also die Männer. Sie ist mehr als die Summe ihrer einzelnen Gags. Die Zuschauer können mit den Figuren mitfühlen. Homer ist ein grässlicher Kerl, aber wenn es darauf ankommt so herzensgut wie die meisten Charaktere. Die *Simpsons* funktionieren seit so langer Zeit, weil sie auch nach den bizarrsten Drehbuch-Loopings immer wieder zurückkehren zu einem sehr emotionalen Ausgangspunkt. Ihre fast pathetische Botschaft ist: Trotz aller Erschütterungen durch die chaotische, hysterische Moderne hat das Leben der

Menschen einen Sinn, sofern sie andere Menschen vorbehaltlos lieben und von ihnen geliebt werden.

Grob gesagt, handelt der Spielfilm von einer ökologischen Katastrophe in Springfield. Homer hat den schon stark verschmutzten See der Stadt vollends umkippen lassen, weil er ein Silo voller Exkremente seines neuen Hausschweins – und seine eigenen – darin versenkt hat. Durch Homers Zuneigung zu dem Tier, das er mal als »Spider-Schwein« drapiert, dann als »Harry Plopper«, fühlt sich sein Sohn Bart vernachlässigt. Der tief verletzte Bart findet zu seiner Überraschung im spießig-liebevollen Nachbarn Ned Flanders einen Ersatzpapa. Währenddessen stülpt die Umweltbehörde eine gewaltige Glasglocke über die Stadt, um eine Ausbreitung der ökologischen Katastrophe zu verhindern. Springfield ist dem Ende nah. Dafür will ein wütender Mob fackeltragender Bürger die Simpsons lynchen. Denen gelingt es, nach Alaska zu fliehen. Kurzum: Im Großen und Ganzen ähnelt die erste Hälfte des Films einer ganz normalen Serienfolge.

Aber ein Kinofilm braucht mehr Drama als eine Sitcom. Bei *Die Simpsons – Der Film* geht es deshalb neben dem Untergang einer Stadt darum, dass Homer es fertigbringen könnte, die Liebe seiner Frau Marge zu verspielen. Indem er Lake Springfield verseucht, so die Stadt gegen sich aufbringt und die Familie ins Exil zwingt, ist ein neuer Höhepunkt erreicht. Als Marge erfährt, dass die US-Regierung unter Präsident Arnold Schwarzenegger die eingeschlossene Stadt mit einer Bombe zerstören will, eilen sie und die Kinder zurück in die Heimat. Homer bleibt trotzig zurück. In einer Videobotschaft teilt Marge ihm mit, dass sie sich von ihm trennt. Erst langsam sieht Homer ein, dass sein Leben ohne seine Familie und Freunde sinnlos ist, und macht sich auf, Springfields Zerstörung zu verhindern.

»Die Produzenten sagten damals, sie hätten zwei Kinofilme machen können«, flüstert Björn mir zu. »Tonnen von Material, das schon gezeichnet und vertont war, haben sie wieder rausgeschnitten.«

»Ja«, antworte ich leise, »und gleich, wenn der wütende Mob auf das Haus der Simpsons zumarschiert, schwenkt die Kamera einmal durch die Menge. Angeblich sind da dreihundertzwanzig Charaktere zu sehen, die schon mindestens einmal in der Serie vorkamen. Diese Detailgenauigkeit!« Björn nickt.

»Matt Groening sagte mal in einem Interview, sie hätten versucht, alle Figuren, die je einen Auftritt in der Serie hatten, im Film auftauchen zu lassen. Und achtundneunzig von ihnen hatten Sprechrollen. Achtundneunzig!«

»Äh, Jungs, bitte …« Ada klingt irgendwie genervt. Vielleicht war es keine gute Idee, dass sie sich in die Mitte gesetzt hat.

»Jetzt komm«, sagt Björn, »tu nicht so, als wolltest du unbedingt den Film sehen. Du bist doch nur mir zuliebe mitgekommen.« Ich spüre einen kleinen Stich. Fast hätte ich's vergessen: Die beiden sind ein Paar.

»Gar nicht wahr«, antwortet Ada. »Ich bin auch Fan.«

»Okay«, sage ich, »dann weißt du bestimmt, wie der Polizeichef von Springfield heißt.«

»Ach, das ist doch 'ne Fangfrage.«

Eine Fangfrage? Jeder Mann, der von sich behauptet, er sei Fan der Simpsons, weiß, dass der inkompetente Polizeichef Clancy Wiggum heißt und sein Sohn Ralph das dümmste, aber auch argloseste Kind der örtlichen Grundschule ist. Sollten irgendwann amerikanische Forscher herausfinden, dass die angeblich bestehenden Unterschiede zwischen den Geschlechtern bloß Einbildung sind, dann bin ich sicher: Eine Differenz wird bleiben. Zwar mag irgendwann der schöne Tag kommen, an dem keiner mehr glaubt, Männer könnten von Natur aus nicht zuhören und Frauen nicht einparken. Aber solange es TV-Serien gibt, werden sich Männer lexikalisches Detailwissen über die Charaktere und Produktionsbedingungen aneignen, sie werden Blogeinträge darüber schreiben und Wikipedia-Artikel präzisieren – und Frauen wird es unglaublich anöden.

Bis heute kann ich mir nicht merken, wie diese Straße heißt, die die Straße kreuzt, in der ich wohne. Ich habe keine Ahnung, wie der Name der Topfpflanze lautet, die in meinem Wohnzimmer trotz jahrelanger grober Vernachlässigung partout nicht eingehen will. Aber ich kann selbst nach dem fünften Bier 21 bis 23 Minuten lange *Simpsons*-Episoden komplett mitsprechen, und ich habe keine Ahnung, wieso.

Es ist so weit: Das schmutzige, lernunfähige Springfield wird durch eine riesige, gläserne Glocke vom Rest der Welt getrennt. Die Stadtbewohner drehen durch. Das alles ist grell erzählt, wie es sich für einen Zeichentrickfilm gehört. Aber immer wieder blitzen Szenen auf, die mehr sind als Kalauer, nämlich Symbole für die Widersprüchlichkeit des Menschen. Auf der Leinwand breitet sich das Endzeit-Chaos aus. Gibt es ein treffenderes und zugleich lustigeres Bild des menschlichen Charakters als die Szene, in der Springfields Trinker aus Moes Kneipe in die Kirche flüchten – und die Gläubigen aus der Kirche in die Kneipe?

»*In einer Welt, die verrückt spielt, ist nur ein Irrsinniger wahrhaft geisteskrank*«, sagt Björn.

»Homer, Staffel 16, Folge ›Das Jüngste Gericht‹«, antworte ich ohne Zögern. »Der englische Originaltitel war übrigens ›Thank God, it's Doomsday‹. Passt auch viel besser, weil …«

»Jungs«, flüstert Ada so laut, dass sie genauso gut in normaler Lautstärke sprechen könnte, »wollt ihr den Film gar nicht *gucken*?«

»Den hab' ich doch schon etliche Male gesehen«, sage ich. »Ich hab' die DVD zu Hause«.

»Ich auch, klar«, flüstert Björn.

Ada guckt mit offenem Mund mal nach links, mal nach rechts, als erwarte sie eine Antwort auf eine Frage. Dabei handeln Björn und ich schlicht so, wie Serien-Schöpfer Groening es einmal gegenüber dem Empire-Magazin beschrieben hat: »Leute schauen nicht in die Fernsehzeitung und denken ›Diese Woche gucke ich die *Simpsons*, weil mir die Handlung gefällt.‹ Sie schalten einfach ein und sehen, was passiert.« Bei dieser Serie geht es um einen gewissen humorvollen Blick auf die Welt und um den schnellen Wechsel zwischen feinster Satire und grellstem Scherz. Die erzählten Geschichten sind Anlässe, um die Figuren und Ideen aufeinanderzuhetzen, nicht aber der Kern der Serie. Was haften bleibt, sind die einzelnen, treffsichersten Gags. Die Drehbücher sind selbst häufig Parodien bekannter Filme (*Kap der Angst*, Bram Stoker's *Dracula*) oder Serien (*24*, *Akte X*). Ständig dekonstruiert sich die Serie selbst. Sie zeigt ihren Zuschauern, dass sie ein von Menschenhand geschaffenes Produkt ist.

»Schon krass«, flüstere ich. »In den USA wird die Serie auf Fox gezeigt, einem Sender, der gegen alles Stimmung macht, was linker ist als Ronald Reagan. Fox hat Obama verteufelt und den Klimawandel als Schwindel abgetan – und die *Simpsons* machen ihre Scherze darüber. Die Haltung der Serie ist linksliberal, ökologisch, und sie macht ständig Witze über Religionen. Trotzdem läuft sie einfach so weiter, für eine Absetzung ist sie zu populär. Allein der Kinofilm brachte mehr als 500 Millionen Dollar ein. Die *Simpsons* dürfen eben einfach alles.« Ich lächle in mich hinein.

»Möchtet ihr zwei euch vielleicht nebeneinandersetzen?«, fragt mich Ada. Ihre Stimme ist fast tonlos. Björn scheint zu merken, dass Ada langsam ungehalten wird. Jedenfalls sagt er: *»Marge, warum weinst du? Du hast doch keine körperlichen Schmerzen? Die einzige Art von Schmerz, die ein Mann versteht.«*

In der Dunkelheit des Kinos kichern zwei erwachsene Männer, als seien sie dreizehnjährige Mädchen. Zwischen ihnen wird eine erwachsene Frau, die es gar nicht lustig findet, als Cartoonfigur angesprochen zu werden, langsam sauer. Ada klettert fluchend über einen weiblichen Teenager namens Björn hinweg, drängt ihn beiseite und setzt sich auf seinen Platz. Den Rest des Abends genieße ich sehr. Zwei erwachsene, männliche Mädchen verbringen einen schönen Abend miteinander. Es entspannt mich, mir keine Gedanken über Frauen machen zu müssen. Was mich bislang daran gehindert hat, ein perfektes Kinodate zu erleben, war womöglich die Anwesenheit einer Frau. Björn mag Adas Freund sein, und ich bin an Ada interessiert, aber heute Abend spielt das keine Rolle. Ich gönne Björn sein Leben mit ihr. Da könnte sie mir ruhig einen Abend mit ihrem Freund gönnen. Tut sie aber nicht.

Auf der Leinwand rettet Homer, auf einem Motorrad die Kuppelinnenseite hochfahrend, mit Bart auf dem Rücksitz, die Stadt vor der Zerstörung durch eine Bombe. Marge schließt Homer, der bewiesen hat, dass er nicht allein an sich denkt, in ihre Arme. Bart fühlt sich wieder seinem Vater nah. Da haben wir alle aber großes Glück gehabt. Noch während der Abspann läuft, steht Ada auf.

»Puuh, bin ich müde«, sagt sie. »Ich muss morgen ja früh raus, und ...«

»Vorhin sagtest du doch, morgen hättest du frei?«

»... und ich hab' trotzdem super viel zu tun. Kram erledigen und so. Aber viel Spaß noch euch beiden.«

Und bevor ich mich fragen kann, ob ich es bedaure oder begrüße, dass Ada geht, ist sie im Dunkeln verschwunden. Was war denn das? Vielleicht sollte ich Björn fragen, ob ich Ada gegenüber etwas falsch gemacht habe. Aber in dem Moment beginnt der zweite Teil des Abends, der Serien-Marathon mit zuvor online ausgewählten Folgen. Gleich zu Beginn kommt eine der besten Episoden aller Zeiten: »Homer kommt in Fahrt« aus der vierten Staffel. Björn beugt sich zu mir und erzählt, wie es dazu kam, dass Leonard »Mister Spock« Nimoy die Gastrolle in der Folge übernahm. Da kann ich ihn unmöglich unterbrechen. Im Leben muss man Prioritäten setzen.

Geschlechter-Check

Liebesszenen: Eine. Die Tiere des Waldes wenden sich voller Grausen von Homer und Marge ab.
Dramatische Küsse: Ein Kuss zwischen Homer und seinem neuen Hausschwein wird leider von Marge vereitelt.
Der beste Moment, um aufs Klo zu gehen: Aufs Klo? Doch nicht jetzt!
Zentraler Dialog: Bart: »*Das ist der schlimmste Tag meines Lebens.*« – Homer: »*Der schlimmste Tag deines Lebens bis jetzt!*«
Bester Männer-Spruch: »*Wehe, du lachst noch einmal über irgendwas Lustiges!*« (Homer)
Bester Frauen-Spruch: »*Wenn auch nur ein Krümel Abfall in unserem See landet, gibt's 'ne Katastrophe! Aber ich wusste, dass ihr mir nicht zuhört. Deshalb habe ich mir die Freiheit genommen, alle eure Gläser mit Wasser aus dem See zu füllen.« (Lisa)*
Taschentuchfaktor für Männer: 0 / 5
Taschentuchfaktor für Frauen: –1 / 5
Der nächste Film, den Frauen gucken sollten: Irgendeiner mit Jessica Simpson
Der nächste Film, den Männer gucken sollten: *Die Simpsons – Der Film*

TOP GUN – SIE FÜRCHTEN WEDER TOD NOCH TEUFEL

Wer bist du: Val Kilmer oder Tom Cruise?

Ist es nicht grässlich, wenn man ahnt, dass man etwas Wichtiges übersehen hat, aber partout nicht weiß, was? Wie damals, als ich zum ersten Mal im Bungalow der Eltern meiner damaligen Freundin aufs Klo ging. Hätte ich bemerkt, dass das Toilettenfenster geöffnet ist und zur Terrassenseite hinausführt, hätte ich nicht ins Handy gekalauert: »Ich werd' grad Opfer von Massenvernichtungswaffeln.« Es blieb meine einzige Einladung zu Kaffee und Kirsch-Waffeln im Hause Fischer. Das Merkwürdigste aber ist: Ich habe keinen Schimmer, warum ich gerade daran denke, ich könne etwas übersehen haben. Es ist doch alles klar. Ich bin auf dem Weg zu Adas Freund Björn. Er hat mich eingeladen, in seiner Wohnung *Top Gun* zu gucken. Zwar verstehe ich nicht, warum ein reflektierter Kino-Liebhaber diesen Achtziger-Jahre-Blockbuster über Kampfjetpiloten mit mir anschauen möchte. Aber ich bin sicher, Björn hatte recht, als er mir sagte, er könne mir »da noch einiges beibringen«. Nur, dass er dabei so geheimnistuerisch gezwinkert hat, verstehe ich nicht. Und auch nicht, warum ich ständig an steinharte Kirschwaffeln denke.

»Ja, Mensch, hallo!« Als Björn seine Wohnungstür öffnet, wirkt er irgendwie anders als im Kino. Heiterer, fröhlicher, mit einem breiteren Lächeln.

»Hey, Björn! Du hast eine …«, ich stocke, »… eine *echt* schöne Wohnung.«

Ich bin es nicht gewohnt, dass meine Gastgeber-Begrüßungs-Floskel zutrifft. In Björns Heim sieht es aus wie auf dem Cover einer schicken Wohnzeitschrift. Mit dem Unterschied, dass hier tatsächlich jemand lebt. Im Flur liegt ein beigefarbener Teppich, der farblich perfekt zur grauen Dreimanncouch im geräumigen Wohnzimmer passt. Und während ich an der geöffneten Schlafzimmertüre langsam vorbeigehe, bestaune ich seine Liebe zum Detail. Die rote Bettwäsche hat denselben Farbton wie die unter dem Bett hervorlugenden Kondome in Größe »King Size XXL«. Ich versuche, nicht an Ada zu denken.

Als ich ins Wohnzeitschriftenwohnzimmer trete, hat Björn alles vorbereitet. Auf dem Tisch stehen zwei Gläser Aperol Spritz. Ob je zuvor Männer beim *Top Gun*-Gucken eine Mischung aus Likör und Prosecco getrunken haben? Ich hatte im Kino kurz erwähnt, dass ich das veraltete Trendgetränk ab und an gern trinke, wenn ich keine Lust auf Bier oder Wein habe. Björn hat sich meine Worte wohl gemerkt.

»Hier, dein Glas.« Björn lächelt. »Aber dass du das Zeug trinkst, ist schon irgendwie klischeehaft, oder?«

»Äh, es schmeckt mir halt.« Nur weil Aperol 2010 *das* Trendgetränk war, bedeutet das ja nicht, dass man es ein paar Jahre später nicht mehr trinken darf. Ansonsten wären Biertrinker ziemlich aufgeschmissen: Bier, *das* Getränk des Jahres 1516.

Björn drückt auf die Fernbedienung und spult durch die DVD-Vorankündigungen: *Stirb langsam 4, The Expendables 2.* Fortsetzungen erfolgreicher Actionfilme sind Gelddruckmaschinen. Das Publikum weiß auch ohne teuren Werbeaufwand, was es erwarten darf. Wenige Tage nachdem der Regisseur von *Top Gun*, Tony Scott, mit Tom Cruise über eine Fortsetzung seines Riesenerfolgs gesprochen haben soll, stürzte er sich im Sommer 2012 von der Vincent-Thomas-Brücke in Los Angeles in den Tod. Bevor ich länger darüber nachsinne, ob Scott durch seinen Suizid uns allen womöglich *Top Gun 2* ersparen wollte, nehme ich schnell einen großen Schluck Aperol Spritz.

Der Film beginnt, das poppige, vorwärtstreibende Lied »Danger Zone« untermalt Zeitlupensequenzen, in denen Jets von einem US-Flugzeugträger abheben. Mein Gastgeber lehnt sich lächelnd auf der Couch zurück. Warum steht einer wie Björn auf so was? *Top Gun* ist eine Feier amerikanischer Militärmacht mit den Stilmitteln der Werbung. Der Brite Scott begann seine Karriere in den siebziger Jahren als Werbefilmer. Er wusste, wie man ein Produkt perfekt in Szene setzt, um sein Publikum zu berauschen. Und auf einer Ebene ist *Top Gun* ein Werbeclip in Spielfilmlänge: der dreisteste und erfolgreichste Versuch seit Ende des Vietnamkriegs, einer nachwachsenden Generation das US-Militär als cool zu verkaufen. Die elf vorangegangenen Jahre seit der amerikanischen Niederlage 1975 waren geprägt von Epen wie *Apocalypse Now* oder *The Day After – Der Tag danach*: düstere Gleichnisse über den Krieg als gesellschaftlich sanktionierten Wahnsinn. Erinnerungen daran, zu welch Bösem Menschen fähig sind. Das Bild des Menschen, vor allem des amerikanischen, hatte sich verdüstert. Mit dem Amtsantritt Ronald Reagans 1981 sollte sich das ändern. Als US-Präsident nutzte der ehemalige Hollywood-Schauspieler die weit verbreitete Sehnsucht, den Kulturpessimismus der siebziger Jahre hinter sich zu lassen, um seine politischen Ziele durchzusetzen. Massive Aufrüstung, Abbau von Sozialleistungen, Steuersenkungen für Unternehmen, gepaart mit der patriotisch gefärbten Rede vom »Morning in America«. Diesen demonstrativ optimistischen Zeitgeist verkörperte niemand besser als ein junger, stets energiegeladen wirkender Mann mit perfekten Wangenknochen: Tom Cruise. Wenige Jahre zuvor hätte Cruise vermutlich das trübe berufliche Schicksal Mark Hamills geteilt, dem schauspielerisch blassen Darsteller von Luke Skywalker in der ersten *Star Wars*-Trilogie. Mitte der Achtziger aber war die Zeit gekommen für einen Mimen, dessen durchschnittliches Schauspieltalent ausgeglichen wurde durch spektakulär inszenierte Action. Der vierundzwanzigjährige Cruise wurde zur idealen Projektionsfläche jungmännlicher Sehnsüchte nach Bewährung im Kampf – ohne lästige moralische Fragen, wozu dieser Kampf gut sein soll.

Inhaltlich zusammengehalten wird *Top Gun* durch eine Heldengeschichte: Ein junger Draufgänger, zu großen Taten geboren, muss lernen, seine Kraft im Dienste der Gemeinschaft einzusetzen. Erst durch Prüfungen wandelt sich der ungestüme Prinz zum weisen König. »Maverick« – also Außenseiter, Querdenker – ist der programmatische Spitz- und Kampfname des vielversprechenden Navypiloten Pete Mitchell.

Irgendwo über dem Indischen Ozean jagen Maverick und sein Kopilot Nick »Goose« Bradshaw (Anthony Edwards) zwei MiG-28. Aus welchem Land die gegnerischen Kampfflugzeuge sowjetischer Bauart stammen, bleibt hier wie im gesamten Film unbeantwortet. Die Reformpolitik Michail Gorbatschows, der ein Jahr vor dem Filmstart die Führung der kriselnden Sowjetunion übernommen hatte, machte das klassische Kalte-Kriegs-Szenario zunichte. Die Guten sind immer noch gut, aber die Bösen dürfen nicht mehr so böse sein. Doch wer der Feind ist, ist eigentlich auch egal. Bei den spektakulären Szenen, in denen F-14- und MiG-28-Jets am blauen Himmel miteinander ringen, ist die Action Selbstzweck. *Top Gun* deutet an, in welche Richtung sich die aufkommenden Videospiele entwickeln werden. Im Cockpit wird Maverick mal wieder übermütig: *»Abschießen darf ich ihn nicht«*, sagt er per Funk seinem treuen Kopiloten Goose. *»Aber ein bisschen Spaß wird ja erlaubt sein.«*

In einem riskanten, unerlaubten und natürlich brillanten Manöver lässt Maverick seinen Jet auf dem Rücken fliegen. Sein Cockpit und das des MiG-Piloten trennen weniger als ein Meter, als Maverick dem anonymen Gegner den Mittelfinger zeigt und Goose ein Polaroidfoto von ihm schießt. Bei Überschallgeschwindigkeit bleiben Goose sogar Zeit und Kraft, um sich das Bild anzuschauen: *»Super! Das wird das Foto des Jahres!«*

Von der Seite blicke ich auf Björn. Er lächelt in sich hinein. Warum mag ein Mann, der nicht nur durch seine *Simpsons*-Leidenschaft Geschmack beweist, diese Aneinanderreihung grober Reize namens *Top Gun*? Okay, die Flugszenen setzten neue Standards. Die schnelle Schnittfolge prägte die Art, wie Actionfilme gedreht werden, bis heute. Auch die Bildkomposition ist in ihrer Dreistigkeit brillant. Etwa, wenn Maverick auf seinem Motorrad seitlich an einer Startbahn vorbeirast. Im Hintergrund erhebt sich ein Kampfjet in die Lüfte. Aus dem Blickwinkel der Kamera sieht es aus, als flöge der Jet direkt aus Cruises Hose in den Himmel. Maschinen als symbolische Vergrößerung und Verstärkung des Penis – selten zuvor inszenierte jemand diese Ermächtigungsphantasie cleverer. *Top Gun* perfektionierte auch das Film-Subgenre »Sexy Schwitzen«. Der Schweißfilm auf den Soldatengesichtern erinnert an Kondenswasser auf Bierflaschen in Werbespots. Das alles ist gut gemacht und zeigt Wirkung. Aber die Figuren sind grobschlächtig gezeichnet bis zur Lächerlichkeit, und so klingen auch die Dialoge.

Nach seinem Alleingang am Himmel muss Maverick zum Rapport bei seinem Chef. Dessen vermeintliche Suada ist eine kaum verhüllte Lobhudelei.

»Maverick, das war unglaublich tapfer von Ihnen. Aber der Befehl lautete eindeutig, Ihre Maschine zu landen. Das Ding gehört nicht Ihnen, Mann, sondern den Steuerzahlern. Sie haben sich da verdammt weit rausgewagt. Weiter, als Sie es sich hätten leisten können. Sie sind schon mal degradiert worden und haben dreimal Ihre Qualifikation als Fluggruppenführer verloren. Zweimal sind Sie von mir verwarnt worden. Sie fliegen wie ein wild gewordener Hund. Und wie in Ihrer Personalakte steht, haben Sie

die Tochter unseres Admirals angebumst. (…) Reden wir nicht drum herum, Maverick: Ihr Ruf ist nun mal nicht der beste in der Navy. Sie müssen offensichtlich besser und intelligenter sein als die anderen. Was ist los mit Ihnen?«

»Ich will nur meinen Job machen und der beste Pilot der Navy werden, Sir.«

»Reden Sie doch nicht so einen Schwachsinn, Maverick. Sie sind ein Naturtalent von einem Piloten. Möglicherweise zu gut. Ich möchte Ihnen am liebsten in den Hintern treten, aber stattdessen muss ich Sie auch noch aufwerten. Das heißt, Sie beide erhalten Ihre Abkommandierung nach Miramar.«

Weil ein Kamerad aufgibt, erhalten Maverick und Goose die Chance ihres Lebens: eine Kompaktausbildung an der Eliteflugschule der US Navy, genannt Top Gun.

Leise seufze ich in mein Glas. Wie der Film weitergeht, ist dermaßen vorhersehbar. Maverick wird jede Menge Heldentaten begehen, einen Freund betrauern und einen Konkurrenten als neuen Freund gewinnen: den blondierten Val Kilmer als eiskaltes Flieger-Ass Tom »Iceman« Kazansky. Nebenbei wird er eine schöne, unerreichbar scheinende Frau erobern: die zivile Top Gun-Instrukteurin Charlotte »Charlie« Blackwood (Kelly McGillis). Der Held nimmt das Erbe seines im Vietnamkrieg verschollenen Vaters, eines Top-Fliegers, an und stellt so gewissermaßen seine Ehre wieder her. Die traumatische Niederlage der USA in Südostasien wird auf symbolische Weise zu einem amerikanischen Sieg umgedeutet. Schließlich lernt der Heranwachsende, dass wahre Größe darin besteht, die eigene Kraft zu kontrollieren, statt sich von ihr kontrollieren zu lassen. Eine Heldenreise mit Keyboard-Soundtrack. Ich trinke mein Glas Aperol Spritz aus und denke: Dieser Film hat das ödeste Drehbuch aller Zeiten.

»*Top Gun*«, sagt Björn in die Stille, »hat das verdammt noch mal beste Drehbuch in der Geschichte Hollywoods.« Ich drehe mich zur Seite. Björn blickt mich an, lächelt und zwinkert wieder so merkwürdig. Kirschwaffeln bei Familie Fischer.

»Du weißt, was ich meine, oder«?, fragt Björn. Jetzt antworte bloß nicht, der Film habe das ödeste Drehbuch aller Zeiten. Du möchtest den Gastgeber doch nicht kränken, indem du deine ehrliche Meinung sagst. Irgendwas Wichtiges musst du an *Top Gun* übersehen haben. Außerdem schmeckt dieses Mädchengetränk extrem lecker. Also: nachdenken, clever wirken – und noch einen Aperol Spritz ordern.

»Ööh, na ja. Der Produzent des Films, Jerry Bruckheimer, hat ja mal gesagt, *Top Gun* sei so eine Art *Star Wars* auf der Erde.« Gut, gut, weitermachen. »Das ist zwar einerseits totaler Quark, denn dann hieße der Film ja einfach *Wars*, nich' wahr?«

Unsicheres Lächeln bei mir, schwindendes Lächeln bei Björn.

»Äääh, andererseits hat Bruckheimer ja auch recht: Wie bei *Star Wars* geht's auch hier um die Reifung eines Heranwachsenden zum Helden. Eine Geschichte, mit der sich Jungs jeden Alters auf der ganzen Welt identifizieren können. Und je weniger Zeitbezug der Film hat, desto besser, weil allgemeingültiger. Und …«

»Du weißt schon, was ich meine. Wer bist du: ›Iceman‹ Val Kilmer oder ›Maverick‹ Tom Cruise?«

Bislang wusste ich nicht, dass ich eine Wahl treffen musste zwischen Pest und Cholera.

»Ist das so 'ne Frage wie im Flugzeug: Fleisch oder was Vegetarisches zum Mittagessen?«

Björn lacht. Trotzdem hätte ich gern eine Antwort. Ich verstehe nämlich nur Bahnhof.

»Du möchtest heute Abend also Tom Cruise sein, was?«, sagt Björn.

Bahnhof. Hauptbahnhof.

»Lieber nicht. Ich glaube, nachts wacht Tom Cruise schreiend auf und wünscht sich, er wäre nicht Tom Cruise.«

»Warum?« Björn sieht besorgt aus.

»Weil Cruise der Autosuggestionsweltmeister ist: Ein kleiner Junge arbeitet sich durch stählernen Willen und etwas Talent hoch aus ärmlichen, zerrütteten Verhältnissen. Seit dreißig Jahren ist er ein Star. Er ist immer pünktlich am Set, immer freundlich, immer lächelnd. So was muss einen doch zermürben.«

Im Jahr 2012 fragte der amerikanische *Playboy* Cruise nach seiner Haltung zu den seit Jahren rumorenden Gerüchten, er sei schwul und verrückt. »Ich höre es, ich lese es, ich verstehe es«, antwortete Cruise. »Aber im Leben geht es nicht darum, irgendjemandem irgendetwas zu beweisen.« Was für eine bizarre Antwort! Ich kann mir keinen Menschen vorstellen, der sein Selbstverständnis seit der Kindheit stärker auf die Anerkennung durch andere Menschen ausgerichtet hat als der All American Guy Tom Cruise.

»Der Beweis liegt doch auf der Hand«, sage ich. »Aus welchem Grund, wenn nicht aus heimlichem Selbsthass, heiratet man die Eisprinzessin Nicole Kidman?«

Björn lächelt wieder so breit wie bei der Begrüßung. Ich finde, ich habe noch einen Aperol Spritz verdient. Björn sieht das anders. Er rückt nahe an mich heran, unsere Oberschenkel berühren einander. Ich bin irritiert: Das ist doch nie und nimmer der direkte Weg zum Kühlschrank.

»Dann ist ja alles klar«, säuselt Björn mir ins Ohr. »Du bist Cruise und ich bin Kilmer. Ich zeig' dir, wie's geht.« In ebendiesem Moment, als ein großer, breitschultriger Herr mir seinen Likör-Prosecco-Atem beim Sprechen ins Gesicht haucht, denke ich an die Kirschwaffeln bei Familie Fischer. Jetzt weiß ich, was ich übersehen habe.

»Björn«, sage ich ruhig, aber deutlich, »ich muss dir was sagen.«

»Hmmm«, murmelt Björn, mit seiner Aufmerksamkeit ganz woanders. Er nestelt mit einer Hand an meinem Ohr.

»Björn, ich bin hetero.«

»Watt is' los?!« Jetzt genieße ich Björns volle Aufmerksamkeit.

»Ich steh' auf Frauen.«

»Das behauptet Tom Cruise auch.«

»Nein, ehrlich. Ich hab' schon früh gemerkt, dass ich mich für Mädchen interessiere. Das war nicht immer leicht für mich, vor allem in der Pubertät. Aber so bin ich halt. Ich hab' gelernt, mich damit abzufinden. Und ich möchte, dass du das respektierst.«

»Warte mal«, sagt Björn und lächelt auf provozierende Weise, »das gehört noch zum Spiel ›Cruise und Kilmer‹, oder?«

»Ich hab' keine Ahnung, wovon du da redest!«

»Ich glaube«, sagt Björn tonlos, »wir haben einander missverstanden.« Er rückt ein Stück zurück, steht auf und verlässt das Wohnzimmer. Was ist denn jetzt los?

Als Björn zurückkommt, klemmt unter seinem linken Arm ein Laptop. In den Händen hält er zwei volle Gläser Aperol Spritz. Wenigstens etwas. Björn tippt bei YouTube einen Suchbegriff ein, findet das Gewünschte und klickt auf Wiedergabe. »Guck' dir das mal an.« Zu sehen ist ein körniger Spielfilmausschnitt. Auf einer Party unterhält sich der noch junge Quentin Tarantino mit jemandem. Sein Gegenüber ist bloß Stichwortgeber für einen Monolog über die umstürzlerische Kraft des Films. Auf Englisch fragt Tarantino, wieder mal Tarantino-mäßig erregt: *»Weißt du, welches das beste Drehbuch in der Geschichte Hollywoods ist?* Top Gun. Top Gun *ist verdammt nochmal großartig. Was ist* Top Gun*? Du glaubst, es handle von einer Gruppe Kampfpiloten?«*

»Es geht um ein paar Kerle, die einen auf dicke Hose machen«, sagt der Stichwortgeber.

»Ganz genau!«, rufe ich. Tarantino schüttelt den Kopf über unsere Blindheit:

»Es ist die Geschichte des Kampfes eines Mannes gegen seine eigene Homosexualität. Darum geht's bei Top Gun.«

Mit offenem Mund schaue ich Björn an. Der zeigt bloß stumm auf Tarantino.

»Da ist Maverick. Er steht auf der Kippe. Er steht auf der verdammten Grenzlinie. Und da sind Iceman und seine Truppe. Sie sind schwul. Sie repräsentieren die schwulen Männer. Und sie sagen: Schlag den schwulen Weg ein.«

»Aber da gibt's doch auch Kelly McGillis.«

»Kelly McGillis repräsentiert die Heterosexualität. Sie sagt: Nein, nein, nein, schlag den normalen Weg ein. Spiel' nach den Regeln. Darum geht es den ganzen Film über. Einmal geht Maverick zu ihrem Haus, okay? Es sieht aus, als hätten sie gleich Sex. Sie sitzen entspannt rum, er geht duschen und so. Aber sie haben keinen Sex! Er setzt sich aufs Motorrad und fährt weg! Sie denkt sich: Was ist denn hier los? In der nächsten Szene, in der sie auftaucht, steht sie im Aufzug, und sie ist gekleidet wie ein Kerl. Sie trägt eine Mütze und hat diese Fliegerbrille. Sie trägt die gleiche Jacke wie Iceman. Denn sie denkt sich: ›Wie kriege ich diesen Kerl rum? Er ist dabei, den schwulen Weg einzuschlagen. Ich hole ihn davon zurück. Aber wie? Ich kleide mich wie ein Mann. So nähere ich mich ihm.‹ Aber das wirkliche Ende des Films zeigt sich in den allerletzten Minuten. Denn dann schlägt Maverick endgültig den schwulen Weg ein. Am Ende ist da diese schwule Fliegertruppe, und die besiegt die Russen. Die Schwulen besiegen die Russen! Danach landen sie, und dann steht Iceman da. Die ganze Zeit hat er versucht, Maverick zu kriegen. Endlich hat er ihn. Und was sind die letzten Zeilen, als sie sich glücklich in den Armen liegen? Iceman sagt zu Maverick: ›Man, you can ride my tail, anytime.‹ Und was sagt Maverick? ›You can ride mine.‹«

Björn klappt den Laptop zu. Ich nehme einen großen Schluck, um nicht reden zu müssen.

»Machen wir's kurz«, sagt Björn. »Du bist wirklich nicht schwul?«

»Ich seh' einfach so blendend aus und habe einen tollen Geschmack.«

»Aber Ada erzählte mir, einer deiner Lieblingsfilme sei *Fight Club*.«

»Und?«

»Und? Halbnackte, drahtige Männer, die miteinander ringen. Eine eingeschworene Gemeinschaft gegen eine verlogene Gesellschaft, und dazu ein Adonis als Anführer. Der Film ist schwuler als *Spartacus*!«

»Tut mir echt leid, dich enttäuschen zu müssen, Björn. Ich bin ein langweiliger Hetero.«

»Okay, okay, okay, ich bin ja tolerant. Ich bin bloß verwundert, das ist alles. Du stehst ja auf Filmwissen. Da dachte ich, dass du Tarantinos *Top Gun*-Interpretation kennst. Außerdem: Als wir mit Ada im Kino waren, wirktest du nicht gerade so, als würdest du sie anbaggern. Und das bei einer so tollen Frau wie Ada.«

»Weil ich dachte, du seist ihr Freund!«

»Ich? Na, so toll ist sie jetzt auch wieder nicht. Wie kann man die *Simpsons* bitteschön langweilig finden?«

»Ganz genau!«

Ach, wäre ich schwul, wäre manches so viel einfacher. Keine Debatten darüber, welchen Film wir uns als Nächstes anschauen. Keine überflüssigen Kissen auf der Couch, die man erst wegräumen muss, bevor man sich hinsetzt. Die stressige Suche nach der perfekten Frau wäre vorüber. Andererseits sind da die XXL-Kondome unterm Bett. Bin ich froh, dass Björn nicht mein Konkurrent ist. Oder mein Lover.

»Du, ich bin echt müde«, sagt Björn. »Würd's dir was ausmachen …?« Typisch Mann: Wenn sie nicht kriegen, was sie wollen, werden sie garstig.

Ein paar Minuten später stehen wir an der geöffneten Wohnungstür.

»Tut mir leid, dass wir einander so missverstanden haben«, sage ich. »Dass *Top Gun* als schwuler Film gilt, war mir wirklich neu. Aber ich find's echt interessant, und wusstest du, dass man darin auch eine Romantische Komödie …?«

»*Top Gun* – schwul?«, fragt eine Stimme hinter mir. Es ist Björns Nachbar, er kommt gerade nach Hause, den Wohnungsschlüssel in der Hand. »Hat er dir etwa auch den Tarantino-Monolog vorgespielt?«

»Äh, ja …«, sage ich.

»Björn, dass du immer noch diesen Quatsch erzählst! Wie oft soll ich's dir noch sagen: Tarantino irrt. Am Ende sagt Iceman nicht ›*You can ride my tail, anytime.*‹ Sondern ›*You can be my wingman, anytime.*‹ Wingman: Flügelmann, Begleiter beim Kampfeinsatz!«

»Ich weiß, Andi! In unseren wenigen gemeinsamen Monaten hast du ja keine Gelegenheit ausgelassen, darauf hinzuweisen. Aber es ist doch kein Zufall, dass Kelly McGillis sich Jahre später als lesbisch geoutet hat. Und dass Tom Cruise hetero sein soll, glaubt doch kein Mensch mehr, der Augen hat.«

Oh, oh, ein Ex-Paar droht im Hausflur zu streiten. So darf der Abend nicht enden. Los, sag' schnell was Versöhnliches! Irgendwas! Zum Beispiel: »Das ist doch das Schöne an Filmen: Man kann sie unendlich vielfältig deuten und miteinander in Beziehung setzen. *Twilight* beispielsweise ist ja eine Art *Dirty Dancing* mit Vampiren. Ein schöner, starker Mann und ein zartes, aber neugieriges Mädchen treffen aufeinander, die Hormone feiern Betriebsausflug, und …«

»Moment mal«, sagt Björns Ex-Freund und Nachbar. »Du guckst *Twilight*?«

»Alle fünf Teile. Als ich mal die Grippe hatte, war ich zu schwach für gute Filme.«

»Und du kennst dich mit *Dirty Dancing* aus?«

»Welcher Bewohner der westlichen Welt hat die Schnulze nicht gesehen? Ich weiß nicht, was …«

»Und *Fight Club*«, sagt Björn an mir vorbei zu Andi, »ist einer seiner Lieblingsfilme.« Björns Nachbar stellt sich neben seinen Ex-Freund in den Türrahmen, verschränkt die Arme und blickt mich halb vorwurfsvoll, halb belustigt an: »Und du bist wirklich sicher, dass …?«

»Hä?« Wie, weiß ich nicht, aber Björn und Andi gelingt es, noch vorwurfsvoller und belustigter zu gucken. Jetzt verstehe ich.

»Himmelherrgott«, rufe ich, »ich bin heterosexuell! Bitte akzeptiert das endlich!«

»Klaaaar«, sagt der eine sehr selbstgewisse Herr zum anderen. »Genau wie Tom Cruise. Dafür, dass er ›Cruise und Kilmer‹ angeblich nicht kennt, spielt er das Spiel verdammt gut.«

Widerstand ist zwecklos. Ich verabschiede mich und gehe. Das Gelächter der beiden erfüllt das Treppenhaus. Die zwei haben sich offensichtlich wieder vertragen. Nichts schweißt stärker zusammen als gemeinsame Abneigungen. Ich freue mich, wenn ich da helfen kann.

Natürlich fallen mir jede Menge schlagfertige Bemerkungen ein: »Du wärst gar nicht mein Typ.« Die hat gesessen. Genau wie: »*Top Gun* ist nicht schwul, sondern einfach kitschig. Aber das ist für dich ja vielleicht dasselbe.« Bang! Und: »Das sind keine 23 Zentimeter.«

Ja, das sind einigermaßen schlagfertige Bemerkungen. Leider kommen sie mir nicht am Abend vor Björns Wohnungstür in den Sinn, sondern erst einen Tag später. Während die schnippischen Formulierungen kurz nacheinander in mein Großhirn purzeln, trinke ich einen Aperol Spritz, und dazu esse ich saftigweiche Kirschwaffeln. Was Heteros halt so machen.

Zentraler Dialog: *»Was hast du hier eigentlich zu suchen? Auf Schwule steht hier keiner.« – »Auf Leute, die keinen hochkriegen, aber auch niemand.«*
Bester Männer-Spruch: *»Die Gedenktafel für die Zweiten hängt unten in der Damentoilette.«*
Bester Frauen-Spruch: *»Ich bin Instrukteur an dieser Schule. Ich habe es alle acht Wochen mit zwanzig neuen Draufgängern zu tun. Was das bedeutet, können Sie sich ja wohl vorstellen.«*
Taschentuchfaktor für Männer: 0 / 5
Taschentuchfaktor für Frauen: 0 / 5
Der nächste Film, den Frauen gucken sollten: *Die Akte Jane. Top Gun* als Frauenfilm. In der Hauptrolle Demi Moore statt Tom Cruise. Nah- statt Luftkampf. Regie: Ridley Scott statt seines Bruders Tony.
Der nächste Film, den Männer gucken sollten: *Batman Forever*. Die latent schwule Comic-Figur spielt Val Kilmer.

TERMINATOR 2

Der einzige Mann, der etwas taugt, ist eine Maschine

Ich mach' ihn fertig. Soll der Typ es bloß wagen, mir blöd zu kommen. Ich baller' ihm die Seele aus dem Leib, wenn der Scheißkerl denn eine hätte. Der Lärm und die Lichter sollen einen irre machen, aber mich kann das nicht ablenken. Mein Gegner ist direkt vor mir, er schaut mich an, fletscht die Zähne. Mit meiner Rechten greife ich nach der Pistole, drücke ab, und die Kugel trifft ihn direkt unterhalb seines Metallschädels. Da hast du's, du Penner. Noch mehr Lärm, noch mehr Lichter, aber ich bleibe klar im Kopf. Die Kanone richtet sich aufs Ziel aus, gleich gibt es wieder eine Million Punkte. Wusst' ich's doch: Niemand besiegt mich am *Terminator 2*-Flipper.

Seit einer Stunde beuge ich mich nun über diesen blinkenden, lärmenden Kasten. Seit einer Stunde füllt sich mein Punktekonto in Schritten von einer Million, und die Welt um mich herum ist weit weg: diese abgerockte Kneipe, in der der Kaffee noch aus der Filtermaschine tröpfelt und die Musik aus meterhohen Boxen jault. Weit weg sind auch die vergangenen zwei Jahrzehnte, seit ich zuletzt vor dem *Terminator 2*-Flipper stand.

Dass es dieses Wunderwerk der Automatentechnik noch gibt, ist selbst ein Wunder. Ich weiß noch, wie der Flipper auf mich wirkte, als er 1991 auf einmal in fast allen Spielhallen und Kneipen stand, gerade rechtzeitig zum Kinostart von James Camerons *Terminator 2 – Tag der Abrechnung*. Als Erstes fiel mir das aufgemalte Gesicht Arnold Schwarzeneggers auf, aufgemacht als Terminator T-800. Sein Blick schien jedem im Raum zu folgen, Halbwüchsige wie ich konnten gar nicht anders, als gegen ihn anzutreten. Wo bei anderen Flippern eine Feder die silbrige Kugel abgeschossen hatte, brauchte ich bloß den Pistolenabzug zu drücken. Das Geschoss musste den silbrigen Terminator-Schädel treffen, das brachte Punkte und aktivierte die Minikanone, die weitere Kugeln verschoss. Und natürlich musste ich es bis zum Videomodus schaffen. Nie zuvor hatte ein Flipper Videotechnik eingesetzt, aber hier konnte ich mit den Druckknöpfen links und rechts auf einem pixeligen Bildschirm Maschinenmenschen abknallen. Die Lichter, der Lärm, der Lauf der Kugeln nahmen diesen Jungen, der ich einmal war, ganz ein, stundenlang. Endlich dachte dieser Pubertierende an nichts anderes mehr. Nicht an Mädchen, die einen ignorierten. Nicht an Eltern, die einem wie Fremde erschienen. Nicht an Klassenarbeiten, die panische Angst bereiteten. Auch nicht an den sicheren Tod, den alle anderen Menschen zu ignorieren schienen. Je lauter es um mich herum dröhnte, desto stiller wurde es in mir. Solange das Kleingeld reichte, ruhte ich in Frieden.

Deshalb stehe ich jetzt hier. Als mir mein alter Schulfreund Stefan vergangene Woche in einer SMS mitteilte, dass er »den Terminator gefunden« habe, fragte ich mich zwar, ob jugendlicher Haschkonsum ungewollte Langzeitfolgen hat. Aber er versicherte mir, es gehe um den Flipper, an dem wir zwei einst unsere Jugend verschwendeten. Eines der selten gewordenen Exemplare stehe in einer gar nicht mal sooo grässlichen Kneipe in meiner Nähe. Da musste ich natürlich hin. Denn dieser Kasten aus Stahl, Blech und Leuchten ist mehr als ein Flipper. Er ist eine Erinnerung an die Zeit, als ich den Film *Terminator 2 – Tag der Abrechnung* nicht häufig genug im Kino und auf Video schauen konnte. Das 137 Minuten lange Werk war nicht nur ein Meilenstein in der Geschichte des Action-Kinos, es war auch mehr als ein Wunder der damals jungen digitalen Bildanimation und mehr als bloß der bis dahin – zumindest in absoluten Zahlen – teuerste Film der Geschichte. Was *Terminator 2* wirklich außergewöhnlich machte, war die unterschwellig vermittelte Geschichte. Und wie jede wirkungsmächtige Hollywood-Erzählung entwickelte auch sie ihre Wucht dadurch, dass die Zuschauer sie nicht als solche erkannten. *T2* spricht zum Unbewussten von Millionen Heranwachsenden. Es dauerte viele Jahre, bis ich begriff, worum es wirklich in diesem Film geht.

»Ey, Typ, lass mich auch ma'«, sagt nicht mein Schulfreund Stefan, denn der hat heute Nachmittag angeblich Besseres zu tun. Als wären Frau und Sohn morgen nicht auch noch da, der Flipper aber könnte dann schon verschrottet sein. Die quäkigen Worte stammen von einem etwa elfjährigen Jungen mit grauer Kapuzenjacke. Er steht neben mir, schaut auf den blinkenden Flipper und scheint zu glauben, seine Worte seien mir Befehl. Ein elfjähriger Junge! Seit Jahrtausenden behauptet jede ältere Generation, die jüngere sei der Anfang vom Ende der Menschheit. Bislang lagen sie zwar immer falsch, aber man weiß ja nie.

»Und, was is' jetz'«, sagt der Kapuzenjunge, und es klingt nicht wie eine Frage.

»Jetzt spiel' ich erst mal zu Ende«, antworte ich betont ruhig, »und das kann dauern. Ich kenn' mich nämlich aus mit diesem Wunderwerk der Lebenszeitvernichtung, und du, Kleiner …«

»Lassen Sie sich bitte nicht reizen«, flötet eine Stimme hinter mir, und die stammt bestimmt nicht von dem Jungen. »Yannick ist neuerdings so auf Krawall gebürstet.« Ich frage nicht, seit wann Krawall und Kopfhaare so viel gemeinsam haben, dass man beide bürsten kann. Ich frage auch nicht, warum mich eine junge Frau siezt. Denn die zur Stimme gehörige Person trägt ein enges, dunkelrotes Top. Darauf steht in runden Buchstaben »Am I cute?«, und die Frage beantworte ich stumm mit einem klaren Ja.

»Boah, Veronika, nerv' nich'«, sagt der Einzige, der hier gerade nervt. »Geh doch schon mal. Ich baller' hier noch'n büsch'n den Predator ab, dann komm' ich nach Hause.« Halblaut fügt er an: »Vielleicht.«

»Kinder, was?«, sagt Veronika mit einem Seufzen. Ich überlege, ob ich ihr mit dem augenzwinkernd vorgetragenen Kompliment antworten soll, ob sie mit »Kindern« Yannick und sich selbst meine. Veronika sieht nämlich jung aus, zumindest jünger als ich. Aber das tun aus irgendeinem Grund seit einiger Zeit immer mehr Leute.

»Yannick ist eigentlich ein lieber Junge. Aber in letzter Zeit ist er dauernd schlechtgelaunt und will allein sein. Ich weiß gar nicht, was er hat. Vielleicht hat's damit zu tun, dass sein Vater und ich uns getrennt haben.« Der liebe Junge windet sich unter diesen Worten, als hätte er Magenschmerzen. Niemand spricht mit größerer Selbstverständlichkeit über das Seelenleben anwesender Kinder, als seien diese gar nicht da, als ihre sie liebenden Mütter.

»Ja, Jungs in der Pubertät sind unausstehlich«, erkläre ich in einem Tonfall, als hätte ich einen ganzen Stall pickliger Teenager zu Hause. Habe ich natürlich nicht. »Am unausstehlichsten finden sie sich aber selbst. Man ist kein Kind mehr, aber noch kein Erwachsener. Man will sich wie ein Mann benehmen, weiß aber noch gar nicht, was das heißt. Man fühlt sich gleichzeitig zu groß und zu klein und dümmer und klüger als alle anderen. Und man sehnt sich verzweifelt nach Orientierung, aber weiß gar nicht, dass man es tut. Welches maskuline Vorbild haben Jungs heute schon?« Wer mit fast so großer Selbstverständlichkeit wie Mütter über das Seelenleben anwesender Kinder spricht, sind an sexy Alleinerziehenden interessierte Männer.

Sätze über die Psyche heranwachsender Jungs gehen mir

gerade leicht über die Lippen. Der Flipper und der dazugehörige Film frischen meine Pubertätserinnerungen auf. Denn bei *Terminator 2* geht es nur vordergründig um die Rettung der Menschheit vor der Versklavung durch sich verselbständigende Maschinen.

Natürlich ist es wichtig zu wissen, dass im Jahr 2029 die Widerstandsbewegung der Menschen einen Cyborg, ein Modell T-800, ins Los Angeles der frühen neunziger Jahre zurückschickt – diesen Terminator spielt Arnold Schwarzenegger. Im ersten Teil des Films hatten die Maschinen ein älteres Exemplar dieses Modells in die Vergangenheit entsandt, um Sarah Connor zu töten, denn Sarah würde einmal den späteren Anführer der menschlichen Widerstandsbewegung gebären, und das sollte der vorherige T-800 verhindern. In *Terminator 2* aber sind die Rollen vertauscht: Sarah Connors Sohn John ist mittlerweile zehn Jahre alt. Der T-800 soll diesmal John beschützen, denn die Maschinen schicken zur selben Zeit ein neues Terminator-Modell, den T-1000 (gespielt von Robert Patrick), in die Vergangenheit, um John, den künftigen Anführer der Widerständler, umzubringen. Es geht also um Leben und Tod, um den Kampf Mensch gegen Maschine und Alt gegen Jung. Das alles ist wichtig für das Verständnis des Films. Vor allem aber ist *Terminator 2* die anrührende Geschichte der Annäherung zwischen einem Jungen und seinem Beschützer. Eine Vater-Sohn-Geschichte.

Der Film beginnt mit Albtraumbildern. Atombomben zerstören große Teile der Erde. Es ist der Ausblick auf den drohenden »Judgment Day«: jenen nicht weit entfernten Tag, an dem die Maschinen gegen ihre menschlichen Schöpfer antreten werden. Nur Sarah Connor weiß, dass dieses Ereignis kurz bevorsteht. An diesem Tag nämlich wird das neuentwickelte US-Verteidigungsnetzwerk Skynet ein eigenes Bewusstsein entwickeln und sich selbständig machen. In Panik werden die

Menschen versuchen, ihrem Geschöpf den Stecker zu ziehen. Skynet wird sich wehren, indem es Langstreckenraketen gen Russland schickt. Denn es ist klar, dass die Russen mit massiven Atombombenangriffen auf die USA antworten müssen. Drei Milliarden Menschen werden sterben. In den Traumbildern vom atomaren Feuer taucht auch ein Spielplatz auf. Schaukel, Karussell und kleine Kinder vergehen in den Flammen. Ein Bild der Apokalypse, aber auch ein Sinnbild für John Connors Vertreibung aus dem Reich der Kindheit, in dem der Halbwüchsige noch vor kurzem lebte. Kinderland ist abgebrannt.

John fühlt sich bedroht von den Erwachsenen, er sucht Erklärungen und Schutz. Dieses Hin und Her zwischen Geborgenheit und Bedrohung spiegelt der Zweikampf zwischen T-800 und T-1000. Es ist ein genialer dramaturgischer Kniff Camerons – der mit William Wisher Jr. auch das Drehbuch schrieb –, Schwarzenegger zum Sympathieträger zu machen. Gekleidet in eine schwarze Lederkluft, mit Sonnenbrille, Pumpgun und Motorrad, wirkt der wortkarge Muskelberg mit einem Mal lässig. Schwarzenegger weckt Assoziationen an eine zu Beginn der neunziger Jahre schon leicht veraltete Alltagskultur: an den guten alten Rock'n' Roll. Schwarzeneggers Terminator ist etwas schwerfällig, aber beinhart. Nicht einfühlsam, aber cool, und obendrein loyal bis zum Umfallen. Kurzum: ein Symbol klassischer Männlichkeit. Sein Gegner hingegen ist ein unheimliches Sinnbild moderner Effizienz. Während das Innere des T-800 aus einem massivem Metallskelett besteht, ist der T-1000 voll und ganz amorphe Masse: flüssiges Metall, das die Gestalt von fast allem annehmen kann, was es berührt. Ein nie ermüdender, nie überreagierender Geist in der Maschine, und gerade wegen seiner Wandelbarkeit so erschreckend. Ein weiterer kluger Drehbucheinfall ist es, den T-1000 die meiste Zeit als Polizist durch Los Angeles gehen, fahren und fliegen zu lassen. Wenn der neue Terminator in einem Streifenwagen mit dem US-Polizeimotto »dienen und beschützen« vorfährt, dann spielt der Film mit der ambivalenten Haltung vieler Menschen zu den Uniformierten. Die Polizei ist eine männlich dominierte Truppe, deren Korruption und Gewaltexzesse längst bekannt sind. Der Polizist, seit jeher ein Sinnbild des mal strafenden, mal schützenden Vaters, ist bei *Terminator 2* zur unheimlichen Bedrohung für das Kind geworden. Sein Versprechen, Menschen zu dienen und sie zu beschützen, ist eine Lüge.

Der Psychologieprofessor Dirk Blothner fasst das unterschwellige Thema von *Terminator 2* in seinem Buch »Erlebniswelt Kino« so zusammen: »Man kann sagen, der Film berührt uns an der Stelle, wo wir uns mit Recht die Frage stellen, ob unsere Lebensentwürfe, die zerbrechlichen Einheiten, die unserem Leben eine Richtung verleihen, eine Perspektive haben. Der Film berührt die Frage, ob der Halt, auf den wir uns stützen, uns tatsächlich trägt.« Der nimmermüde T-1000 symbolisiert die Gefahr. Schutz bietet nur eine andere, vergleichsweise menschliche Maschine: der blutende Rocker T-800. James Cameron bezeichnete den Zweikampf der beiden Terminator-Modelle selbst als den eines »menschlichen Panzers« mit einem »Porsche«. Metallische Wucht gegen smartes Hightech. Fester Halt versus diffuse Bedrohung. Guter Vater, schlechter Vater.

»Yannicks Vater hat ja leider selten Zeit für ihn.« Yannick tut, als höre er seine Mutter nicht. »Aber du scheinst ja zu verstehen, wie mein Junge tickt«, sagt Veronika. Ah, wir sind schon beim Du. Sehr gut. »Vielleicht mögt ihr zwei Jungs etwas miteinander spielen. Ich mag nämlich Männer, die Verantwortung übernehmen.« Sie lächelt, dann geht sie zurück zu ihrer Freundin, die hinter der Theke arbeitet. Veronica scheint ihretwegen hier zu sein. Natürlich meint sie mit ihren Worten eigentlich: »Wenn du ein wenig Zeit mit meinem Sohn verbringst, dann erwirbst du dir riesiges Ansehen bei mir, und meine ohnehin große Anziehung zu dir würde dann so groß, dass wir zwei wilden Sex miteinander haben, zum Beispiel mit der Budapester Beinschere. Unser Treffen am *Terminator 2*-Flipper besiegelt unser Schicksal als Sklaven der Leidenschaft.« Jede andere Schlussfolgerung wäre ja wohl an den Haaren herbeigezogen. Natürlich bin ich da bereit, für Yannick den T-800 zu geben. Wie Schwarzenegger dem kindlichen Menschheitsretter, so werde ich Yannick die wichtigen Dinge des Lebens lehren. In unserem Fall: den Umgang mit Flippern.

Wie Yannick ist auch John Connor hin- und hergerissen zwischen den zerbrechenden Gewissheiten der Kindheit und den Herausforderungen der Erwachsenenwelt. Er schwankt zwischen seiner Zuneigung zu seiner starken, aber auch übergriffigen Mutter, die sein bisheriges Leben geprägt hat, und der Sehnsucht, einen eigenen Weg zu finden, eigene Antworten auf die Frage, wer er ist. In *Terminator 2* ist dieser quälende Zwiespalt klar benannt. Es ist recht bald im Film, der T-800 hat gerade zum ersten Mal Johns Leben vor dem T-1000 gerettet. Nun wacht die Maschine, die Pumpgun in der Hand, über ihn, während der Junge über das Verhältnis zu seiner Mutter monologisiert:

»Weißt du, wir haben eine Menge Zeit in Nicaragua und solchen Orten verbracht. Eine Zeitlang war sie mit diesem verrückten ehemaligen Green-Beret-Typen zusammen, der Waffen schmuggelte. Dann kamen ein paar andere Typen. Sie stieg mit jedem ins Bett, von dem sie etwas lernen konnte. Sie wollte mich zu diesem großen, militärischen Anführer erziehen. Dann wurde sie festgenommen. Und plötzlich hieß es: ›Tut mir leid, Junge, deine Mom ist eine Irre. Wusstest du das nicht?‹ Alles, woran ich geglaubt hatte, wurde plötzlich in Frage gestellt. Und dafür hab' ich sie gehasst.«

Johns Kindheit war geprägt von Erzählungen seiner Mutter über seine große Bestimmung als Anführer der Widerstandsbewegung. Und von Erzählungen über seinen heldenhaften Vater, den John selbst aus der postapokalyptischen Zukunft zurückgesandt hatte, um Sarah zu beschützen, und der im Kampf für sie und seinen ungeborenen Sohn sein Leben gab. Eine irrwitzige Geschichte, aber auch die Essenz der meisten Heldengeschichten: In einfachen Verhältnissen wird ein Kind geboren, das zu Höherem berufen ist. Entgegen eigenen Zweifeln und äußeren Widerständen findet es zu seiner Berufung. Wie in *Star Wars* und tausend anderen Filmen, nur besonders klug erzählt. Der Junge ist ein Held, er weiß es nur noch nicht. Zwar sagt Johns Mutter ihm eine große Zukunft voraus, aber das Verhältnis zu ihr ist ambivalent, die Loslösung von ihr beginnt: Hat seine Mutter recht oder doch der Rest der Welt, der sie für verrückt hält?

Seit ihrer Einweisung in eine Psychiatrie lebt John bei Pflegeeltern. Wer dachte als Kind nicht eine Zeitlang, Vater und Mutter seien gar nicht seine Eltern? Etliche Science-Fiction-Filme basieren auf diesem Gefühl pubertärer Entfremdung, beispielsweise *Invasion vom Mars* aus dem Jahr 1953. In dem Klassiker des Subgenres »Bodysnatcher« erscheinen immer mehr Erwachsene eines Dorfes vor allem den Kindern als seelenlose, fremde Wesen. Eine außerirdische Raummannschaft hat sie manipuliert, um sie als Attentäter einzusetzen. Auch bei *Terminator 2* erscheinen die (Pflege-)Eltern dem (Pflege-) Sohn fremd, kalt und feindlich, als Vertreter einer verständnislosen und unverständlichen Welt. Zugleich verblasst die Allmachtsphantasie vom Leben als Messias immer mehr. Als Johns Selbstzweifel ihn zu überwältigen drohen, taucht der T-800 auf. Schwarzenegger rettet John vor dem ersten Angriff des T-1000, danach stellt der verwirrte, aber gefasste Junge den T-800 zur Rede.

»Okay, du bist nicht hier, um mich zu töten. So viel hab' ich allein rausbekommen. Also: Worum geht's?«

»Meine Mission ist, dich zu beschützen.«

»Ja? Wer hat dich geschickt?«

»Du warst es. 35 Jahre in der Zukunft hast du mich reprogrammiert, damit ich in dieser Zeit dein Beschützer wäre.«

»Oh, das ist heftig.«

Das ist mehr als heftig, es ist die Bestätigung kindlicher Allmachtsphantasien: Ich bin der Größte von allen. Diese mächtige Maschine glaubt nicht nur an Johns Messiasrolle. John selbst hat diesen menschlichen Panzer aus der Zukunft in die Vergangenheit geschickt. So gibt ein Ersatzvater seinem Adoptivsohn den Glauben an sich selbst zurück. Was für eine grandiose Widerlegung aller quälenden Selbstzweifel! Ebendieser Kampf zwischen Ängsten und Hoffnungen sprach mich als Teenager an, ich verstand es bloß noch nicht.

Heute bin ich gewissermaßen der T-800 – nur ohne Rockerkluft, Pumpgun, Motorrad, Metallskelett und Superkräfte. Ein Lehrer, der einem Jungen beim Einüben der Riten der Erwachsenenwelt hilft. Deren wichtigster Bestandteil ist zwar zugegebenermaßen nicht unbedingt das Flippern. Aber schließlich hat mich auch nicht der Anführer der Restmenschheit beauftragt, sondern eine Frau, die ihr Kind in eine Kneipe schleppt, die für ihre niedrigen Pils-Preise bekannt ist. Veronika schaut von der Theke zu mir herüber. Sie lächelt mich an, dann unterhält sie sich wieder mit ihrer Freundin, der Kellnerin. Ich blicke mich um. Raues Lachen der rotgesichtigen Männer, quiekendes Lachen der rosagesichtigen Frauen. In dieser Kneipe bin ich die vernünftigste Alternative.

Sarah Connor sieht das ähnlich pragmatisch. In einem ruhigen Moment sieht sie zu, wie John mit dem T-800 spielt. Der Terminator lässt sich zeigen, was er tun muss, wenn der Junge fordert: *»Gib mir Fünf!«* Die gefühllose Maschine guckt fast ein wenig beleidigt, als John lachend ruft: *Ha, zu langsam!* Sarah Connor hält einen inneren Monolog. Es sind die wichtigsten

Worte des Films – mal abgesehen von »*Kein Schicksal*« und »*Hasta la vista, Baby.*«

»*Als ich John mit der Maschine sah, war es auf einmal ganz klar: Der Terminator würde niemals aufhören. Er würde ihn niemals verlassen. Und er würde ihm niemals weh tun, ihn niemals anbrüllen oder sich betrinken und ihn schlagen oder behaupten, er wäre zu beschäftigt und hätte keine Zeit für ihn. Er würde immer für ihn da sein, und er würde sterben, um ihn zu beschützen. Von all den möglichen Vätern, die während all der Jahre gekommen und gegangen waren, war diese Maschine, dieses Ding, der Einzige, der all den Ansprüchen gewachsen war. In einer wahnsinnig gewordenen Welt war er die vernünftigste Alternative.*«

Während Veronika mit ihrer Freundin an der Theke plaudert, gebe ich Yannick eine Einleitung ins Allernötigste des besten Flippers aller Zeiten: »Erstens, lieber Yannick, zeig' etwas Respekt. Das hier ist nicht, wie du vorhin sagtest, der Predator, sondern der Terminator.«

»Hmpf.«

»Schwarzenegger spielte zwar auch beim Actionfilm *Predator* mit, aber nicht als das Monster, sondern in einer Art Menschengestalt – nämlich seiner eigenen. Kann man ja schon mal verwechseln. Allerdings nicht mit dem Terminator, sondern mit dem Alien aus *Alien*. Es gibt nämlich zwei Filme, in denen kämpfen die Aliens aus *Predator* gegen die Aliens aus …«

»Lass uns spielen«, sagt Yannick, und sein kalter Tonfall ähnelt jetzt dem des T-800. Er hat's also verstanden. Ich freue mich immer, wenn ich Leuten etwas beibringen kann.

Wir zwei flippern gemeinsam, und was soll ich sagen? Yannick ist ganz anders, als ich erwartet habe. Eine geschlagene Stunde stehe ich neben ihm am Flipper, während er Bonusspiel um Bonusspiel gewinnt und Maschinenmenschen abschießt, dass es eine Freude ist. Zumindest für ihn. Es ist gar nicht so einfach, gelassen in Richtung Theke zu lächeln, während einem ein Kind vorführt, dass man nicht einmal beim Hobby seiner Kindheit noch etwas zu melden hat. Als ich endlich drankomme, rutscht mir die Kugel ganz unglücklich ins Aus. Yannick ruft doch tatsächlich »Ha, zu langsam!«, und ich gucke dabei vermutlich nicht nur ein bisschen beleidigt. Hätte ich Dödel, anstatt in den vergangenen Jahrzehnten mich selbst und andere Menschen kennenzulernen, doch bloß mehr Zeit an der Xbox verbracht. Wie Yannick. Wer die moderne Spielkonsole beherrscht, braucht keinen Flipper mehr. Yannick ist John und T-1000 in einer Person.

»Amüsiert ihr euch?«, fragt Veronika nach einer Ewigkeit. Lieber würde ich die Frage auf ihrem Top beantworten.

»Total!«, ruft Yannick.

»Hmpf«, murmle ich.

»Was machst du eigentlich nächsten Samstag?«, fragt mich Veronika, und dieses Lächeln ist größer und breiter als das vorhin. Es haut mich um. Sklaverei der Leidenschaft, ich komme.

Genauer gesagt lässt sich die Sklaverei etwas bitten. Zwar habe ich direkt nach unserem ersten Treffen nachgeschaut, was genau eine Budapester Beinschere eigentlich ist (nämlich anstrengend), aber anwenden konnte ich dieses Wissen bislang nicht. Zweimal haben wir uns seither zum nachmittäglichen Kaffee getroffen und nette Gespräche geführt. Ich habe gelernt, dass Veronika *Terminator 2* bislang als »Ballerfilm« abgetan hat. Und dass sie keineswegs daran interessiert ist, an dieser Einschätzung etwas zu ändern. Aber wer weiß? Womöglich ist meine Theorie vom Suchen und Finden der Liebe mit Hilfe von Filmen ja auch Nonsens. Vielleicht braucht es keine großen Übereinstimmungen in cineastischen Belangen. Na ja, und falls alle Stricke reißen, hätte ich als Trostpreis nichts gegen eine

Affäre einzuwenden. Bislang aber waren unsere Treffen Tête-à-têtes im Wortsinne. Außer unseren Köpfen bei der Küsschen-hier-Küsschen-da-Begrüßung berührten sich keine Körperteile. Doch heute wird sich das ändern. Es ist Samstag, und am Abend treffe ich Veronika bei ihr zu Hause. Oh, yeah.

Als sie mir ihre Wohnungstür öffnet, sieht sie toll aus. Wieder trägt sie ein knappgeschnittenes Top, auf diesem steht in Glitzerschrift »Teen Riot«. Wenn sie meint. Warum aber dringt aus ihrer Wohnung nicht ruhige Musik, zu der man super auf der Couch knutschen kann? Und stört es sie nicht beim Knutschen, wenn ihr elfjähriger Sohn danebensitzt und ein Ballerspiel zockt?

Moment mal: Warum ist Yannick hier?

»Super, dass du Zeit hast«, sagt Veronika und zieht eine Jacke an. »Weil, es ist echt nicht leicht, für den Samstagabend einen Babysitter zu finden. Alle coolen Leute gehen feiern. Ich muss echt los, sonst komm' ich zu spät zum Date. Ist so'n total süßer Typ. Sechs Jahre jünger als ich. Aber es ist halt, was es ist, sagt die Liebe. Yannick darf heute so lange aufbleiben, wie er will. Danke noch mal. Ciao, ihr zwei!«

Dann ist Veronika weg. Tschüs, Affäre. Tschüs, Budapester Beinschere. Guten Abend, Demütigung.

Yannick schaut mich missmutig an, ich schaue missmutig zurück. Damit beginnt der deprimierendste Samstagabend meines Erwachsenenlebens. Zumindest meines bisherigen Erwachsenenlebens. Da kann ja noch viel passieren.

Ich möchte nicht ins Detail gehen, aber ich kann sagen: Es ist nur schwer erträglich, wenn man merkt, dass man Mitte dreißig ist und ein Ballerspiel zockt, weil eine sexy Frau einen mit einem asexuellen Babysitter verwechselt. In so einem Fall hofft man, die Talsohle des Schicksals möge endlich erreicht sein, wenn einem in diesem Moment ein Elfjähriger ehrlich besorgt einen Punktevorsprung anbietet. Erwachsene wollen von Pubertierenden schließlich kein scheinheiliges Mitgefühl bekommen, sondern es ihnen geben.

Während ich zum zweiundzwanzigstenmal blutend ein Computerspielleben aushauche, kommt mir ein grässlicher Gedanke: Ich bin der T-800. Aber nicht als Symbol für Coolness, Härte und Zähigkeit, sondern als eines für Gestrigkeit und Langsamkeit.

Später auf dem Heimweg, passiv-aggressiv vollgestopft mit Schokoriegeln und Chips, sehe ich die Sache schon ein wenig anders: Ich bin doch nicht der T-800. Der findet wenigstens ein heroisches, selbstgewähltes Ende in flüssigem Stahl, um die Menschheit vor der Technologie zu bewahren, die in ihm steckt. Ich hingegen wache am nächsten Morgen bloß mit einer Sehnenscheidenentzündung auf.

Geschlechter-Check

Liebesszenen: Gott sei Dank keine.
Dramatische Küsse: Einer. In einer Traumsequenz, in der Sarah Connor ihr geliebter Kyle Reese erscheint: der Widerstandskämpfer aus dem ersten *Terminator*-Film. In der Kinoversion wurde die Szene rausgeschnitten, sie ist nur auf einigen DVD-Versionen dabei. Knutschen drosselt das Erzähltempo.
Der beste Moment, um aufs Klo zu gehen: Aufs Klo? Bei so einem Meisterwerk kann man doch mal 137 Minuten (Kinoversion) beziehungsweise 153 Minuten (Extended Edition) oder 156 Minuten (Ultimate Edition) sitzen bleiben.
Zentraler Dialog: »*Woher hätten wir das wissen sollen?*«, fragt der künftige Konstrukteur von Skynet, als er von den verhängnisvollen Folgen seines Tuns erfährt. – Sarah Connor: »*Ja, richtig. Woher hättest du das wissen sollen? Es waren verdammte Typen wie du, die die Wasserstoffbombe erfunden haben. Män-*

ner wie du haben sie gebaut. Dabei wisst ihr gar nicht, wie es ist, wirklich was zu erschaffen. Ein Leben zu erschaffen, zu spüren, wie es in einem wächst. Ihr kommt euch so schlau vor …« – John: *»Mum! Wir müssen hier ein bisschen konstruktiver sein.«*
Bester Männer-Spruch: *»Wenn du leben willst, komm mit mir.«* (Der T-800 zu Sarah Connor)
Bester Frauen-Spruch: *»Jeder, der keinen Sunblocker ›Lichtschutzfaktor zwei Millionen‹ trägt, wird einen wirklich miesen Tag erleben.«* (Sarah Connor zum Thema Judgment Day)
Taschentuchfaktor für Männer: 3 / 5. Wie auch bei Camerons späterem Film *Titanic* ist der Körper des männlichen Helden dazu da, um am Ende zerstört zu werden. Schlechte Aussichten für Männer.
Taschentuchfaktor für Frauen: 3 / 5. Der einzige Mann, der etwas taugt, ist eine Maschine. Zwar muskulös und loyal, aber sie killt sich zum Schluss selbst. Wenn das nicht traurig ist.
Der nächste Film, den Frauen gucken sollten: *Terminator 4 – Die Erlösung*. Im vierten Teil der Saga ist John Connor endlich erwachsen – gespielt vom blendend aussehenden Christian Bale.
Der nächste Film, den Männer gucken sollten: *Terminator 3*. Um zu sehen, was beim Erzählen einer Geschichte über einen jungen Mann auf der Suche nach sich selbst trotz eines riesigen Budgets alles falsch laufen kann.

PRETTY WOMAN

2000 Jahre Kulturgeschichte in zwei Stunden

Die Hölle ist eine Neunziger-Jahre-Party. Oder gibt es etwas Peinigenderes, als die Sünden der eigenen Vergangenheit immer und immer wieder vor Augen geführt zu bekommen? Allen voran die musikalischen? Welcher Mensch zwischen dreißig und fünfundvierzig Jahren kann schon mit Gewissheit behaupten, er habe nie zu »Cotton Eye Joe«, »Hyper Hyper« oder »Max Don't Have Sex With Your Ex« getanzt? Eine klare Erinnerung ans eigene Treiben in den Clubs, die damals noch Discos hießen, haben doch nur wenige. Schließlich waren die Lokale damals voller Zigarettenrauchschwaden und die Gäste voller Bananen-Weizen, Corona-Bier oder Tequila (»Silber« mit Salz und Zitrone, »Gold« mit Orange und Zimt). Hätte ich als junger Mann geahnt, dass ich den Refrain »I'm A Barbie Girl In A Barbie World, Life In Plastic, It's Fantastic« noch Jahrzehnte später hören würde, dann hätte ich mir das mit dem Weiterleben noch mal gründlich überlegt. Trotz alledem stehe ich jetzt hier: auf einer Hochzeitsparty in einem rauch- und geschmacksfreien Club. Nicht mehr ganz junge Menschen tanzen in dunklen Anzügen und hellen Kleidern zu »Barbie Girl«, und ich frage mich, wem ich diese Höllenfahrt verdanke.

»Krass, oder?«, sagt Homer mit einem Lächeln. Mein Freund, der Videothekar, kommt vom Tresen zurück. In den Händen hält er zwei Caipirinhas, einen reicht er mir. Seit den Neunzigern hat die Alkoholkultur große Fortschritte gemacht.

»›Krass‹ ist so ein Emotionsvermeidungsadjektiv«, rufe ich in Homers Ohr. Die Musik dröhnt. »Wenn jemand sagt, etwas sei krass, weiß man noch nicht, ob er es gut oder schlecht findet.«

»Und?«, fragt Homer und guckt selig in den Saal.

»Na, du hast sogar einen ironischen Schnauzbart. Den tragen jetzt alle, weil keiner den mehr trägt. Bei dir ist alles durchironisiert. Da bin ich mir nie sicher, wie du was meinst: Findest du diese Hochzeitsparty also krass geil oder krass scheiße?«

»Ach, die Musik, die Leute, die Stimmung, die Erinnerungen: Ich find's hier einfach nur krass.«

»Aha.«

Schweigend sehen wir uns um. Vor uns stehen, gehen und tanzen Männer und Frauen in den Dreißigern. Wer da, ein Glas in der Hand, angeregt miteinander plaudert, sind wahrscheinlich alte Schulfreunde, die einander nach längerer Zeit wiedersehen. Wie es nun mal so ist, wenn eine gemeinsame Mitschülerin Hochzeit feiert. Die wortkargen Paare sind vermutlich schon verheiratet, und zwar miteinander. Homer hat mich zu dieser Feier als sein »+1« mitgenommen. Dahinter steckt Kalkül: Als Single-Mann wäre es ja von Nachteil, eine Frau zu einer Hochzeit mitzunehmen. Eine weibliche Begleitung würde signalisieren, er sei schon vergeben. Bilder sind stärker als Worte, das weiß mein Film-Fan-Freund besser als jeder andere. Offensichtlich hat er aber nicht bedacht, dass die anderen Gäste uns stillschweigend als etwas anderes ansehen könnten als zwei heterosexuelle Kumpels. Und dann noch Homers Schnauzbart! Bilder sind stärker als Worte, das haben Homer und ich nicht ausreichend bedacht.

Um uns herum tanzen und wippen Männer und Frauen zur Disco-Musik ihrer Jugend. Gerade läuft »Mr. Vain« von Culture Beat – die am häufigsten verkaufte Single Europas des

Jahres 1993. Im Refrain heißt es »I Know What I Want, And I Want It Now. I Want You, 'cause I'm Mister Vain«. Die Hälfte der Tanzflächenbesatzung singt mit, dabei bin ich sicher, sie haben genauso wenig Ahnung wie ich, was diese Worte bedeuten sollen. Ein paar Meter weiter führt ein Mann seine Hand immer wieder langsam von links nach rechts an seinem Gesicht vorbei, er hat dabei Zeige- und Mittelfinger gestreckt. Die Frau vor ihm tut dasselbe. Ganz klar: Die beiden imitieren die Tanzszene mit John Travolta und Uma Thurman in *Pulp Fiction*. Kennt irgendwer in der westlichen Welt diese Bilder nicht? Ich frage mich, ob die Tänzer zu sagen wüssten, ob sie die Musik und den Tanz gut finden. Manche würden vermutlich erklären, beides sei halt »Kult«, andere, sie meinten es »ironisch«. Wieder andere wie Homer fänden es wohl »krass«. Auch ich habe in den Neunzigern zu »This Beat Is Technotronic« getanzt und sogar zu »Mambo No. 5«. Die Songs waren einfach überall, unausweichlich. Aber heute sträube ich mich dagegen, freudig zu ihnen zu tanzen: In diesen Songs sehe ich mittlerweile die industriell gefertigten, öden Massenprodukte, die sie schließlich waren. Hingeworfener, eingängiger Pop, der schnell langweilt. Wie Kaugummi, aus dem der Geschmack schon lange raus ist. Seit wann urteile ich so harsch über meine Jugend? Seit sie vorüber ist? Hochzeiten sind unangenehme Veranstaltungen. Meine Laune droht zu kippen, dabei bin ich noch gar nicht betrunken. Ich brauche mehr Alkohol.

Auf dem Weg zur Theke sehe ich schon von weitem den schönsten Rücken der Welt. Ich habe keine Ahnung, wem er gehört. Aber welche Frau auch immer dieses fliederfarbene Kleid mit der tief ausgeschnittenen Rückenpartie trägt, hat definitiv einen blendenden Geschmack. Ich stelle mich mit meinem leeren Caipirinha-Glas neben die Unbekannte an den Tresen, bestelle und tue, was alle Menschen tun, die an ihrem Nachbarn interessiert sind: Ich gucke erst mal überallhin, nur nicht auf meine Nachbarin. Wie komme ich mit der Frau ins Gespräch? Dafür wäre es vielleicht von Vorteil zu wissen, wie sie von vorne aussieht, dann …

Oh.

»Hey! Du hier? Wie war das *Top-Gun*-Gucken mit Björn? Bist du jetzt schwul?«

Es ist Ada. Die Frau aus der Videothek. Die *Fight-Club*-plump-Finderin. Die *Simpsons*-langweilig-Finderin. Der lebende Beweis, dass ich mich immer wieder in Frauen vergucke, die einen ganz anderen Geschmack haben als ich. Das Schicksal scheint mir Ada immer wieder vor der Nase zu platzieren, als wolle es mir sagen: »Mein Lieber, deine These, dass man den richtigen Lebenspartner anhand seiner Filmvorlieben ausmachen kann, die ist totaler Quark.« Überhaupt dieser Name: Ada. Wäre sie ein Junge geworden, hieße sie jetzt Adolf, oder was?

»Ich bin noch in der Leugnungsphase.«

Das antworte ich nicht dem Schicksal, sondern Ada. Hoffentlich versteht sie meinen Spruch als Scherz. Schnell einen betont maskulinen Schluck Caipirinha nehmen, also nicht durch den Strohhalm.

»Sag' mal, du hast echt nicht gemerkt, was Björn von dir wollte?«, fragt Ada durch den Lärm hindurch. »Ich mein': *Top Gun*!«

Weil mir keine schlagfertige Antwort einfällt, versuche ich mich an einem Lächeln. Aber warum gebe ich mir überhaupt Mühe, so besonders freundlich zu Ada zu sein? Sie passt nicht in mein Suchschema, sie mag ganz andere Filme als ich. Sie hat sogar ein Faible für diese Schnulze. Welche war das noch mal? *Ghost – Nachricht von Sam*? Nein, ganz kalt. *Dirty Dancing*? Es wird wärmer.

»Ah, hör' mal«, ruft Ada, als der nächste Song beginnt. Um uns herum machen ein paar Frauen quietschende Geräusche, die man Leuten in unserem Alter kaum zutrauen würde. Sie laufen auf die Tanzfläche, sie kichern und hüpfen, und als der Refrain kommt, singen alle in einem schiefen, aber enthusiastischen Chor: »It must have been loooove, but it's oooover knoooow. It must have been goooood, but I lost it somehooow!« Ada neben mir singt leise mit. Der Barkeeper stellt mir die zwei bestellten Caipirinhas hin. Gut so. Ich kann jetzt beide gebrauchen. Ach ja, denke ich, während ich einen großen Schluck nehme: Das ist Roxettes Beitrag zum Soundtrack von *Pretty Woman*. Der Film, den Ada in Homers Videothek achtmal ausgeliehen hat. Ich lächle Ada an, aber es fällt mir nicht leicht. Ich erinnere mich gerade daran, was der größte Haken an dieser Frau war: dieser Film und alles, wofür er steht.

Vermutlich hat auf dieser Welt jede Frau mit Zugang zu Elektrizität *Pretty Woman* mindestens einmal gesehen. Das Disney-Märchen über einen lebensfremden Milliardär (Richard Gere) und eine lebenslustige Hure mit dem Herz am rechten Fleck (Julia Roberts), die über Umwege zueinanderfinden, war einer der größten Kinoerfolge in der Geschichte Hollywoods. An den Kinokassen spielte er weltweit mehr als 460 Millionen Dollar ein, und der Soundtrack prägte ein Jahr lang die Hitparaden. Roy Orbisons titelgebender Sechziger-Jahre-Schlager »Oh, Pretty Woman« wurde erneut ein Hit, und »King of Wishful Thinking« machte die britische Band Go West zum One-Hit-Wonder. Vor allem aber Roxettes »It must have been love« lief auf unzähligen Schülerpartys der Jahre 1990 und 91. *Pretty Woman* war ein Riesenerfolg. Und ein Riesenschmarrn.

Der Film ist die Geschichte einer Liebe, die es so niemals gäbe. Der Milliardär Edward Lewis (Richard Gere), scheinbar im Smoking und mit grauem Haar geboren, wird von seiner Freundin verlassen. Dabei hat der erfolgreiche Aufkäufer und Zerstückler von Unternehmen auf den ersten Blick alles: beruflichen Erfolg, eine phänomenale Wirkung bei Frauen, blendendes Aussehen – aber keine Freude am Leben. Nachts arbeitet er schlaflos Akten durch. Ruhelos fährt er nach der Nachricht, dass seine Freundin im fernen New York ihn verlässt, im Sportwagen eines Geschäftsfreundes durch Hollywood. Auf der Suche nach seinem Hotel, unfähig, die Gangschaltung zu bedienen, hält Edward auf dem Hollywood Boulevard zufällig neben der jungen Prostituierten Vivian Ward (Julia Roberts). Sie erklärt sich bereit, ihm den Weg zum Luxushotel zu weisen, steigt ein, sieht Edward bei der hilflosen Suche nach dem richtigen Gang zu – und lenkt den Wagen schließlich selbst zum Ziel. Nach kurzem Zögern lädt Edward Vivian ein, ihn in sein Penthouse-Apartment ins oberste Stockwerk zu begleiten. Es zeigt sich: Edward ist trotz allen Reichtums einsam, er will vor allem Gesellschaft in seinem goldenen Käfig. Und Vivian, die ungebildete, für den Strich aufgetakelte Hure mit der blonden Perücke, bricht mit ihrer Unbekümmertheit Edwards Erstarrung auf. Er betrachtet sie, während sie selbstvergessen, auf dem Bauch liegend, über Witze in einer uralten Sitcom-Episode lacht. Diese Frau wird sein Leben verändern, und er ihres, die beiden wissen es nur noch nicht. Die Zuschauer schon.

Denn das gehört zum Wesen der Romantischen Komödie: In diesem Genre verlieben sich zwei Menschen ineinander, die nach gängigem Verständnis nicht zueinander passen. Über Umwege kommen sie sich näher und lernen dabei eine Menge über das Gegenüber und sich selbst. Wenn ihre innere Reifung vollzogen ist, sind sie auch reif für den äußeren Wandel. Bei *Pretty Woman* bildet der Verlauf einer Woche den äußeren Rahmen: 3000 Dollar soll Vivian bekommen, wenn sie Edward in dieser Zeit rund um die Uhr zur Verfügung steht. Was als kühles Geschäftsarrangement beginnt, wandelt sich schnell zu einer Beziehung, die beide bereichern wird. Der zuvor kaltherzige, einsame Milliardär Edward erkennt mit Hilfe von Vivians Zuneigung, dass er sein Leben damit verschwendet hat, Firmen zu zerstückeln, anstatt etwas aufzubauen. Eine komplizierte Beziehung zum mittlerweile verstorbenen Vater, so wird zumindest angedeutet, hat ihn bislang an einem konstruktiveren Geschäftsgebaren gehindert. Und Vivian lernt durch die Nähe zum distinguierten Edward nicht nur eine andere Welt kennen: die High Society, in der es als unschicklich gilt, beim Pferderennen die Jockeys mit einem lauten »Uou, uou!« anzufeuern. Der Blick in diese Welt zeigt ihr auch, dass sie mit etwas Anstrengung, Charme, Kleidungs- und Frisurwechsel als Dame durchgeht. Die da oben sind nicht besser als sie, sie verkleiden sich nur geschickter. *Pretty Woman* ist die idealtypische Romantische Komödie: Noch kurz vor Schluss droht das Happy End zu scheitern. Edward zweifelt daran, dass Vivian und er als Paar eine Chance haben. Sein innerer Wandel ist noch nicht ganz vollzogen, er vertraut noch immer auf eine Beziehung, die Geschäft und Liebe miteinander verbindet.

Edward: »*Meine Arbeit hier ist fast beendet. Ich muss wieder zurück nach New York. Ich würde dich gern wiedersehen.*«

Vivian: »*Wirklich?*« Sie lächelt.

»*Ja. Ja, das will ich. Ich hab' auch schon ein Apartment für dich. Und ein Auto. Und eins garantier' ich dir: Es gibt viele Geschäfte, die sich um dich reißen, wenn du einkaufen gehst. Ich hab' alles arrangiert.*«

Vivian, geknickt: »*Was sonst noch? Und wenn du bei mir warst, dann legst du mir hinterher Geld aufs Kissen?*«

»*So wird es zwischen uns nicht sein.*«

»*Wie wird es dann sein?*«

»*Du musst nicht mehr auf die Straße. Das ist doch ein Vorteil.*«

»*Sonst ändert sich nichts für mich.*« Vivian geht auf den Balkon, Gere folgt ihr mit einigem Abstand. Er hat Höhenangst.

»*Vivian, was willst du eigentlich? Wie soll es zwischen uns gehen?*«

»*Ich hab' keine Ahnung.*« Pause. »*Meine Mutter hat mich als*

Kind immer auf dem Dachboden eingeschlossen, wenn ich frech war, und das kam ziemlich oft vor. Und wenn ich da oben war, hab' ich gedacht, dass ich eine Prinzessin bin, die von einer bösen Königin im Turm gefangen gehalten wird. Und plötzlich kommt so ein Ritter angaloppiert, auf einem weißen Pferd, mit wehenden Fahnen. Er reitet auf den Turm zu und … und zieht dann sein Schwert. Ich winke ihm zu, er springt vom Pferd. Mein Ritter klettert den Turm nach oben und rettet mich. Ja, genau so hab' ich es oft geträumt. Und ich kann mich nicht erinnern, dass der Ritter gesagt hat: ›Hör' mal, Baby, ich hab' 'ne schicke Wohnung und ein Auto für dich.‹«

Das ist der Moment, in dem ich mit meinen Freunden immer Ärger kriege. Weil ich, wenn ich mich habe breitschlagen lassen, *Pretty Woman* zu gucken, spätestens jetzt anfange, laut zu stöhnen. Ich kann nicht anders: die alte Geschichte von der Prinzessin und dem Prinzen. Der Mann muss ein Prinz sein, damit die Frau sich als Prinzessin sehen darf. Erweist sich der Prinz als normaler Mann, ist der Kerl schuld, nicht die unrealistische Erwartungshaltung der Frau. Alles andere hieße ja, dass die Prinzessin auch nur ein normaler Mensch ist. Diese narzisstische Kränkung der Möchtegern-Prinzessin muss auf jeden Fall verhindert werden. Aus Märchen wie diesem spricht die große Sehnsucht nach Einzigartigkeit.

Was ich damit sagen will: Eine Frau, die diesen Film mindestens achtmal geguckt hat – warum kauft sie nicht einfach die DVD? –, kann nicht die Richtige für mich sein. Ada ist bestimmt so eine verhinderte Prinzessin, die unerreichbare Standards an Männer anlegt. Und wenn Kerle sie nicht erfüllen, beklagt sie sich über die Schlechtigkeit der Welt und der Männer, anstatt ihre Ansprüche zu überdenken. Ja, bestimmt ist Ada genau so eine Frau. Lieblingsfilme sagen schließlich eine Menge aus über Männer und Frauen. Ich habe mich in dieser Frau getäuscht. Das passiert mir nicht noch mal. Jetzt schnappe ich mir einfach die zwei Caipirinhas, die der Barkeeper mir gerade hingestellt hat.

»Ja, Mensch, ich muss leider weiter«, sage ich und halte zum Beweis die Cocktailgläser hoch wie Trophäen. »Meine Begleitung wartet ungern, besonders auf Alkohol.«

»Oh, klar … Wer ist denn die Glückliche?«

»Och, also …«, sage ich leise.

»Krass!«, ruft eine Stimme neben mir.

»Homer!«, ruft Ada.

»Ihr habt beide recht«, sage ich noch leiser.

Homer und Ada haben sich bei ihren regelmäßigen Besuchen in der Videothek angefreundet, und Homer hat sich ein wenig in Ada verguckt. Das vermute ich zumindest, jedenfalls sagte er mir, er fände sie »schon krass irgendwie«. An der Theke stehend, erzählen sie einander angeregt, wie sie die Feier finden (»krass« beziehungsweise »speziell«). Vor einer Minute war ich noch ein schlechtgelaunter Single auf einer Hochzeit. Wenn ich mir die beiden Turteltauben neben mir so anschaue, bin ich womöglich bald der einzige Single auf dieser Hochzeit. Und noch schlechter gelaunt. Mir kommt der Satz des legendären Vorstoppers von Schalke 04, Rolf Rüssmann, in den Sinn: »Wenn wir hier nicht gewinnen, dann treten wir ihnen wenigstens den Rasen kaputt.« Mitten in Homers und Adas Plauderei sage ich: »*Pretty Woman* ist dein Lieblingsfilm, was?«

Homer guckt mich an, als hätte ich Ada gefragt, ob sie früher ein Mann war. Er weiß, was ich von dem Film halte und dass ich mit meinen Worten provozieren will. Und dann passiert etwas Merkwürdiges.

»Nee, ›Lieblingsfilm‹ trifft's nicht ganz«, sagt Ada ruhig. »Es ist eher kinematographisches Interesse.«

»Kinemato…«, sage ich langsam.

»Kinematographisch«, sagt Homer schnell und nickt.

»Ich arbeite als Drehbuchautorin. Mich interessiert die Frage: Warum funktioniert ein Hollywood-Film? Welche Tricks benutzen Schreiber, um selbst banale Geschichten interessant zu machen? Und *Pretty Woman* wirkt ja auch erst mal banal.«

»Genau«, rufe ich, vielleicht etwas zu laut. Homer hält sich ein Ohr zu.

»Aber das Banale und das Ewige«, sagt Ada, »sind halt nah beieinander.« Das Banale und das Ewige. Toll. Muss ich mir merken. So wie den Rest ihres Monologs. *Pretty Woman*, erklärt Ada zu den Klängen von Doctor Albans »It's My Life«, übernimmt etliche Elemente früherer Erfolgsstorys. Zum Beispiel eine Episode aus den »Metamorphosen«, dem großen Werk des römischen Dichters Ovid, geschrieben um Christi Geburt. In dieser Geschichte erschafft Pygmalion, ein von Frauen enttäuschter Bildhauer, eine Frauenstatue aus Elfenbein. Er behandelt sein totes Geschöpf immer mehr wie einen richtigen Menschen. Schließlich bittet er gar die Göttin Venus, sie möge ihm eine Frau schicken, die seiner Statue gleicht. Wieder zu Hause, liebkost er die Elfenbeinfigur, bis sie langsam zu leben beginnt. Eine ewige Geschichte, weil sie immer wiederkehrende Sehnsüchte aufgreift. In diesem Fall die Sehnsucht, einen Menschen ganz nach den eigenen Wünschen formen zu können. Der eigene Wille soll über die störrische Wirklichkeit siegen.

Wie jede große Geschichte ist sie robust genug, um auch ganz anders erzählt zu werden, ohne ihre Kraft einzubüßen. Die erfolgreichste Bearbeitung des Stoffs lieferte 1913 der irisch-britische Schriftsteller George Bernard Shaw mit seinem Theaterstück »Pygmalion« – einer Komödie. Darin wettet der arrogante Sprachwissenschaftler Henry Higgins, er könne dem ungebildeten Blumenmädchen Eliza Doolittle beibringen, wie eine englische Herzogin zu sprechen. Er gewinnt die Wette, als sich Doolittle erfolgreich durch eine Botschafter-Party plaudert. Doch letztlich sagt sich das Blumenmädchen, das sich von seinem Sprachlehrer benutzt fühlt, los. Die Saga über die Sehnsucht nach Liebe hat sich in eine Komödie über gesellschaftliche Konventionen verwandelt. War es zuvor ein segensreicher Göttinnenakt, ist die Verwandlung nun Ergebnis einer bewussten Umerziehung. Unter dem Namen »My Fair Lady« wurde Shaws Geschichte ab 1956 ein riesiger Musical-Erfolg, 1964 wurde sie unter demselben Namen verfilmt.

In *Pretty Woman*, sagt Ada, gehe es unterschwellig um eine große Lebensfrage: Kann Liebe Menschen bessern? Der Film beantworte die große Frage mit einer Mischung aus Dramatik und Heiterkeit, aus Epos und Komödie, aus Ovid und Shaw. Ein Beispiel: Vivians Anfeuerungsruf *»Uou, uou!«* löse beim Pferderennen Befremden bei den blasierten Zuschauern aus – eine Anleihe an Shaws Stück. Eliza Doolittle sorge am selben Ort für einen Eklat, als sie ebenfalls in ihre alten Verhaltensweisen zurückfällt und vorschlägt, einem Pferd notfalls »Pfeffer in den Arsch zu streuen«. Ich blicke Ada von der Seite an. Selbst wenn sie im Discolärm von Pfeffer in Pferdeärschen spricht, klingt es wunderbar.

Was ist mit mir los? Vergucke ich mich gerade in Ada? Wie um mein Gesicht bei diesem Gedanken zu verbergen, nehme ich einen großen Schluck. Entweder verknalle ich mich oder ich muss einsehen, dass ich fetischhaft fixiert bin auf Frauen, die über Pferdeärsche reden. Dann doch lieber Ersteres.

»Im Grunde ’ne tolle Geschichte, oder?«, fragt Ada. »Nur: Wie erzählt man die Story? Ursprünglich sollte der Film eine dunkle Geschichte werden über die Abgründe von Geld, Macht und Prostitution in Hollywood. Titel: *Dreitausend* – nach dem Honorar für eine Woche mit dem reichen Schnösel. Aber der Disney-Konzern kaufte die Rechte am Drehbuch, verlangte eine Liebesgeschichte und engagierte einen Komödienspezialisten als Regisseur: Garry Marshall.« Ich könnte Ada den ganzen Abend zuhören. Sie ist eine Film-Verführerin. Wer auch immer ihr Freund ist, ist ein Glückspilz. Wie konnten die beiden bloß über *Fight Club* in Streit geraten?

Der Drehbuchautor von *Pretty Woman*, Nachwuchsschreiber Jonathan Frederick Lawton, hatte ein Problem: Wie macht man aus einer dunklen Story namens *Dreitausend* einen Liebesfilm für die ganze Familie? Wie lässt sich eine egozentrische Figur wie Pygmalion beziehungsweise Henry Higgins, die einen anderen Menschen benutzt, in eine liebenswerte Person verwandeln? Die Antwort: Edward erzieht Vivian nicht selbst zu einer High-Society-Dame um. Er ist kein strenger Lehrer, sondern bleibt Liebhaber. Für alles Weitere reicht er ihr seine Kreditkarte. Vivian wiederum ist – wie Eliza Doolittle – ein im Kern guter Mensch, dem am sozialen Aufstieg gelegen ist. Etwas Klassenkämpferisches strahlt der Film also nicht aus. Die Rolle des Lehrers übernimmt der Manager des Luxushotels, in dem Edward wohnt: Bernard Thompson (Héctor Elizondo). Er weiß um Vivians Prostituierten-Leben und nimmt sich ihrer mit onkelhafter Güte an. Warum Thompson das tut, bleibt im Unklaren – wie so vieles in diesem Film.

»Die Story ist so dermaßen weichgespült«, sage ich. Meine ersten Worte seit mindestens fünf Minuten. Ada und Homer gucken mich an, als hätten sie mich in der Zwischenzeit vergessen. »Die Dialoge sind platt, dabei fängt der Film an wie eine dieser alten amerikanischen Screwball-Komödien aus den Dreißigern und Vierzigern: Ein Mann und eine Frau, die anscheinend überhaupt nicht zueinander passen, geraten aneinander. Sie streiten und verlieben sich. In den alten Filmen liefern sie sich dabei die witzigsten Dialoge Hollywoods. Aber bei *Pretty Woman*? Nüscht! Es ist doch bezeichnend, dass ein Film so unglaublich erfolgreich sein kann, ohne dass man auch nur einen markanten Satz mit ihm verbindet. *Titanic, Terminator 2*, sogar *Dirty Dancing* hat einen Spruch, den so gut wie jeder kennt.«

»*Ich hab' eine Wassermelone getragen*«, zitiert Homer mit einem Lächeln. Er guckt uns an, hüstelt und nimmt einen tiefen Schluck aus seinem leeren Glas.

»Genau«, sage ich. »Nur *Pretty Woman* hat so was nicht. Und warum? Weil es eine glattpolierte Disney-Geschichte ohne Ecken und Kanten ist. Die Charaktere sind flach, man erfährt fast nichts über sie. Sie sind reine …«

»Projektionsflächen?«, fragt Ada.

»Ja!«

»Das ist doch das Beste, was einem Hollywood-Film passieren kann.« So klug, wie es mir angetrunken und im Partytrubel möglich ist, frage ich, was sie damit meint:

»Hä?«

Ada antwortet. Ausführlich. Es ist gar nicht so leicht, durch den Lärm von Take Thats »Never Forget« hindurch Worte wie »Intertextualität« zu verstehen. Intertextualität heißt im Grunde nicht mehr als: Ein Buch, Theaterstück oder Film ist mehr als die Summe seiner Worte, Regieanweisungen und Bilder. Die Erwartungen, Sehnsüchte und das Vorwissen der Leser oder Zuschauer gehören immer dazu. Ein sechsjähriges Mädchen, das wie Vivian rote Locken hat, sieht Roberts mit anderen Augen als ein, sagen wir mal, gutaussehender, kluger, gebildeter Mann, der den Film das erste Mal mit Anfang Dreißig schaut, weil seine Freundin ihn so romantisch findet (den Film, nicht ihren Freund). Und wenn der besagte Mann daraufhin vollkommen zu Recht sagt: »Das ist ja noch größerer Mist als *Die Braut, die sich nicht traut*«, dann behält dieser Mann *Pretty Woman* vielleicht in besonders schlechter Erinnerung, weil besagte Freundin daraufhin einen hysterischen Anfall kriegt. Nur so als Beispiel.

Ein Film ist kein festgefügtes, zeitloses Werk. Es besteht immer auch aus den Wechselwirkungen zwischen dem Geschehen auf der Leinwand oder dem Bildschirm und dem Zuschauer. Wer einen Film mit Richard Gere schaut, hat eine gewisse Erwartungshaltung. Vor *Pretty Woman* war Gere bekannt geworden durch Rollen als sexy, aber ehrbarer Verführer in *Ein Mann für gewisse Stunden* (*American Gigolo*, 1980) und *Ein Offizier und Gentleman* (1982). Deshalb nahmen die Zuschauer ihm bei aller Einsilbigkeit eher ab, dass Edward im Grunde ein guter Mensch ist, als wenn Bruno Ganz im Hitler-Kostüm die Rolle gespielt hätte. Geres fast mimikfreies Gesicht wurde im Wortsinne zur Projektionsfläche der Zuschauer: Ist der Milliardär kalt oder nur gehemmt? Schüchtern oder höflich? Alles ist möglich, abhängig von der Beurteilung der Zuschauer.

»Und gerade weil Gere so zurückhaltend spielt, so wenig individuell ist«, ruft Ada in Homers und meine Ohren, »gerade deshalb können so viele Frauen und Männer ihre Sehnsüchte auf ihn richten. Gerade, weil *Pretty Woman* so vage ist, lässt er Spielraum für verschiedene Interpretationen. Und die Zuschauer wissen: Das hier ist eine Romantische Komödie, die zwei werden sich am Ende kriegen. Alles wird gut. Deshalb verurteile ich auch niemanden, der – sagen wir mal – *Tatsächlich … Liebe* toll findet. Mir ist er heute zu kitschig. Aber vielleicht sehe ich ihn in fünfzehn, zwanzig Jahren ganz anders. Wer weiß?«

Ich bin Ada so nahe, dass ich ihr dezentes Parfüm riechen kann. Sie riecht wirklich gut. Sie redet jetzt darüber, dass *Pretty Woman* neben Elementen von Screwball- und Romantischer Komödie auch etwas Dokudramahaftes hat, zumindest zu Beginn. Aber ich höre schon nicht mehr richtig zu. Nur noch wie von Ferne bekomme ich mit, wie sie erzählt, der Film mache ja auch Anleihen bei Alexandre Dumas' Roman *Die Kameliendame* aus dem Jahr 1848. Und natürlich sei es kein Zufall, dass Vivian und Edward sich ausgerechnet bei einer Aufführung von Guiseppe Verdis Oper *La Traviata* nahekommen – der dramatischen Geschichte einer Mätresse.

»Stellt euch mal vor«, ruft Ada, »in *Pretty Woman* stecken 2000 Jahre Kulturgeschichte!« Sie riecht wirklich sehr gut.

»Wenn du so viel über Filme weißt«, frage ich mitten in ihren Monolog, »wieso leihst du ausgerechnet *Pretty Woman* achtmal aus, streitest aber mit deinem Freund über ein Meisterwerk wie *Fight Club*?«

»Woher weißt du, dass ich achtmal …?«

»Noch was zu trinken für euch zwei?«, fragt Homer etwas zu laut. Er wartet die Antwort nicht ab und dreht sich zum Tresen.

»Das mache ich wegen meiner Doktorarbeit«, sagt Ada, »›Intertextuelle Bezüge zwischen Romantischen Komödien aus den Jahren 1990 bis 2000 und Spielfilmen anderer Genres derselben Zeit‹. Ist'n Arbeitstitel. Ich wollte die DVD nicht kaufen. Ich dachte: Wenn du die DVD ausleihst, musst du auch schnell was mit ihr anstellen, schließlich kostet das Ausleihen was. War so eine Art Selbstdisziplinierung beim Schreiben. Ah, und *Fight Club*? Mein damaliger Freund und ich kriegten uns richtig in die Wolle deswegen.«

»Damaliger« Freund? Mit einem Mal bin ich hellwach. Man kann also gleichzeitig zuhören und riechen. Heute Abend lerne ich ständig dazu.

»Er fand *Fight Club* ›einfach nur geil‹«, sagt Ada. »Ich wollte gucken, ob was in dem Film steckt, was ich für meine Doktorarbeit nutzen kann. Aber wir kamen beim ersten Gucken vor lauter Streit gar nicht bis zum Happy End. Und als ich aus der Videothek kam, wo du mir von deiner Theorie erzählt hattest, fuhr ich direkt zu ihm. Wir wollten es noch mal versuchen mit dem Film, aber wir zerstritten uns wieder total. Und kurz darauf hab' ich Schluss gemacht.«

»Du musst Filme wirklich sehr mögen.«

»Na, er hat auch noch einen Job in Hongkong angenommen, ohne mir davon zu erzählen.«

»Oh …«

Ada guckt Homers Rücken an, während der an der Theke noch drei Cocktails bestellt. »Ehrlich gesagt«, sagt sie etwas leiser, »hatte ich Sorge, dass ich bei dir möglicherweise einen blöden Eindruck hinterlassen habe. Weil ich beim *Simpsons*-Abend im Kino so früh gegangen bin und so.«

»Aaaaaach, Quatsch! Prffffffffft! Neeee! Also ...«

»Ich weiß ja: Wer beurteilt einen Menschen allein wegen eines Filmes? Wär' ja auch total albern.«

»Äh, ja ... Albern ...«

»Erst kurz davor haben mein Ex-Freund und ich uns getrennt. Mir war nicht nach Flirten. Jetzt schon.« Ada lächelt. Und wie sie lächelt. Von diesem Lächeln kann sich Julia Roberts eine Scheibe abschneiden. »Wenn du magst, können wir ja mal was machen. Kino oder so.«

Mir ist, als sei die Musik um uns herum, das Geplauder der Gäste verstummt. Zwei Sekunden, drei Sekunden. Dann ist der Lärm wieder da, und ich bin zurück im Jetzt.

Bevor ich antworten kann, kommt Homer zurück. Ada und ich schauen einander an, als wüssten wir etwas, was zu verheißungsvoll ist, um es auszusprechen. Ada – was für ein schöner Name. Der DJ hat anscheinend jede andere CD außer »Best of 90s Party Hits« zu Hause vergessen, aber das macht mir nichts mehr aus. In diesem Moment kann ich mir kein romantischeres Lied vorstellen als »Here Comes The Hotstepper«. Ein Song ist schließlich auch immer das, was Hörer mit ihm verbinden. Intertextualität.

Romantische Komödien enden übrigens häufig damit, dass narzisstische Liebesvorstellungen von Frauen entgegen aller Logik Erfüllung finden. In *Pretty Woman* sehnt sich Vivian nach dem Ritter auf dem weißen Pferd, der sie aus dem hohen Turm rettet und zu seiner Frau macht. Und tatsächlich fährt am Schluss der geläuterte Edward in der weißen Stretchlimousine vor ihrem Apartmenthaus vor und klettert, seiner Höhenangst zum Trotz, an der Feuerleiter hoch zu Vivian. Ihre Sehnsucht – und die ihrer Zuschauerinnen – nach Einzig- und Großartigkeit findet Befriedigung. Menschen wollen ihre Hoffnung bestätigt sehen, dass Liebe Menschen bessern – und nebenbei reich machen – kann. Da verzeihen sie auch lahme Dialoge und ein lückenhaftes Drehbuch.

Und erst jetzt, tatsächlich erst jetzt, merke ich, warum mir einer meiner Lieblingsfilme so gut gefällt: wegen desselben uralten Versprechens, dass Liebe Menschen bessern kann. Ich habe mir die These von *Fight Club* als Romantische Komödie ausgedacht und sie Ada vorgetragen – aber in keiner Sekunde habe ich mir klargemacht, dass ich den Film gerade deshalb so mag. Und erst jetzt wird mir klar: Wie bei *Pretty Woman* gibt es auch dort am Ende die Rettungsszene mit dem Turm. Nur, dass dort Helena Bonham Carter zu Edward Norton kommt. Die Prinzessin rettet den Prinzen. Mein Lieblingsfilm ist eine Romantic Comedy – ach, du meine Güte. Aber in solchen Geschichten gibt es kurz vor dem Happy End immer noch ein letztes Hindernis, ein letztes vom Prinzen zu bezwingendes Ungeheuer. Heißt mein Ungeheuer Homer? Ada begrüßt gerade eine Freundin, sie ist also abgelenkt. Leise frage ich meinen Freund: »Stehst du auf Ada?« Er guckt mich an, als hätte er etwas Bitteres gegessen.

»Wie kommst'n darauf?«

»Du hast gesagt, du findest sie ›schon irgendwie krass‹.«

»Und du denkst, das heißt, ich steh' auf sie?«

»Ich hab' keine Ahnung, was das heißt! Deshalb frag' ich ja!«

»Alter, alles ist gut. Ich bagger' seit einiger Zeit an der Trauzeugin herum. Sie steht da hinten. Außerdem hat Ada ein-, zweimal, als sie in der Videothek vorbeikam, nach dir gefragt.«

»Wie bitte!?«

»Ach, hab' ich das echt nicht erwähnt?«

Ada kommt zurück zu uns beiden und rettet so einem Ungeheuer das Leben.

Den restlichen Abend verbringen Ada und ich gemeinsam. Homer, der sonst so überdifferenzierte Hipster mit der ironischen Gesichtsbehaarung, tanzt betrunken zu »I Saw The Sign«. Der Trauzeugin scheint's zu gefallen, sie streichelt seinen Schnauzbart. Hoffentlich meint sie das nicht auch irgendwie ironisch.

Ada und ich plaudern und lachen, während der DJ offensichtlich einen musikalischen Nervenzusammenbruch hat. Nur einmal spielt er, wohl aus Versehen, einen perfekten Song. Ein Lied, das wie kaum ein zweites von der Sehnsucht erzählt, durch einen anderen Menschen von sich selbst und seinen Begrenzungen erlöst zu werden. Als die ersten Gitarrenriffs von Oasis' »Wonderwall« erklingen, sehe ich Ada an, und mir wird klar: Ich habe mich in dieser Frau zweimal getäuscht. Das passiert mir nicht noch mal.

»Wonderwall« ist wie einer dieser alten Hollywoodfilme: viel zu oft gespielt, ungezählte Male nachgeahmt. Und trotz allem wundervoll, weil »Wonderwall« das Banale und Ewige miteinander verbindet. Dinge werden bedeutsam, weil sie Menschen etwas bedeuten. Liebe kann Menschen bessern. Liebe kann lehren, dass menschliche Sehnsüchte im Kern nicht gut oder schlecht, sondern einfach da sind. Filme greifen diese Sehnsüchte lediglich auf, verstärken und deuten sie. Es gibt keine guten und schlechten Filme. Es gibt nur solche, die etwas in Zuschauerinnen und Zuschauern zum Klingen bringen und solche, die es nicht tun. Meine Assoziationen zu *Pretty Woman* haben sich gewandelt, sie sind neuerdings voller Zuneigung und Wärme – wenn auch nicht so sehr wegen der Handlung des Films. Sondern wegen der Gefühle, die den Gedanken an ihn heute begleiten: Ohne *Pretty Woman* wäre ich nicht mit Ada ins Gespräch gekommen.

So gesehen – und ich kann selbst kaum glauben, dass ich das sage –, ist *Pretty Woman* ein guter Film. Aber irgendwann an diesem langen Abend höre ich auf, Geschmacksurteile zu fällen, ich genieße die Zeit einfach. Die Hölle, das ist keine Neunziger-Jahre-Party. Als die Tanzfläche sich schon zu leeren beginnt, tanzen Ada und ich zu Britney Spears' erstem Hit »Baby, One More Time«, und heute Abend findet meine Intertextualität ihn einfach wunderbar.

Geschlechter-Check

Liebesszenen: Disney-kompatibel wird Sex nur angedeutet. Mal kniet Vivian halbnackt vor Edward, mal liegen sie gemeinsam in der schaumbekrönten Wanne. Mehr gibt's nicht. Der Film ist freigegeben ab 12 Jahren. Heute ginge er für Sechsjährige durch.
Dramatische Küsse: Der Prinz darf die Prinzessin auf der Feuerleiter küssen.
Der beste Moment, um aufs Klo zu gehen: Entweder boykottiert man den ganzen Film, indem man das Klo nicht verlässt, oder man muss ihn in Gänze sehen.
Zentraler Dialog: Edward: *»Und was passiert, nachdem der Prinz die Prinzessin aus dem Turm gerettet hat?«* – Vivian: *»Die Prinzessin rettet daraufhin sein Leben.«*
Bester Männer-Spruch: Muss jeder selbst wissen. Stichwort: Intertextualität
Bester Frauen-Spruch: Dito.
Taschentuchfaktor für Männer: 4/5. Schließlich hat Edward alles, was man sich wünschen kann: viel Geld, einen Sportwagen, blendendes Aussehen, dazu die junge Julia Roberts. Und die Männer vor dem Bildschirm haben das alles nicht.
Taschentuchfaktor für Frauen: 5/5. Ich muss wohl kaum sagen, warum.
Der nächste Film, den Frauen gucken sollten: *Die Braut, die*

sich nicht traut. Die unvermeidliche Rückkehr des Traumpaares Roberts / Gere im Jahr 1999. Doch der Film war bei weitem nicht so erfolgreich, wie es sich die Produzenten erhofft hatten. Die Intertextualität war seit *Pretty Woman* Änderungen unterworfen. Anders gesagt: Die Zeiten hatten sich geändert.
Der nächste Film, den Männer gucken sollten: *Dirty Dancing*. Um zu sehen, was Frauen sonst noch von einem Prinzen ersehnen. Der soll nicht nur Geld und Manieren haben und gut aussehen, sondern auch noch muskulös und ein großer Tänzer sein. Frauen müssen bloß Melonen tragen können.

Clint Eastwood – Vater der Girl Power

Emanzipierte Frauen betonen nicht die ganze Zeit, wie emanzipiert sie sind. Schließlich muss man das, was man selbstverständlich findet, nicht ständig herausstellen. Auf die Frage »Macht 21 Euro 82. Sie sammeln keine Treueherzen, oder?« antworte ich ja auch nicht empört: »Keine Treueherzen? Glauben Sie etwa, ich sei untreu? Nur, weil ich ein Mann bin?« Leider macht es ebendiese Zurückhaltung nicht leichter, wirklich emanzipierte Frauen von Emanzipationsimitatorinnen zu unterscheiden. Und das spätestens, seit die Spice Girls in den Neunzigern knappe Kostüme und sexuell aufgeladene Songtexte mit Selbstermächtigungsrhetorik (»Girl Power!«) kreuzten. Wer kann heute noch auseinanderhalten, was Ausdruck geschlechtlicher Selbstbestimmung ist und was bloßes Tussen-Getue?

Also ich schon. Denn ich habe sofort verstanden, was Ada meinte, als sie vor drei Tagen auf der Hochzeit sagte: »Lass uns doch mal diesen feministisch angehauchten Film von Clint Eastwood gucken. Mir fällt der Titel grad nicht ein. Du weißt schon: aus den Neunzigern, sehr traurig, sehr erfolgreich. Eastwood spielt auch die Hauptrolle.«

Da habe ich wissend genickt. Zum einen, weil ich Ada beeindrucken wollte. Sie ist schließlich Filmexpertin. Ada verfügt außerdem über das strahlendste Lächeln der Welt und eine Ressource, die hierzulande seltener ist als Gold oder Erdöl, nämlich Witz. Ich fürchte, ich habe mich in sie verliebt. Ob das stimmt oder ob mir Caipirinhas und Oasis-Songs bloß das Hirn vernebelt haben, das soll mir unser DVD-Date zeigen. Zum anderen habe ich wissend genickt, weil auf ihre Beschreibung nur ein Werk aus Eastwoods großem Œuvre passt, das allerdings perfekt: *Die Brücken am Fluss.*

Mit dem Liebesdrama schockierte Eastwood 1995 seine angestammten Fans und gewann eine ganz neue Anhängerschar hinzu: Frauen. Der große Schweiger des amerikanischen Kinos hatte seine Karriere auf dem Image des mürrischen, eiskalten Einzelgängers aufgebaut. Der junge, gutaussehende Clinton Eastwood jr. war seit den Fünfzigern durch einige Filme und eine Wildwest-Serie geritten, ohne große Spuren zu hinterlassen. Mitte der Sechziger aber gab der Mann mit dem festen Blick den »Mann ohne Namen« in den sogenannten Spaghetti-Western des Italieners Sergio Leone: *Für eine Handvoll Dollar, Für ein paar Dollar mehr* und *Zwei glorreiche Halunken.* Die Filme greifen die klassische Erzählung des Westerns auf und ziehen davon den Heldenmut ab. Was bleibt, ist Existentialismus: Jeder lebt und stirbt allein, vor allem ein richtiger Mann. Eastwood soll über seine Rolle des Namenlosen mit dem Poncho gesagt haben: »Ich reite in die Stadt. Der Rest ergibt sich.« Die »Dollar-Trilogie« machte den Amerikaner über den Umweg Europa zum Hollywood-Star. Sein Aufstieg zur Ikone klassischer Männlichkeit hatte begonnen, fünf *Dirty Harry*-Filme in den Siebzigern und Achtzigern setzten ihn fort. Darin verlagerte Eastwood als einzelgängerischer Polizeibeamter die Rolle des Cowboys einfach ins San Francisco der Gegenwart. Die Welt ist böse, der Held ist es auch. Anstatt rachsüchtig einem Lynchmob durch den Wilden Westen zu folgen, jagte Eastwood nun Serienkiller und Vergewaltiger an der amerikanischen Westküste. Sein kantiges Gesicht verriet nie, was an der Brutalität der Figur Harry Callahan Sadismus oder Kälte war und was scheinbar nötige Gewalt im Namen des Guten. Die insgesamt fünf Filme wurden als faschistisch verdammt, waren aber riesige Kassenerfolge.

Danach hätte sich der 1930 Geborene auf seinem Ruhm ausruhen können. Er wäre in die Filmgeschichte eingegangen als eines der vielen eindrucksvollen Gesichter, die Glück hatten, auf Regisseure zu treffen, die sie perfekt in Szene setzten. Als ein moderner Archetyp. Aber damals fing Eastwood erst an. Bereits seit den Siebzigern führte er immer häufiger selbst Regie in seinen Filmen und übernahm oft auch die Produktion. Dank hoher Gagen und eigener Produktionsfirma erlangte er die Kontrolle über sein öffentliches Abbild, und das begann er zu nutzen. Von nun an verknüpfte der 1,93 Meter große Hüne das profitable Image des harten Kerls mit neuen Elementen. Er verlieh seinen Figuren mitunter große Verletzlichkeit, auch durch die Betonung ihrer in vielen Lebensjahren gewonnenen Erfahrung. Immer aber blieben seine Figuren mehr oder minder bärbeißig. Seine Zähne zeigte er auf der Leinwand weiterhin so gut wie nie, um zu lächeln, sondern bloß, um Sätze zwischen ihnen hindurchzuzischen. Eastwood blieb bei aller Fortentwicklung Eastwood. Macho blieb Macho. Dann kam *Die Brücken am Fluss*. Und an diesem Punkt muss ich kurz durchatmen.

Ganz ehrlich: Als mir Ada sagte, sie wolle den Film schauen, zögerte ich. Ich habe bislang gut mit dem Gedanken gelebt, dass ich dereinst ins Grab sinken werde, ohne *Die Brücken am Fluss* gesehen zu haben. Einer der wenigen Vorteile des Erwachsenseins ist ja, dass man selbst entscheiden kann, was man tut und lässt. Manche Menschen bereisen die Welt, verpassen sich »freche Frisuren« oder Genitalschmuck. Ich wiederum will keinen Film gucken, in dem Eastwood einen debil lächelnden Fotografen auf der Durchreise spielt, der sich verliebt, erst recht nicht in eine italienischstämmige Hausfrau namens Meryl Streep. Ich will nicht, ich will nicht, ich will nicht. Aber Ada ist nicht nur eine Frau mit einem ansonsten exzellenten Filmgeschmack. Sie verfügt nicht nur über Charme und Witz. Sie hat auch die weltschönsten Wangenknochen. Also bitte schön. Bin ja nicht so. *Ich* habe keine Vorurteile. Auch nicht gegenüber dieser Schmonzette.

Bevor ich an Adas Haustür klingle, gehe ich noch einmal alles durch. Erstens: Die DVD habe ich dabei. (Als ich vorhin meinem Videothekar-Freund Homer mit hochrotem Kopf das Ausleihkärtchen präsentierte, murmelte ich düster: »Spar dir jeden Kommentar.« Worauf Homer kühl entgegnete: »Ich sag' nix. Schließlich hast du offensichtlich PMS.«) Zweitens: Ich habe einen Sechserpack Bier gekauft und eine Flasche Weißwein. Das Bier ist für mich. Der Wein notfalls auch. Drittens: Falls Ada schwärmerisch fragt, ob mir der Film auch so gut gefällt, kontere ich einfach mit einer Gegenfrage, zum Beispiel: »Was ist denn deine Lieblingsszene?« Falls sie das wider Erwarten nicht zu einem Monolog animiert, frage ich brüsk: »Wo ist'n das Klo?« Das zerstört zielsicher jede Stimmung und verschafft mir womöglich lebensrettende Minuten. Was aber, falls Ada vor Rührung anfängt zu weinen? Früher als Teenager hielt ich es in solchen Momenten im Kino für eine gute Idee, mein Date zu küssen. Manchmal muss man Frauen mundtot machen, notfalls mit Hilfe der eigenen Zunge.

Die Wohnungstür geht auf. Wenn Ada lächelt, wirkt ihr strahlend weißes Gebiss wie eine Kinoleinwand, vor der der Vorhang zurückgezogen wird. Begrüßungsgeplauder. Ja, den Weg habe ich problemlos gefunden. (Eine Lüge. Ohne Smartphone wäre ich verloren gewesen.) Tolle Wohnung. (Vielleicht sollte ich das erst sagen, wenn ich mehr gesehen habe als Flur und Klotür, aber gut.) Plaudernd stelle ich Bier und Wein in den Kühlschrank (man muss immer die eigenen Nachschublinien sichern) und lege die DVD auf den Couchtisch. Manchmal kann ich selbst nicht fassen, dass ich immer alles richtig …

»*Die Brücken am Fluss*? Was soll ich denn damit?« Ada guckt mich fragend an.

»Aber …«

»Ich dachte, es war klar, welchen Film ich meine: Regie und Hauptdarsteller Eastwood, neunziger Jahre, sehr erfolgreich …«

»Genau. Und ›feministisch angehaucht‹. Das kann doch nur diese Schmonzet… Das kann doch nur *Die Brücken am Fluss* sein.« Der Leinwandvorhang auf Adas Gesicht schließt sich wieder. Vielleicht hilft ja auch in so einem Kino-Moment Küssen? Ich versuche es lieber nicht.

»Wie bist du denn darauf gekommen, dass ich *Die Brücken am Fluss* sehen will?«

»Also, wenn irgendwas von Eastwood ein Frauenfilm ist, dann ja wohl *das*.«

»Ein ›Frauenfilm‹ …«Ada blickt wie ein sowjetischer Botschaftsmitarbeiter kurz vor Feierabend. Betrunken und umhüllt von Partylärm, verstanden wir zwei uns irgendwie besser.

»Na ja … Ja! Soweit ich weiß, verliebt sich da eine mittelalte Hausfrau in einen geheimnisvollen Fremden, während Mann und Kinder für ein paar Tage weg sind. Hausfrau und Fremder fangen was miteinander an. Das alles in so einer schwülen Sommeratmosphäre, Weichzeichnererotik, dazu ein paar Kalenderweisheiten, und …«

»… und das«, fragt Ada, »findest du feministisch?«

Du bewegst dich auf dünnem Eis, mein Lieber, ganz dünnem Eis. Am besten einfach selbstgewiss geradeaus gucken und schweigen. Wie Eastwood. Dann weiß niemand, was du wirklich denkst.

»Du denkst jetzt bestimmt: ›Weichzeichnererotik verwechseln Frauen doch dauernd mit Feminismus. Was stellt sich Ada also so an?‹ Stimmt's?« Ich muss dringend meinen Eastwood-Blick üben.

»Ehrlich gesagt: Ja. Dieses ganze ›Nicht mehr ganz junge Frau sucht Bestätigung für ihre Attraktivität bei einem fremden Mann, um sich nach einer Affäre doch fürs Weiterleben mit dem langweiligen Gatten zu entscheiden‹, darauf stehen doch viele Frauen.«

»Stimmt«, sagt Ada. »Aber *ich* nicht. *Die Brücken am Fluss* ist ein Film für Frauen. Aber er hat doch nichts Feministisches.«

»Aber, aber …« Meinen Eastwood-Look kann ich vergessen. »Welchen Film meintest du denn?«

»Hab' ihn gleich«, sagt Ada. Sie kramt in einem riesigen Pappkarton nach einer selbstgebrannten DVD, findet sie ganz unten und reicht sie mir. Ich blicke auf den handgeschriebenen Titel.

»*Erbarmungslos?*«

»*Erbarmungslos!*« Ada lächelt wieder, und ich habe keine Ahnung, warum.

Natürlich habe ich *Erbarmungslos* schon einmal gesehen. Zwar fand der Western, als er 1992 in die deutschen Kinos kam, beim hiesigen Publikum nur mäßigen Anklang. Nach einigen Wochen war er, trotz guter Kritiken, aus den meisten Programmen verschwunden. Doch im Jahr darauf erhielt der Film bei der Oscar-Verleihung gleich mehrere Auszeichnungen in den wichtigsten Kategorien, darunter »bester Film« und »beste Regie«. Was für eine Genugtuung für Eastwood, den Regisseur und Hauptdarsteller! Seit Beginn der Preisverleihungen 1929 hatten nur zwei Western die Trophäe für den besten Film errungen: *Pioniere des wilden Westens (Cimarron)* im Jahr 1931 und *Der mit dem Wolf tanzt* 1991. Hollywood hatte zwar über Jahrzehnte viel Geld mit Cowboys und Indianern verdient, nie aber hatte das Genre den Ruf billiger Massenware ganz ablegen können. Western waren günstig zu drehen, die imposanten Kulissen standen gratis in der Weite des Westens herum. Das Drehbuch war zumeist nicht so wichtig. Ein Mann reitet in die

Stadt, der Rest ergibt sich. Wichtiger war die Moral von der Geschicht', und die war fast immer gleich. Der *Spiegel* schrieb 1993: »Es war die Geschichte vom Sieg der Zivilisation über die Natur, gebannt in das Bild vom gebändigten Pferd, vom mit der Waffe verteidigten Eigentum. Es war der Mythos der Fronttage, des Siegeszugs nach Westen, wo die Freiheit wohnte und darauf wartete, in der Ordnung geknebelt zu werden. Es war die Heldensaga vom Sieg über das Fremde, Bedrohliche, Unzivilisierte. Die Feinde waren die Indianer, die Mexikaner und die Anarchie in der eigenen Brust. Es siegte mit dem Pioniermann und Cowboy die Pionierfrau und Mutter, die kein Make-up hatte und notfalls statt des Mannes schießen konnte, über die Salonhure, die französische Wäsche trug und zu Whiskey und Glücksspiel einlud.«

Der Western bot tröstliche Selbstvergewisserung für die amerikanische Seele: So wild, so rau war unsere Vergangenheit, auch so armselig. Und nun seht, was wir seither aufgebaut haben. Die Filme sagten mitunter wenig aus über die Ära, in der sie spielten. Aber umso mehr über die USA der Zeit, in der sie entstanden. Sie waren ein Blick in die amerikanische Vergangenheit, um die jeweilige Gegenwart zu deuten. Die unerschütterliche Selbstgewissheit der Supermacht spiegelte sich bis in die 1950er in Western, in denen die Cowboys grob, aber gut sind, die Indianer böse oder dumm oder beides, und am Ende gewinnt fast immer der Heldenmut. Was es noch an Restbeständen von Ambivalenz und moralischer Fragwürdigkeit gab, das trieb John Wayne dem Genre in den Sechzigern und Siebzigern aus. Wayne mimte den mürrischen Westernhelden, der nicht nur das Herz stets am rechten Fleck hatte, sondern auch den Revolver. Der steife Hüne war eine Projektionsfläche der Zuschauer: Wo Wayne war, war das gute, das heißt, das weiße, heterosexuelle, mitunter frauenverachtende Amerika. Das war reichlich öde. Als Wayne schließlich 1968 diese Rolle auch in einem Heldenepos über eine Green-Beret-Einheit im Vietnamkrieg gab, festigte sich in nachwachsenden, den Krieg ablehnenden Generationen das Bild: Cowboys sind reaktionär. Western waren von gestern. Zumindest die aus US-amerikanischer Produktion. Sergio Leones Dollar-Trilogie mit Eastwood in der Hauptrolle gab sich nihilistisch, ebenso Leones *Spiel mir das Lied vom Tod* mit Charles Bronson. Die Botschaft dieser Filme: Im Leben geht es um Geld, Rache und Niedertracht. Das kam an bei einer neuen Generation, die mit dem Hurra-Patriotismus der Elterngeneration brechen wollte. Eastwood war dabei – als Mann ohne Namen in verstaubten Westernstädtchen und als Harry Callahan im San Francisco der Gegenwart. Damit wurde er ein reicher Star. Aber die Kritiker liebten ihn nicht. Noch nicht.

Der mit dem Wolf tanzt mit Kevin Costner schaffte 1991 das Unmögliche. Er zog Zuschauerscharen in die Kinos – und gewann sieben Oscars, inklusive die wichtigen für den besten Film und die beste Regie. Mit einem Schlag gaben die Studios wieder Geld für das lange totgesagte Genre aus. Eastwood nutzte seine Chance. Er drehte, produzierte und spielte in *Erbarmungslos*. Das 131-Minuten-Werk widmete er den Männern, die geholfen hatten, ihn zum Star zu machen: Western-Regisseur Sergio Leone und »Dirty Harry«-Macher Don Siegel. *Erbarmungslos* war die denkbar größte Genugtuung für Eastwood, das Filmestablishment applaudierte ihm stehend.

»Okaaaay«, ist mein erstes Wort nach langer Zeit. In der Zwischenzeit hat Ada die DVD eingelegt und Bier und Wein aus dem Kühlschrank geholt. Trinkt sie selbst etwa nichts? Ah, doch: das Bier. Na gut. Trinke ich halt schon jetzt die Notfallbrause.

»›Okaaaay‹ was?«, fragt Ada und räkelt sich zufrieden neben mir auf dem Sofa.

»*Erbarmungslos* handelt von einem ehemaligen Verbrecher,

gespielt von Eastwood, der früher etliche Menschen erschossen hat. Okay?«

»Okay.«

»Ein junger Kerl will ihn dazu überreden, noch einmal loszureiten und für ein Kopfgeld zwei Männer zu erschießen. Eastwood will anfangs nicht, er ist alt geworden. Inzwischen ist er ein armer, gebrechlich werdender Farmer.«

»Schweinefarmer, genau. Und?«

»Und? Es ist ein Film mit Männern über Männer. Und einer über Mord, Niedertracht und Einsamkeit. Wo steckt denn da die Emanzipation?«

Auf dem Bildschirm reitet der junge Hitzkopf Schofield Kid (Jaimz Woolvett) auf die armselige Bretterbude zu, die William Munny (Clint Eastwood) als Heim für sich und seine zwei kleinen Kinder gebaut hat. Munnys Frau ist gestorben, und nun droht die Schweinepest ihm den Rest seiner kläglichen Existenz zu rauben. Trotzdem schlägt er anfänglich Kids Angebot aus, mit ihm für 500 Dollar zwei Cowboys umzubringen. Prostituierte haben insgesamt 1000 Dollar Kopfgeld auf die beiden ausgesetzt, nachdem einer von ihnen einer Prostituierten das Gesicht zerschnitten hat. Die Frauen wollen Rache, der junge Kid die Bewährung als Revolverheld. Kid ist mit Geschichten über Munnys Kaltblütigkeit aufgewachsen. Die mediale Verklärung vom »Wilden Westen« hat schon damals, um das Jahr 1880, begonnen. Aber statt auf sein Idol trifft Kid auf einen frömmelnden Greis.

»So was tu' ich nicht mehr, Kid«, sagt Munny. *»Es war der Whisky, der mich dazu gebracht hat. Seit über zehn Jahren hab' ich keinen Tropfen mehr getrunken. Es war meine Frau, die mich geheilt hat. Ja, von der Sauferei und von der Sünde.«* Mir kommt ein grässlicher Verdacht.

»Bitte sag' mir, dass das hier nicht das Feministische an *Erbarmungslos* sein soll.«

»Was?«

»Na, diese ›Verdorbener Mann findet durch die reine Liebe einer Frau auf den rechten Weg‹-Nummer. Die Frau als Heilige halt.«

»Fast«, sagt Ada mit diesem unglaublichen Lächeln. Ich wünschte, die Kinovorstellung zwischen ihren Wangenknochen würde nie enden. »Es geht um die Frau als Hure.«

Ich blicke auf den Fernseher. Erst jetzt fällt mir auf, dass mir beim Gucken des Films etwas Entscheidendes entgangen ist: der Anlass für das folgende Morden. Die Prostituierten des lokalen Bordells haben Geld zusammengelegt, damit Männer einander erschießen. Sie wollen sich nicht mit dem Schiedsspruch des zuständigen Sheriffs, Little Bill Daggett (Gene Hackman), begnügen. Der hatte als Entschädigung für das zerschnittene Gesicht der einen Prostituierten fünf Pferde bestimmt: der Nutzwert von Huren gegen den Nutzwert von Tieren. Die von Rache und Empörung getriebenen Frauen nutzen die Macht des Einzigen, was im Westen zählt: Geld. In einer brutalen Welt sind sie nicht nur Opfer, sondern auch selbstbestimmt Handelnde. Einer Zweifelnden sagt die Wortführerin der fünf Frauen: »*Wir erlauben diesen stinkenden Burschen, uns wie Pferde zu reiten. Deswegen dürfen sie uns aber noch lange nicht ihre Brandzeichen aufdrücken! Mag sein, dass wir Huren nicht viel wert sind. Aber bei Gott: Wir sind keine Pferde, Silky.*«

Der alt gewordene Revolverheld macht sich schließlich doch noch einmal auf, um Menschen zu töten. Für seine Farm, für seine Kinder und trotz der quälenden Schuldgefühle gegenüber seiner toten Frau. Es wird ein Ritt in den eigenen moralischen Bankrott. Die beiden Hurenschlitzer werden sterben, aber ihr Tod hat nichts Heldenhaftes, wie es sich Schofield Kid erhofft hat. Der eine verblutet kläglich jammernd an einem Bauchschuss, weil Munny ihn nicht voll erwischt hat. Der andere findet sein Ende, als Kid ihn, der hilflos auf dem Klo sitzt, aus nächster Nähe erschießt. Kid ist von seinem eigenen Tun schockiert. Der halbe Junge gibt zu, nie zuvor einen Menschen getötet zu haben, und stellt sein Revolverheld-Ideal in Frage.

»Es … es war so unwirklich, dass er jetzt nie wieder atmen wird. Nie wieder. Dass er tot ist. Und der andere auch. Und das nur mit einem Fingerdruck.«

Auf der Strecke bleibt auch Munnys alter Gefährte aus wilden Tagen, Ned Logan (Morgan Freeman), der beim Töten nicht mehr mitmachen und heim zu seiner Frau reiten will. Er wird von Sheriff Little Bill, einst selbst ein Revolverheld, gefoltert, um die Namen seiner Komplizen zu erfahren. Im Namen des Rechts begeht Little Bill Unrecht. Als Ned Logan trotz Peitschenhieben nichts preisgibt, lässt der Sheriff zwei Prostituierte holen, die Logans Geschichte bestätigen sollen.

»Hör' zu, Ned«, sagt der Sheriff dem Geschundenen. *»Die beiden Huren werden sicher andere Lügen erzählen als du. Und wenn ihre Lügen nicht dieselben sind wie deine … Tja, weißt du: Ich kann Frauen nicht weh tun. Aber dir werd' ich weh tun.«*

Logan stirbt an der Folter. Auf der Strecke bleiben auch und vor allem die Mythen vom Wilden Westen. Männer, die schneller schießen als ihr Schatten, gibt es nicht. Kaltblütigkeit ist keine Tugend, sondern ein Kraftakt, um die menschliche Tötungshemmung zu überwinden, möglich gemacht durch Alkohol und Abstumpfung. Und Mord bleibt Mord. Nur einer, der weichliche Auftragsschreiber W. W. Beauchamp (Saul Rubinek), findet das Treiben trotz allem faszinierend. In seinen Groschenheften wird er die Gemetzel für die Nachgeborenen zu Heldenepen verklären, weil Menschen sich danach sehnen und dafür zahlen.

»Die Frauen in *Erbarmungslos* sind nicht besser oder schlechter als die Männer«, sagt Ada. »In früheren Western waren sie Symbol der Zivilisation. Patente Mütter, die notfalls mit dem

Gewehr in der Hand einforderten, dass sich die Kuhjungs vor dem Essen die Hände waschen. Bei Eastwood ist das anders. Frauen sind hier so tugendhaft oder verdorben, wie ihre Welt es ihnen erlaubt. Wenn Geld und Sex die Mittel sind, um den eigenen Willen durchzusetzen, dann nutzen sie sie halt. Frauen sind vollständige Menschen. Im Guten wie im Schlechten. Darum geht's hier.« Ada dreht sich zu mir, nimmt einen Schluck Bier und sagt. »Ist das nicht super?«

Super finde ich vor allem die Begeisterung, mit der Ada von Filmen spricht. Es ist eine Art Zuneigung, die mir sehr vertraut ist. Während die Handlung ihrem Höhepunkt entgegengeht, kann ich mich kaum auf das Gemetzel konzentrieren. Sehr gern würde ich den perfekten Bildschnitt der Szene genießen, in der Munny in den dunklen Saloon tritt, um Neds Foltertod zu rächen. Little Bill und seine Gehilfen haben keine Chance. Aber ich muss ständig daran denken, dass ich Ada am liebsten jetzt sofort küssen würde. Wenn ich sie von der Seite anschaue, ist es fast, als würde sie strahlen, und alles um sie herum verschwimmt, wird unwichtig. Ist es sehr unromantisch, knutschen zu wollen, während gerade fünf Männer erschossen werden?

Munny beugt sich, ein Gewehr in der Hand, über den verwundeten, am Boden liegenden Little Bill. Die Gehilfen des Sheriffs sind tot, er selbst schwer verletzt.

Little Bill: *»Das hab' ich nicht verdient, so einen Tod. Ich bau' mir gerade ein Haus.«*

Munny: *»Was Sie verdienen, hat nichts damit zu tun.«* Munny richtet das Gewehr auf Bills Gesicht.

»Ich seh' dich in der Hölle, William Munny.«

»Ja.«

Munny drückt ab. Ein Knall, dann ist Stille. Schreckliche Szene. (Ich denke immer noch ans Knutschen.) Munny tritt heraus auf die Straße, in die Dunkelheit und den Regen, und steigt auf sein Pferd. Den Bewohnern ruft er zu: »*Gebt Ned ein anständiges Begräbnis! Und behandelt eure Huren mit Respekt! Hütet euch davor, ihnen noch mal ein Leid anzutun! Oder ich komme zurück und bringe jeden Einzelnen von euch um, ihr Hunde!*«

Mir ist nie zuvor aufgefallen, dass die letzten Worte des Films von den Prostituierten handeln. Die fünf Frauen sind wohlauf, auch die mit den Schnittverletzungen. Der Frauentypus der »Salonhure, die französische Wäsche« trägt« und zu »Whiskey und Glücksspiel« einlädt, überlebt. Die »Pionierfrau und Mutter, die kein Make-up hat und notfalls statt des Mannes schießen kann«, ist in dieser düsteren Welt nicht aufgetaucht. Die Einteilung von Frauen in Huren und Heilige taugt nichts, auch dann nicht, wenn die Frauen als Huren arbeiten. Vielleicht ist das ja die Botschaft hinter dem Ruf »Girl Power!«, und Clint Eastwood ist ihr Prophet. Immerhin: Vier Jahre nach *Erbarmungslos* landeten die Spice Girls ihren ersten Hit. War Clint Eastwood womöglich ein Wegbereiter der Girl Groups? Notiz an mich: von dieser Idee niemandem erzählen, ganz schnell wieder vergessen.

Am Ende sind acht Männer tot. Den Anstoß für das Gemetzel haben Frauen gegeben. Der Überlebende Munny ist moralisch korrumpiert und seelisch zerbrochen. Die Männer, auf die sich spätere Amerikaner berufen werden, waren keine Helden. Ihre Taten lasten auf den Leben ihrer Nachfahren, die glauben, sie seien dem Kreislauf der Gewalt entronnen. Dabei vertrauen auch sie auf die Macht der Waffen, um Gerechtigkeit herzustellen. Ein Gefühl permanenter Bedrohung wird sie als stumme Last begleiten. »Auch der feministische Western braucht einen Mann wie Eastwood, um die Ehre der Huren, die Gerechtigkeit der Welt wiederherzustellen«, schrieb der *Spiegel* 1993. »Hollywood erkennt die heutigen Realitäten, nur um dann doch über sie mit dem Kino zu triumphieren.« Denn der Mythos vom grausamen, aber gerechten Revolverhelden lebt trotz allem fort. Am Schluss reitet der Held, der kein Held ist, hinaus aus der Stadt. Der Rest hat sich ergeben.

Und bei uns zwei Film-Verführern? Ergibt sich bei Ada und mir der Rest auch von selbst? Wie alt muss ich noch werden, bis sich die Aufregung bei ersten Dates, die überspielte Anspannung und sehnsuchtsvolle Erwartung legen werden? Und ist das überhaupt erstrebenswert? Okay, durchatmen. Wenn der Abspann des Films zu Ende geht, lehne ich mich ganz leicht hinüber zu Ada, blicke erst in ihre Augen und danach auf ihre Lippen. Genau so mache ich's. Also: Boy Power!

»Cooles Ende, oder?«, fragt Ada.

Sie streckt sich und steht von der Couch auf. Das macht das Hinüberbeugen, um sie zu küssen, nicht gerade einfach. Sie schaut mich mit einem Blick an, den ich nicht deuten kann. Sie zieht ihre Stirn in Falten, als könne sie mich nur so scharf sehen. Ist sie unsicher? Aufgeregt? Oder interpretiere ich gerade zu viel in Adas Verhalten hinein? Vielleicht hat sie schlicht müde Augen. Eindeutige Avancen hat sie mir nicht gemacht. Womöglich fordert mich meine Gastgeberin bloß nonverbal auf, mich jetzt freundlich zu verabschieden. Wir müssen schließlich beide morgen arbeiten. Und nichts ist grässlicher als Besuch, der nicht weiß, wann es Zeit ist zu gehen. War Flirten schon immer so kompliziert? Etwas in meinem Bauch zieht sich zusammen. Es ist das Gefühl von Zurückweisung, von enttäuschter Hoffnung. Oder eine spontane Magen-Darm-Grippe.

»Du, Ada, vielleicht sollte ich langsam los«, höre ich mich sagen. »Vielen Dank für den leckeren Wein, wir …«

»Ah, genau: Wein! Möchtest du noch welchen?« Ada wirkt plötzlich hellwach. Sie schaut auf die Uhr. »Es ist noch früh. Wir könnten *Die Brücken am Fluss* gucken.«

Auf meinem Gesicht breitet sich ein Lächeln aus, breit wie ein Kinovorhang: Spontanheilung einer Magen-Darm-Grippe.

Ich sage einen Satz, von dem ich noch vor zwei Stunden nicht geglaubt hätte, dass ich ihn je aussprechen würde. Jetzt aber kann ich mir nichts Schöneres vorstellen.

»Ada, ich würde sehr gern mit dir *Die Brücken am Fluss* gucken.«

Geschlechter-Check

Liebesszenen: Null. Intimster Moment des Films ist das Gespräch zwischen Munny und seinem alten Freund Ned Logan. Logan fragt seinen Freund, ob er zu Prostituierten geht. Munny: »Nein, ich geh niemals deswegen in die Stadt. Ein Mann wie ich … Die einzige Frau, die ich bekommen könnte, wäre eine, für die ich bezahle. Und das ist nicht recht, Fleisch zu kaufen. Claudia – Friede ihrer Seele – wäre damit sicher nicht einverstanden. Immerhin bin ich Vater, verstehst du?« – »Also … nimmst du dann die Hand?«

Dramatische Küsse: Null. Nicht mal für mich.

Der beste Moment, um aufs Klo zu gehen: Immer dann, wenn ein Killer namens English Bob (Richard Harris) auftaucht. Sein Erzählstrang und der Munnys treffen nie aufeinander.

Zentraler Dialog: Little Bill besucht zu Beginn des Films die Hure mit dem zerschnittenen Gesicht. Er fragt die Huren-Chefin: *»Stirbt sie?«* – Die antwortet: *»Sie wird leben. Sie hat nichts gestohlen, hat nichts von seinen Sachen angefasst. Hat nur gelacht, weil sie gesehen hat, was für'n kleinen Specht er in der Hose hat.«*

Bester Männer-Spruch: Munny hat gerade den halben Saloon niedergemacht. Den geschockten Überlebenden ruft er zu: *»Wer zum Sterben noch keine Lust hat, der macht, dass er hier rauskommt!«*

Bester Frauen-Spruch: Die entstellte Prostituierte ist überrascht, dass Männer sich tatsächlich das Kopfgeld verdienen

wollen. Die Chefin der Huren kontert: *»Hast du geglaubt, die machen den weiten Weg von Kansas nur zum Ficken?«*
Taschentuchfaktor für Männer: 5 / 5. Die Verlierer sind tot. Die Gewinner sind auch Verlierer. Und sie alle sind Männer.
Taschentuchfaktor für Frauen: 0 / 5
Der nächste Film, den Frauen gucken sollten: *Die Brücken am Fluss*
Der nächste Film, den Männer gucken sollten: *Die Brücken am Fluss*

DIE BRÜCKEN AM FLUSS

Was ist wahre Liebe?

Welcher Kerl möchte schon Meryl Streep und Clint Eastwood beim Sex zusehen? Was für ein Mann hält die Geschichte einer Hausfrau, die eine Kurzzeitaffäre mit einem durchreisenden Fotografen beginnt, für romantisch? Kurzum: Gibt es einen Mann, der *Die Brücken am Fluss* sehen möchte? Zumindest auf die letzte Frage weiß ich seit wenigen Minuten eine Antwort: Ja, mich.

Ada geht in die Küche. Ich sitze auf der Couch und habe das Gefühl, ihre Wohnung zum ersten Mal zu sehen. Die schicke graue Couch, den fußballplatzgroßen Flachbildfernseher und die exzellente DVD-Sammlung im Schrank darunter.

»Warum gucken wir *Die Brücken am Fluss*?«, rufe ich in die Küche. »Wir finden den Film doch beide grässlich.«

»Wenn ich ehrlich bin«, ruft sie zurück, »hab' ich ihn noch nie gesehen. Ich hab' nur Vorurteile. Vielleicht lieg' ich ja falsch.«

»Vorurteile soll man sich nicht durch Fakten ruinieren lassen.«

»Aber der Film ist von Eastwood, und Meryl Streep spielt eigentlich immer super: *Jenseits von Afrika, Die Eiserne Lady, Gefährliche Liebschaften …*«

»In den *Liebschaften* spielt Glenn Close.«

»Egal, die ist ja auch super.« Ada kehrt, zwei kalte Bierflaschen in den Händen, zurück zu mir auf die Couch. Gibt es einen schöneren Satz als diesen?

»Ganz ehrlich: Ich hab' *Die Brücken* auch noch nicht gesehen«, sage ich. Unter sich kürzen Kenner Filmtitel ja gerne ab: *Die Brücken, 2001, Eternal Sunshine*. Einfach Anfang oder Ende weglassen. Kann aber auch zu Verwirrung führen, zum Beispiel bei *Der weiße Hai* oder *Der längste Tag*.

»Na, dann können wir ja beide noch was lernen!« Ada wechselt die DVDs, setzt sich neben mich, und für kurze Zeit berühren sich unsere Schultern. Haben sie das vorhin schon einmal getan, und ich habe es bloß nicht gemerkt? Ach, ich bin ein echter Romantiker. Und nicht so ein Kitschfabrikant wie Clint Eastwood mit *Die Brücken am Fluss*.

Der Film basiert auf dem gleichnamigen Millionenerfolg des Amerikaners Robert James Waller aus dem Jahr 1992. Über mehrere Jahre hielt sich der Roman in den US-Bestsellerlisten. Der Ex-Ökonomie-Professor schuf mit der Figur des weltenbummelnden Fotografen Robert Kincaid einen Helden nach seinem (Ideal-)Bild: Kincaid ist ein muskulöser Einzelgänger, der sich überall und nirgends zu Hause fühlt. In Afrika hat er Stammesbewohner fotografiert, bei seiner Frau hielt ihn nichts, die Trennung erfolgte ohne Reue. Nun, im schwülheißen Sommer des Jahres 1965, knipst Kincaid im Auftrag des Magazins National Geographic die alten überdachten Holzbrücken von Madison County in Iowa. Auf der Suche nach der Roseman Bridge hält er am Farmhaus der Familie Johnson. Da ihr Mann mit den beiden Kindern vier Tage auf einer Landwirtschaftsausstellung verbringt, ist die Mittvierzigerin Francesca allein zu Hause. Sie ist ihrem Mann nach dem Zweiten Weltkrieg von ihrer Heimat in Süditalien in den noch ländlicheren Mittleren Westen der USA gefolgt. Francesca, im Film gespielt von Meryl Streep, glaubt, es sich eingerichtet zu haben in der ewig gleichen Routine als Hausfrau und Mutter. Ihr Leben ist ein langer ruhiger Fluss. Dann fährt Kincaid in seinem Pick-up vor.

Zurückhaltend erzählt Regisseur Eastwood die Anbahnung

der Affäre. Im Roman ist Kincaid ein unwiderstehlicher Steppenwolf, im Drehbuch von Richard LaGravenese ist der Charakter auf ein menschlicheres Maß zurechtgestutzt. Das hier ist nicht Roberts Geschichte, sondern die Francescas. Das wird auch deutlich durch die Rahmenhandlung des Films: Nach Francescas Tod, Jahrzehnte nach der Affäre, lesen ihre erwachsenen Kinder schockiert einen Brief. Darin erzählt die Mutter Sohn und Tochter von ihrer ihr Leben lang geheim gehaltenen Affäre. Francesca will ihnen erklären, was sie dazu bewogen hat, sich nicht neben ihrem Mann, dem Vater der beiden, beerdigen zu lassen. Sie hat verfügt, dass ihr Leichnam eingeäschert und die Asche an der Roseman Bridge verstreut wird. Dort, wo sich Robert und Francesca, die ihm den Weg gezeigt hat, an ihrem ersten gemeinsamen Tag zaghaft nähergekommen sind.

»Ich hab's mir schlimmer vorgestellt«, sage ich nach einer Weile. »Die Geschichte bahnt sich langsam an, und die Charaktere wirken doch ganz menschlich.« Man will Frauen ja nicht komplett vor den Kopf stoßen, indem man als gefühlloser Klotz dasteht.

»Also bitte«, sagt Ada leicht genervt. Ihre Schulter berührt meine nicht mehr. »Multipel frustrierte Hausfrau Mitte vierzig ist, wenn keiner guckt, eine heißblütige Italienerin? Und dann kommt ein attraktiver Steppenwolf, und sie entflammt, wie sie nie zuvor entflammt ist? Der Film könnte auch ›Verbotene Liebe‹ heißen.« Meine Schulter wird kalt.

Francesca und Robert sitzen in der Küche des Farmhauses. Draußen zirpen Grillen, es ist ein schöner Sommerabend.

Robert: *»Es muss schön sein, Kinder zu haben.«*

Francesca: *»Ja. Ja, nur, dass sie schon keine Kinder mehr sind. Die Dinge ändern sich.«*

»Sie ändern sich ständig. Die folgen den Gesetzen der Natur. Die meisten Menschen fürchten Veränderungen. Aber wenn sie darin etwas sehen, worauf sie sich verlassen können, kann es

ebenso gut ein Trost sein. Es gibt nicht viel, worauf man sich wirklich verlassen kann.«

»Ja, es scheint so. Ich bin einer von den Menschen, die sich davor fürchten, glaub' ich.«

»Nein, das bezweifle ich.«

»Warum sagen Sie das?«

»Warum …? Von Italien nach Iowa ist eine bedeutende Veränderung.«

»O Gott«, ruft Ada und schlägt die Hände über dem Kopf zusammen. »Es ist alles versammelt: lebenskluger, aber viriler Kerl tritt ins Leben einer nicht mehr ganz jungen Frau, und zum ersten Mal sieht jemand in ihr die Kämpfernatur, die sie eigentlich ist. Ein Mann erweckt eine Frau zum Leben und zur Liebe.«

»Äh …«

»Hast du etwa nie 'nen billigen Frauenroman gelesen?«

»Ist das 'ne ernstgemeinte Frage?«

»Gleich erzählt er ihr bestimmt, was für ein geiler Typ er ist, und sie hängt an seinen Lippen. Und dann ›verzehrt sie sich nach ihm‹, wie es in den Billigromanen heißt. Ah, geht schon los, bloß in umgekehrter Reihenfolge.«

Francesca steht hinter den Gardinen und guckt Robert zu, wie dieser sich im Sonnenschein am Hausbrunnen den nackten Oberkörper wäscht. Später, nach gemeinsamem Karottenschälen (ein echter Kerl packt auch mal an, anders als der eigene Gatte) sitzen sie beim Abendessen. Robert erzählt von den Erlebnissen auf seinen vielen Reisen: *»Tja, also, ich würde sagen: Der aufregendste Ort, an dem ich je gewesen bin, ist Afrika. Weil es eine ganz andere Welt ist. Es ist nicht nur die andersartige Kultur und die fremden Menschen, das auch. Aber es ist die Luft und die Farben, wie sie sich in der Dämmerung ändern. Und die greifbare Spannung, die über dem Ganzen liegt. Das Nebeneinanderleben von Mensch und Tier. Und Tier und Tier. Wer wird* *überleben und wer nicht? Man muss lernen, nicht nach unseren Maßstäben zu urteilen. Verstehen Sie, es gibt keine aufgezwungene Moral. Es ist, wie es ist. Und es ist wunderschön, wirklich. Es ist unvergleichlich. Ein wahres Paradies.«*

»Ich kotz' gleich«, sagt Ada, und nie in der Menschheitsgeschichte hat jemand, der gerade diesen Satz sagt, hübscher dabei ausgesehen. Wunderschön, wirklich. Unvergleichlich. »Diese Pauschaltouristenweisheit, furchtbar. Ich hol' noch mal Bier«, sagt Ada und steht auf. »Willst du auch was?«

Warum regt mich der Film weniger auf als Ada? Normalerweise ist es in meinem Freundeskreis *mein* Job, das Leinwandgeschehen allzu bierernst zu nehmen. Nicht, dass ich *Die Brücken* spannend fände. Es ist ja klar, was jetzt folgt. Fatale Begierde und so. Auch löst die Aussicht, gleich einer Vierundvierzigjährigen beim Sex mit einem Vierundsechzigjährigen zuzusehen, in mir nicht gerade Vorfreude aus. Aber ich bin weit davon entfernt, wegen einiger schablonenhafter Dialoge meinen Mageninhalt auf dem Couchtisch auszubreiten. Der gute Alkohol! Vielleicht holt Ada ja deshalb Nachschub aus der Küche. Als sie zurückkommt, wird es romantisch – allerdings nur auf dem Bildschirm.

Nach dem gemeinsamen Essen gehen Robert und Francesca unterm Sternenhimmel spazieren, Robert zitiert ein Gedicht des irischen Dichters William Butler Yeats. Francesca erkennt es natürlich sofort.

»Guter Schreiber, dieser Yeats, was?«, sagt Robert. *»Realismus, Ökonomie, Sensibilität, Schönheit, Magie. Und es weckt in mir Erinnerungen an meine irischen Vorfahren.«*

»O Gott! O Gott!«, ruft Ada.

Sie steht, zwei Bier- und eine Weinflasche in Händen, noch im Türrahmen. Als sei sie unsicher, ob sie sich in die Nähe eines Fernsehers wagen soll, der ihr so etwas zumutet. Vielleicht will sie den Alkohol auch direkt auf den Couchtisch schütten, das spart den lästigen Umweg über den Magen. Langsam, sehr langsam setzt sie sich und blickt dabei gebannt auf den Bildschirm. Es wirkt, als sei der Fernseher ein wildes Tier und als wolle Ada es nicht noch wütender machen. Das geht schief.

Nur eine Filmminute später stehen Francesca und Robert wieder in der Küche, und Robert fragt: »*Soll ich Ihnen wirklich nicht beim Abwasch helfen?*«

»Ogottogott!«

Weitere drei Filmminuten darauf sagt Robert über sich, den »Weltbürger«: »*Wissen Sie, ich bin ein Einzelgänger, aber kein Mönch.*«

»Ogottogottogott!«

Robert verabschiedet sich, Francesca kann vor sexueller Erregung kaum im Schaukelstuhl sitzen, sie steht auf und öffnet auf der Veranda ihr Sommerkleid im heißen Abendwind.

»Ogottogottogottogott!«

Am nächsten Abend, die beiden Turteltauben haben den heißen Tag miteinander verbracht, liegt Francesca in der Wanne. Robert hat hier kurz zuvor geduscht. Aus dem Off ist Francescas Stimme zu hören.

»*Ich lag an der Stelle, an der das Wasser an seinem Körper heruntergelaufen war, und ich fand diese Vorstellung außerordentlich erotisch.*«

»Ogottogotto …«

»Lass mich raten: ›Gott‹?«

Ada guckt mich fragend an. Beschwichtigend hebe ich die Hände. »Okay, die Handlung ist reichlich dicke, die Dialoge sind wie aus dem Poesiealbum. Aber was greift dich daran so an?«

»Was mich …?« Ada atmet tief durch. »*Die Brücken* sind schlimmer als jeder Kitschroman, weil sie so tun, als seien sie kein Kitsch. Schließlich führt der Oscar-Preisträger Eastwood Regie, und die Oscar-Preisträgerin Close …«

»Streep.«

»… Streep spielt die weibliche Hauptrolle.«

»Und?«

»Die Geschichte ist denkbar austauschbar, die Dialoge sind grässlich. Was schlicht und erhaben wirken soll, ist bloß kitschig. Das Ganze ist dreist, es ist süßlich …«

»… und es war ein Riesenerfolg.« Der Film brachte an den Kinokassen insgesamt mehr als 180 Millionen Dollar ein.

»Und warum?«, fragt Ada. »Weil es die unter Frauen verbreitete Sehnsucht bedient, das eigene Leben dramatischer zu zeichnen, als es ist. Ein Buch und ein Film für unzufriedene Hausfrauen, die sich in Affären mit wilden Männern phantasieren, anstatt in ihrem Leben tatsächlich etwas zu verändern. Sie wollen die Bestätigung, tief im Innern doch eine heißblütige Frau zu sein. Aber so, dass es niemand mitkriegt.« Ada nimmt einen Schluck Wein. Und einen Schluck Bier.

Womöglich trägt zu Adas Frust bei, dass sich anscheinend das gesamte Feuilleton gegen sie verschworen hat. Sogar der *Spiegel*, sonst mit Spott und Häme schnell bei der Hand, zeigte sich bei Erscheinen des Films fasziniert. Nicht zuletzt, weil die Beteiligung Eastwoods an einem Frauenfilm so überraschte. »Lange hat es in Eastwoods Welt überhaupt nur Platz für Männer gegeben«, schrieb 1995 die Filmrezensentin Susanne Weingarten. »Seine Genres, der Western und der Polizeifilm, waren klassische Herrengenres, weiß, heterosexuell, gewalttätig, Reservate eines patriarchalischen Wunschdenkens. […] Darum ist sein neuer Film, eine auf den ersten Blick ebenso unauffällige wie unaufwendige Romanze, in Wahrheit die größte Herausforderung, der er sich je in seiner Karriere gestellt hat. ›Die Brücken am Fluss‹ ist Eastwoods endgültiger Bruch mit dem Traum vom unverwundbaren Tough Guy. […] Es ist Francescas Geschichte. Und Eastwood hat die Größe, sie spielen zu lassen. ›Die Brücken am Fluss‹ ist ein altmodisches Kammerspiel, ein Film, der nicht mehr will, als eine einfache Geschichte von zwei Menschen zu erzählen.«

Wenn es bloß so wäre. Denn natürlich will der Film weit mehr sein: eine Erzählung über die Arten der Liebe. Da ist zum einen die ruhige, milde Zuneigung zu einem Menschen, mit dem man Kinder zeugt und alt wird, den man aber viel zu gut kennt, um ihn zu bewundern oder zu begehren. Sie kommt im Film nur am Rande vor, am Beispiel von Francescas Gatten. Als Robert Kincaid sie fragt, was sie an ihrem Ehemann schätzt, antwortet sie, er sei »reinlich«. Auf der anderen Seite gibt es die »Amour fou«, das verlockende Versprechen, von einem anderen Menschen von Grund auf verstanden und verändert werden zu können, und zwar binnen weniger Tage. Das ist die Geschichte von Francesca und Robert.

Auf dem Bildschirm ist jetzt zu sehen, wie Francesca in ihrem extra für diesen Abend gekauften Kleid zögernd in die Küche tritt. Eine Lampe rückt sie in ein strahlendes Licht, und genau in der richtigen Sekunde findet Robert einen Radiosender, der eine langsame Schnulze spielt: »I see your face before me«. Robert erblickt Francesca und ist, wie es sich in einem solchen Moment gehört, sprachlos.

Francesca: *»Stimmt was nicht?«* Eine schöne Frau darf sich ihrer Schönheit natürlich nicht sicher sein. Zumindest nicht in einem solchen Film.

»Sie sehen hinreißend aus. Wenn ich mir erlauben darf, das zu sagen. Zum in die Luft Springen und vor Freude laut Aufjauchzen hinreißend.«

»Ogottogottogottogotto …«

Weiter kommt Ada nicht. Sie muss nicht mitansehen, wie die beiden Hauptdarsteller wenige Filmminuten später postkoital ausgebreitet nebeneinanderliegen vor einem – ja, genau – Kaminfeuer. Das muss verdammt unangenehm gewesen sein im schwülen Sommer von Iowa.

Ada bekommt auch nicht mit, wie Francescas Stimme aus dem Off raunt: »*Jeder Gedanke an ihn weckte ungeahnte Gefühle in mir. Und er las all meine Gedanken. Was immer ich fühlte, was immer ich wollte: Er gab sich selbst dafür auf.*«

Ada erfährt ebenso wenig, wie der Film endet: Francesca entscheidet sich nach den vier stürmischen Tagen, bei ihrem langweiligen, aber verlässlichen Mann zu bleiben. Aus Sorge vor der Meinung der Nachbarn, die dem betrogenen Gatten durch ihren Tratsch das Leben zur Hölle machen würden, und aus Fürsorge für ihre Teenagerkinder, die der Trennungsschock tief erschüttern würde. Robert akzeptiert schmerzerfüllt Francescas weise Entscheidung. Zum ersten und hoffentlich letzten Mal weint Eastwood auf der Leinwand. Die beiden werden einander nie wiedersehen, aber bis zu ihrem Tod werden sie die Erinnerung an ihre große Liebe in sich tragen. Francescas Kinder werden durch den Brief aus dem Jenseits endlich verstehen, was für eine aufopferungsvolle, großartige Mutter sie hatten.

Ich bewahre Ada vor all diesem Drehbuchgrauen, das die zweite Hälfte des Films birgt, indem ich sie mundtot mache. Und zwar nach bewährter Manier nicht mit Argumenten, sondern mit meiner Zunge. Ich bin schließlich ein Romantiker. Und so kommt es, dass im selben Moment, da Francesca und Robert anfangen, einander in der Küche zu küssen, Ada und ich auf der Couch dasselbe tun. Obwohl man sich dabei schlecht selbst beobachten kann, bin ich sicher, ich sehe dabei nicht so ungelenk aus wie Eastwood. Der wirkt beim Küssen, als wolle er der armen Meryl Streep die Lippen abbeißen. Anders auch als in *Die Brücken* schneide ich unsere Sexszene heraus. Nie würde ich mit meinen Leistungen im Bett prahlen. Ein Gentleman genießt und schweigt. Und schweigt. Und schweigt noch mal.

Schwarzblende, nächste Szene. Ich sehe alles ganz genau vor mir. Ada und ich stehen in der Küche, kochen ein paar Tortellini und plaudern. Wir sind barfuß, der Fußboden ist kalt, aber uns macht es nichts aus. Ich umfasse Adas Hüfte von hinten, während sie das angebrochene Glas mit grünem Pesto aus dem mannshohen Kühlschrank holt. Wir lachen, ich küsse ihren Nacken, er riecht nach ihrem Parfum und nach ihr. Wir freuen uns aneinander und daran, in diesem Moment gemeinsam am selben Ort zu sein. Was für Zufälle haben uns hierhergeführt? Glaubte ich an so etwas wie eine übermenschliche, ordnende Kraft, an eine Art Schicksal, dann hätte es jetzt einiges bei mir gut.

Noch eine Schwarzblende. Ada und ich auf der Couch, dieselbe dunkelbraune Fleecedecke teilend. Ihre Hand an meiner rechten Schläfe, während wir Nudeln essen, ich ihre Fragen zu meiner Familie beantworte. Mein Blick auf Adas Mund, ihren Haaransatz, ihren Wimpern, während sie von ihrem ersten Freund erzählt, der mittlerweile in einer Kleinstadt mit zwei Kindern lebt. Ich bin zum ersten Mal in dieser Wohnung, und es fühlt sich an wie zu Hause.

Eine letzte Blende. Es ist noch immer Nacht, als ich aufwache; die Welt hinter Adas Schlafzimmerfenster liegt in schwarzblauer Dunkelheit. Ich ziehe die Bettdecke höher. Mit geschlossenen Augen, halb wach, halb schlafend, frage ich mich, ob je ein Kerl so viel Glück hatte wie ich in ebendiesem Moment. Nach Abwägung aller Wahrscheinlichkeiten vermute ich: eher nicht. Da lerne ich eine Frau kennen, die klug, humorvoll, schön und sexy ist – und obendrein auf mich steht. Mein Versuch, über gemeinsame Filmvorlieben die richtige Frau zu finden, hat schneller funktioniert, als ich zu wünschen gewagt hätte. Mission Film-Verführer – erfolgreich abgeschlossen. Natürlich ist die Liebe fürs Kino nicht alles, was zwei Menschen verbinden sollte. Und selbstverständlich geht es mir nicht darum, mich von morgens bis abends über Filme zu unterhalten. Aber durch das Reden haben Ada und ich rasend schnell viel übereinander gelernt: über die Hoffnungen des anderen, über Sehnsüchte, Witz und Humor. Ja, sogar über unsere Vorstellungen von einer guten Liebesbeziehung zwischen zwei Menschen. Danke, *Pretty Woman*. Danke, *Die Brücken am Fluss*. Wer hätte gedacht, dass ich den beiden Filmen gegenüber einmal so etwas wie Dankbarkeit empfinden würde?

Ich ziehe die Bettdecke noch etwas fester um mich, atme tief ein und denke: Das alles – die Szene im Bett, die in der Küche und unter der Fleecedecke auf der Couch – das alles gehört zur selben Nacht: zu dieser Nacht. Unglaublich. Vorhin noch verlachten Ada und ich die Botschaft von *Die Brücken am Fluss:* Die Größe einer Liebe bemisst sich nicht an ihrer Dauer, sondern an ihrer Intensität und Tiefe. Es genügt, wenn sie wenige Tage währt, solange die Erinnerung an sie weiterlebt. Und jetzt das. Ich bin am Ziel meiner Wünsche. Ada und ich: Das ist es. Alles fühlt sich gut und richtig an, vertraut und zugleich neu. Jede Geste von Ada prägt sich mir ein. Bei jedem Wort, das sie sagt, möchte ich sie küssen. Ich atme tief aus.

Wäre das hier eine Romantische Komödie, folgte jetzt nicht das Happy End, sondern der dramatische dritte Akt. Aber glücklicherweise ist das hier kein Hollywood-Film wie *Notting Hill*. Der könnte auf halber Strecke sogar unvermittelt die Genreart wechseln, sich beispielsweise von einer Romanze in einen Thriller wandeln wie *Eine verhängnisvolle Affäre*. Ich sehe definitiv zu viele Filme.

Langsam drehe ich mich um, hin zu Ada. Aber da liegt keine Ada, sondern nur ihr Kissen. Ich fasse es an, es ist kalt. Obwohl ich nur zwei, vielleicht drei Stunden geschlafen habe, bin ich mit einem Schlag hellwach.

Aufstehen, im Dunkeln orientieren. Das da hinten, das aussieht wie ein schlafender Hund, muss meine Hose sein. Bingo. Ich falle fast hin beim Versuch, sie eilig anzuziehen. Als ich in den Flur gehe, sehe ich Licht in der Küche. Ada sitzt am Frühstückstisch, die Beine angezogen, den Kopf auf die Knie gestützt. Sie blickt auf ihr Handy. Als sie mich sieht, weiten sich ihre Augen, als fühle sie sich ertappt.

»Alles okay, Ada?«

»Geh doch wieder ins Bett. Es ist mitten in der Nacht.«

»Ganz genau: Es ist mitten in der Nacht. Warum sitzt du hier rum?«

»Es ist … nichts. Nur …« Nicht gut. Gar nicht gut.

»Möchtest du, dass ich gehe?«

»Nein … Es …« Sie sieht jetzt sehr klein aus. Wie ein aus dem Nest gefallener Vogel.

»Ada, ich bin schon ein großer Junge. Wenn irgendwas ist, dann sag' es mir, okay? Ich halt's aus.«

»Es ist nur … Mein Ex-Freund: Er hat mir vorhin eine SMS geschickt. Ich war auf dem Weg zum Klo, ich wollte gar nicht aufs Handy gucken. Aber …«

»Aber …«

»Er sagt, er vermisst mich. Er möchte mich sehen. Er, er …«

»… er sagt dir das per SMS?«

»Er ist ja wegen eines Jobs in Hongkong. Da ist es jetzt Abend. Er schreibt, er sitzt allein im Hotel. Ich … Wir waren drei Jahre zusammen …«

Ada schaut mich an, so müde, so betrunken, so verletzlich und hin- und hergerissen. Ich stehe vor ihr: müde, betrunken, gerade noch scheinbar am Ziel meiner Träume, jetzt wieder unendlich weit davon entfernt. Ich möchte Ada am liebsten in die Arme nehmen, aber ich weiß, das bringt nichts. Der Fußboden fühlt sich sehr kalt an.

Wie *Die Brücken* enden, weiß ich, weil ich in den vergangenen Tagen viel Zeit hatte, allein DVDs zu gucken. Ada ist zu ihrem Ex-Freund nach Hongkong geflogen. Sie hat mich etliche Male um Verzeihung gebeten, aber sie ist geflogen, gleich am nächsten Tag.

Erst jetzt bemerke ich, was der Film noch gemeinsam hat mit dem, was zwischen Ada und mir passiert ist. Wie Francesca, so kehrt auch Ada nach nur einer gemeinsamen Nacht zurück zu ihrem verlässlichen Freund. Bestimmt ist er sehr reinlich. Und erst ganz zum Schluss, der Abspann läuft schon, verstehe ich, dass ich blind war. Adas Abneigung gegen Francescas Schwanken zwischen zwei Männern – das sagte mehr aus über sie als über die Filmfigur. Ada war genauso hin- und hergerissen wie Francesca, wollte daran aber nicht erinnert werden. Filme offenbaren mehr über Menschen als das, was sie sich eingestehen. Oft legen Filme eben das frei, was die Zuschauer vor sich und anderen verbergen wollen. Das hätte ich wissen, zumindest ahnen können. Aber auch ich wollte daran nicht erinnert werden. Ich habe es übersehen, weil ich es übersehen wollte.

Der Abspann läuft. Ich lege die DVD-Hülle neben mein Smartphone und schaue nach neuen Nachrichten. Keine SMS von Ada, keine Mail. In fünf Minuten schaue ich noch mal nach.

Geschlechter-Check

Liebesszenen: Zwei. Glücklicherweise beide im gnädigen Halbdunkel.
Dramatische Küsse: Zwei. Soweit ich weiß. Ich schließe da immer die Augen.
Der beste Moment, um aufs Klo zu gehen: Laut dem *Spiegel* erklärte Robert James Waller, er habe den Bestseller, auf dem der Film basiert, »in zwei Wochen niedergeschrieben, unterbrochen nur von Gängen aufs Klo, um da zu weinen«. Und wo ging er in dieser Zeit auf die Toilette?
Zentraler Dialog: Francesca: *»Oh, mein Gott! Oh, mein Gott,*

Robert, was machen wir jetzt nur?« – Robert: »*Komm mit mir! Komm morgen mit mir!«*
Taschentuchfaktor für Männer: 5 / 5. Der eine Mann wird betrogen, dem anderen wird das Herz gebrochen.
Taschentuchfaktor für Frauen: 0 / 5 bei emanzipierten Frauen, 5 / 5 bei allen anderen.
Der nächste Film, den Frauen gucken sollten: *Jenseits von Afrika.* Meryl Streep und ein Mann, der sich nicht anketten lassen will. Kurzum: Die Brücken am Fluss in Afrika.
Der nächste Film, den Männer gucken sollten: *Heartbreak Ridge.* Eastwood als Schleifer beim US-Militär, der junge Rekruten für den Koreakrieg fit macht. Kein toller Film, aber Hauptsache, das Bild vom küssenden Clint verblasst.

SEX AND THE CITY – DER FILM

Katharsis mit Kartoffelchips

Ich werde wieder einmal das Gefühl nicht los, dass ich irgendwas übersehen habe. Dabei ist alles so, wie ich es mir als Teenager wünschte: Als einziger Mann verbringe ich den Abend mit drei gutaussehenden Singlefrauen auf der Couch. Die Stimmung ist prächtig, es gibt reichlich Alkohol. Na gut: reichlich von der kleinen, kichernden Schwester des Alkohols, dem Prosecco, aber immerhin. Die perfekte Umgebung, um mich von Gedanken an Ada abzulenken und mir etwas Ego-Bestätigung bei Frauen zu holen. Ich weiß wirklich nicht, warum meine beiden Kumpels sich geweigert haben mitzukommen. Und warum mir einer per SMS schrieb: »Der Horror. Der Horror.«

»... und ihr Mädels wisst ja, was wir am letzten Freitag im Monat machen«, sagt Uli, die lächelnde Gastgeberin.

Gekicher bei den Couchfrauen Mareike und Luise. Ich ignoriere den Gedanken, dass Uli mich anscheinend übersehen hat. Oder glaubt, ich sei ein »Mädel«. Vielleicht habe ich ja Glück, und an jedem letzten Freitag erzählen die drei, was sie *wirklich* von einem Mann wollen. Oder sie veranstalten eine Kissenschlacht in Unterwäsche. Könnte doch sein? Falls Frauen das unter sich nicht tun, möchte ich das nie erfahren. Menschen brauchen Träume.

»Wer von euch hatte denn als Letzte die *Sex and the City*-DVD?«, fragt Julia. Damit ist die Kissenschlacht um mindestens 139 Minuten verschoben.

Noch kann der Abend lustig werden, denke ich, während ich einen Schluck Prosecco nehme. (Wieso gilt ausgerechnet ein klebriges Getränk, das zum Aufstoßen reizt, als elegante Frauenbrause par excellence?) Ich blicke mich um. Wir vier sind zur Ironie fähige, emanzipierte Menschen jenseits der dreißig. Wir sehen unser Tun mit humorvoller Distanz. Darum können wir auch einen Werbefilm für Designermarken und psychische Erkrankungen gucken, ohne ihn allzu ernst zu nehmen. Oder?

»So, alle Mund halten jetzt«, sagt Uli. Der Vorspann beginnt.

Sie, Mareike und Luise machen es sich auf der Couch bequem, als spielten sie in einem TV-Spot für Weichspüler. Im Werbefilm nicht zu sehen ist der Mann, der als Einziger auf einem Stuhl sitzen muss und sich zaghaft fragt, was er hier eigentlich soll. Langsam könnte sich die Ironie mal blicken lassen.

Sex and the City hat den eigenen Tod überlebt. Vier Jahre nach dem Serien-Ende entstand 2008 der erste Kinofilm über die New Yorker Kolumnistin Carrie Bradshaw und ihre drei Freundinnen. Vordergründig ist alles wie immer. Sarah Jessica Parker als Carrie sucht stellvertretend für die Zuschauerinnen nach dem perfekten Mann fürs Leben. Sechs Staffeln lang ist sie dabei regelmäßig aus der Bahn geraten, weil das Drehbuch es erforderte. Und weil Menschen es nicht mögen, wenn es ihren Helden allzu gut geht. Was Carrie nicht selbst erleiden konnte, übernahmen ihre Freundinnen. Obwohl deren Charaktere Entwicklungen durchlaufen haben, sind sie über die Jahre im Kern gleich geblieben. Die Älteste der vier, Samantha Jones (Kim Cattrall), lebte das Sexleben, das sich Millionen Frauen ersehnen. Ohne Reue, ohne Angst, ohne Sehnsucht nach dem Traumprinzen. Sie konnte die Sorgen ihrer Freundinnen nur schwer nachvollziehen. Beispielsweise die der naiven, wohlerzogenen Charlotte York (Kristin Davis), die am liebsten eine Prinzessin gewesen wäre und flüsterte, wenn sie über Sex redete. Miranda Hobbes (Cynthia Nixon) hingegen war der Mann in der Runde: sarkastisch, beruflich und privat extrem auf Selbständigkeit bedacht und rational bis ins Irrationale.

Zu Filmbeginn ist alles in Butter. Carrie und Mister Big (Chris Noth) haben sich endlich gekriegt, sie leben zusammen in Manhattan. Bigs wirklicher Name scheint Carrie, die über lange Zeit doch angeblich nichts mehr will, als mit ihm zusammen zu sein, nicht sonderlich interessiert zu haben. In sechs Staffeln wurde er nie erwähnt. Vermutlich war einfach zu viel los. Im Kinofilm erfahren die Zuschauer, dass der Mann mit dem unterkühlten Charme eines englischen Landadligen einen dazu passenden Namen trägt: John James Preston. Big ist die perfekte Projektionsfläche für Carries Erlösungssehnsüchte. Er ist erfolgreich, gutaussehend, smart und emotional schier unerreichbar. Wenn es ihr nur gelänge, diesen Mann dauerhaft an sich zu binden, so die Botschaft, dann hätte ihr Leben endlich einen Sinn. Nun also hat sie ihn.

Carrie und Big suchen eine gemeinsame Wohnung. Rein zufällig (das Drehbuch gibt sich keine große Mühe) stoßen sie dabei auf ein Penthouse im neoklassizistischen Stil. Ein Traum mit Dielenböden, Blick über Manhattan – und eigentlich unbezahlbar, selbst für jemanden, der sich Big nennen lässt. Doch er sieht Carrie die kindliche Begeisterung für das Apartment an und sagt:

»Willkommen zu Hause, Liebling.«

Carrie, erstaunt: *»Können … Können wir uns das denn leisten?«*

Big, kaum merklich nickend: *»Ich regle das.«*

Stöhnen auf der Couch.

»Nein, *du* kannst dir das *nicht* leisten, Carrie«, sagt Luise. »Du hast'n winziges Apartment, er rund um die Uhr 'ne Dienstlimousine mit Chauffeur. Tu nicht so: *Er* zahlt.«

»So eine Prinzessin!«, ruft Mareike, und Uli macht vor, wie

man wütend Prosecco trinkt. Sieht hübsch aus. Der Abend beginnt mir zu gefallen.

Weil Hollywoodfilme, in denen zweieinhalb Stunden lang gezeigt wird, wie Frau und Mann einvernehmlich klären, wer den Müll rausträgt, als wenig publikumswirksam gelten, muss ein Konflikt her. Die Wohnung wird gekauft. Carrie beratschlagt sich mit ihren drei Freundinnen, die es immer irgendwie hinkriegen, nebeneinander über New Yorks überfüllte Gehsteige zu schlendern, ohne angerempelt zu werden oder im Verkehrslärm »Wie bitte?« zu rufen. Carrie sorgt sich: Was, wenn Big und sie sich verkrachen? Sie hätte keine eigene Wohnung mehr.

Carrie zu Big: *»Ich muss an so was denken. Wir sind nicht verheiratet. Ich hab' keinerlei rechtliche Ansprüche.«*

»Wieso auch?«, frage ich den Fernseher. »Du hast ja nichts bezahlt.«

Es ist kein schönes Geräusch, wenn drei Frauen gleichzeitig zischen. Ich vermute, Frauen zischen einfach gern Fernseher an.

Big: *»Willst du, dass wir heiraten?«*

»Na ja, ich, ich … Ich dachte, das stünde gar nicht zur Debatte.«

»Und wenn es doch zur Debatte stünde?«

»Wie? Warum? Möchtest du denn heiraten?«

»Boah, Carrie, der Typ hat dich was gefragt …«, sage ich Richtung Fernseher.

Wieder dieses Zischen um mich herum. Meinen die drei Proseccogräber etwa mich? Wenn das ironisch sein soll, verstehe ich den Scherz nicht.

Big: *»Gegen eine Ehe mit dir hätte ich nichts. Hättest du was gegen eine Ehe mit mir?«*

»Nein, nein, nein … Wenn du das gerne möchtest. Ich meine: Ist … Würdest du das wollen?«

Ich: »Himmelherrgottnochmal!«

Couchfrauenchor: »Psssssssst!«

Big: »*Ich will* dich.«

Couchfrauenchor: »Oooooooooh!«

Ich: »Pssssssssst!«

Ich bin verwirrt. Lieben oder verabscheuen die drei Weichspülerinnen nun *Sex and the City*? Es gibt durchaus Gründe, Carrie zu mögen, zumindest in diesem Film. Denn anfangs tut sie alles, um ihr neurotisches Serien-Ich hinter sich zu lassen. Als sie und Big beschließen zu heiraten, sehnt sie sich nicht mehr nach der großen Trauung in Weiß. Sie hat den Teil des Märchens erreicht, der beginnt nach dem »… und lebten glücklich bis an ihr Lebensende«. Zwei erwachsene Menschen tun ihr Bestes, ihr Gegenüber nicht mit ihren Erlösungssehnsüchten aus Kindheitszeiten zu überfrachten. Aus dem Vater-Ersatz Mr. Big ist John James geworden, dem Carrie auch in ihrer Wohlfühlunterwäsche unter die Augen zu treten wagt. Carrie sagt ihrer Freundin: »*Samantha, dieses Mal fühlt es sich völlig anders an. Es gibt hier keinen klischeehaften Heiratsantrag mit Kniefall.*« Sie wird zur Braut, die sich traut, in einem Kleid zu heiraten, das nicht von einem angesagten Designer stammt. In der Welt von *Sex and the City* gilt das als Zeichen enormer Charakterstärke.

Natürlich geht ab diesem Moment alles schief, die Hochzeitsplanung gerät aus den Fugen. *Vogue* sponsert ein opulentes Fotoshooting mit der Braut, die *New York Times* berichtet, zweihundert Gäste sollen dem Gesellschaftsereignis des Jahres beiwohnen. Der zweimal geschiedene Big, der ohnehin nur Carrie zuliebe heiratet, kriegt wenige Stunden vor der Hochzeit etwas, dessen Bezeichnung wie gemacht ist für Leute, die aussehen wie englische Landadlige, nämlich Fracksausen. Vergeblich versucht Big, Carrie telefonisch zu erreichen. Erst als die Braut schon am Ort der Trauung angekommen ist, ruft sie ihn zurück und fragt, wo er steckt.

Big: »*Ich stand schon vor der Tür. Ich bin eben wieder abgefahren. Ich kann das nicht.*«

Dramatischer Streichereinsatz, eingefrorenes Gesicht.

Carrie: »*Oh, mein Gott.*« In Zeitlupe fällt das Handy zu Boden. »*Bringt mich hier weg. Bringt mich hier weg!*« Da ist es auch schon zu spät, dass Big sofort in der nächsten Szene seinen Fehler bemerkt.

»*Scheiße*«, sagt er in seiner Limousine, in der er so oft zu sehen ist, dass man glaubt, er wohne darin: »*Was mach' ich hier eigentlich? Drehen Sie um.*«

Aufeinandertreffen der beiden auf der Straße.

»*Carrie, ich war eine Minute in Panik, aber jetzt bin ich bereit.*«

Antwort der Braut: Sie schlägt ihm den Blumenstrauß über den Kopf. Als Big trotz dieser Körperverletzung mit seiner Verlobten reden will, zerren die Furien Charlotte und Miranda die tief Verletzte zurück ins Auto.

Das halte ich nicht aus. Als ich auf den DVD-Player gucke, sehe ich: Wir sind erst bei Minute 50. Vor uns liegen noch eineinhalb Stunden. Vor »uns«? Auf der Couch sehe ich drei weit offen stehende Münder, die entsetzt auf den Bildschirm blicken. Ich hege leise Zweifel, dass ihr Unglaube dem Drehbuch gilt. Ich fürchte, die Damen meinen das mit dem *Sex and the City*-Gucken ernst. Proseccoernst. Halten die drei emanzipierten Frauen das verwöhnte Prinzesschen Carrie für eine tragische Heldin? Kann das wirklich sein? Besser noch mal testen.

»Ich kann verstehen, warum Big Carrie nicht heiratet«, sage ich und strecke mich demonstrativ gelassen auf meinem Stuhl. »Sie hat'n Gesicht wie'n unterernährtes Pferd. Hätte das Drehbuch Gnade mit der Frau, dann müsste ihr jemand in der nächsten Szene beruhigend über den Hintern streicheln und dann: Bang! Gnadenschuss. Nächste und letzte Szene: Pferdemetzgerei.«

Kurzer Check: Ja, ich lebe noch. Aber Uli, Mareike und Luise demonstrieren, dass man wütendes Proseccotrinken auch synchron veranstalten kann, und gucken mich dabei an. Sieht gar nicht hübsch aus. Zur Ablenkung schaue ich auf mein Handy. Keine SMS von Ada, natürlich nicht. Dafür eine Nachricht meiner Kumpels.

»Hast wohl gedacht, die ›Mädels‹ meinen das Ganze ironisch, was? Du bist verloren, Alter. Prost!«

Scheiße, was mache ich hier eigentlich? Bringt mich hier weg. Bringt mich hier weg!

»Wenn du den Film nicht sehen willst«, ruft Uli eine Spur zu laut, »brauchst du es nur zu sagen.«

Die Frage kommt etwas spät, der Film läuft ja seit fast einer Stunde. Aber warum soll ich es nicht zum Eklat kommen lassen? Das würde mir das Anschauen des Rests ersparen. Wie lange bräuchte ich wohl im Notfall bis zur Wohnungstür? Andererseits: Was ist mein Leiden gegen jenes, das Sarah Jessica Parker während des Drehs erfüllt haben muss? Zwischen Serienende und Kinofilm liegen auch deshalb vier Jahre, weil es lange Streit ums Drehbuch gab. Mit entsprechendem Ergebnis. Ich werde meinen Kumpels zeigen, was ein echter Mann alles ertragen kann. Ich wette, keiner von denen hat *Sex and the City* je zu Ende gesehen. Also: Zähne zusammenbeißen und dorthin gehen, wo nie zuvor ein Mann gewesen ist.

Auf dem Bildschirm zu sehen ist eine erloschen wirkende Carrie, sie starrt ins Nichts. Ein Bild wie ein Gemälde. Ein Kunstwerk, das beim Betrachter Mitleid erregen soll.

»Ich dachte, ich würde immer noch wahnsinnig leiden«, sagt die für eine Minute Verschmähte. *»Ich fühl' nichts.«*

Könnte ich von mir bloß dasselbe sagen. Es wird noch schlimmer. In einer anderen Szene fragt Carrie allen Ernstes: *»Werde ich je wieder lachen?«*

Selbst im wolkenfreien Fünf-Sterne-Urlaub in Mexiko schleppt sie sich durch die wohlarrangierte Szenerie, ist appetitlos, müde, lässt die Jalousien ihres Hotelzimmers den ganzen

Tag geschlossen. Zurück in New York, sagt sie mit Blick auf ihr Hochzeitskleid: »*Ich werd's ganz weit hinten vergraben. Gleich neben meinen Gefühlen.*«

Wie sang die Band Garbage einst? »The trick is to keep breathing.« Also: Durchatmen, weiteratmen.

»*Es ist verrückt: Geweint hab' ich so gut wie gar nicht. Ich weiß nicht, vielleicht gibt es pro Mann ja nur eine bestimmte Menge Tränen, und ich hatte meine schon aufgebraucht.*«

Ganz tief durchatmen, Junge. Auch das hier geht vorbei. Wie eine Wurzelspitzenresektion.

Zugegeben, es war nicht alles schlecht damals, als *Sex and the City* zum Serienwelterfolg wurde. Ausgehend vom US-Bezahlsender HBO, wurden die insgesamt 94 Folgen in Dutzenden Ländern ausgestrahlt. Die vier Hauptcharaktere sprachen Millionen Frauen an. Carrie, Miranda, Charlotte und Samantha waren die perfekten Identifikationsfiguren für Frauen zwischen zwanzig und vierzig, die Antworten suchten auf die großen Fragen ihres Lebens: Wie viel Raum will, darf und soll ich einer Liebesbeziehung einräumen? Wie lässt sich Geschlechteremanzipation vereinbaren mit traditionellen, überraschend zählebigen Rollenvorstellungen? Welche Kompromisse kann ich eingehen, um mit einem Mann zusammenzuleben, ohne dabei meine Selbstbestimmtheit einzubüßen? Wozu sind Freundinnen da? Wie wichtig sind Sex, Karriere, Partnerschaft, Kinder? Wie bringe ich alles unter einen Designerhut? Kurzum: Wie wird eine moderne Frau glücklich?

Die Charaktereigenschaften der Hauptfiguren sind so universell, dass sich jede Zuschauerin mit mindestens einer der vier identifizieren kann. Die spröde, kluge Miranda verhandelt die Frage, wie weit Frauen in einer von Männern dominierten Arbeitswelt gehen können, ohne selbst wie einer von ihnen zu werden. Das naive Prinzesschen Charlotte stellt die gegenteilige Frage: Wie sehr darf ich auf den Privilegien, die Frausein nach klassischem Verständnis auch bietet, beharren, ohne die Errungenschaften der Emanzipationsbewegung zu verraten? Samantha wiederum, die etwas ältere Businessfrau mit dem gewaltigen Sex-Appetit, ist so etwas wie die Mutter der Kompanie. Sie lehrt die Zuschauerinnen, dass auch Frauen Machos sein können. Sie holt sich den Sex, den sie will, mit wem sie will, wann sie will. Anstatt sich über den sozialen Status eines ersehnten oder tatsächlichen Partners zu definieren, macht sie mit großer Selbstverständlichkeit selbst Karriere. Und lebt so vor, dass Gleichberechtigung nicht heißen muss, alles ständig auszudiskutieren. Samantha ist keine personifizierte Frage, sondern ein großes, blondiertes Versprechen: Du kannst mehr Spaß haben, als du dir je zugetraut hast!

Dass die Serie große Fragen mit Leichtigkeit behandelt, hat entscheidend zu ihrem Erfolg beigetragen. Dies sorgt aber auch dafür, dass die Charaktere schematisch bleiben. Individualität gefährdet die Massenkompatibilität. Charlotte beispielsweise muss im Kern Prinzessin bleiben, auch wenn der Prinz, der sie schließlich freit, Glatze und Mopsgesicht hat. Verändert eine der vier Hauptfiguren ihren Charakter, gerät das gesamte Erzählgerüst ins Wanken. In 22 bis 35 Minuten langen Serienfolgen lässt sich diese Herausforderung noch meistern. Sie wird aber zum Problem, wenn dieselben Figuren einen abendfüllenden Spielfilm bestreiten. Keine Hollywoodgeschichte ohne Konflikt, Verwicklungen und Moral von der Geschicht'.

Den Konflikt hätten wir schon mal, nämlich die dramatische Trennung von Carrie und Big. Schwerer ist es da schon, die Zuschauerinnen und Zuschauer am Happy End zweifeln zu lassen. Das sollen sie aber, nur dann können sie mit ihren Heldinnen leiden. Drehbuchschreiber und Regisseur Michael Patrick King weiß, wie er seine weiblichen Kunden bei der Kleiderstange hält: mit einer »schweren depressiven Episode«. Damit gemeint ist nicht mein Gemütszustand beim Gucken des Films (durchatmen, ganz tief durchatmen), sondern der Carries. Die Berliner Psychoanalytikerin Sieglinde Eva Tömmel und die Literaturwissenschaftlerin Tatjana Noemi Tömmel haben die Hauptfigur auf die Couch gelegt. Sie kommen zu dem Schluss: Carrie leidet nach der Trennung von Big an einer »akuten reaktiven Depression«. »Die Bezeichnung […] trifft deshalb Carries psychischen Zusammenbruch, weil ihr Zustand eine Reaktion auf den Verlust ihres geliebten ›Mr. Big‹ darstellt, weil diese Reaktion akut ist und weil sie in eine längere Phase der depressiven Verstimmung im Sinne einer schweren depressiven Episode mündet.« Das schreiben die Autorinnen im Sammelband *Batman und andere himmlische Kreaturen – Noch mal 30 Filmcharaktere und ihre psychischen Störungen*.

Carries Depression dauert von Herbst bis Frühling – über insgesamt fünf Monate der Gefühl-, Appetit- und Antriebslosigkeit. Daraus gerettet wird sie durch die liebevolle Begleitung ihrer Freundinnen. Kurz vor dem Filmende versteht sie, welchen Anteil sie an ihrem Unglück hat. Ihrer Freundin Miranda erklärt sie: »*Ich hab' verdient, was ich bekommen habe. Ich bin so durch New York gerannt nach dem Motto: ›Seht her, die Liebe ist doch die Lösung! Und hier, seht mich in meinem einmaligen Brautkleid! Ich heirate die Liebe meines Lebens!‹ (…) Ich hab' die Hochzeit größer werden lassen als Big.*«

Weiter kommt Carries Selbsterkenntnis nicht. Ihr Bild erstarrt auf dem Bildschirm. Jemand hat auf Pause gedrückt.

»Dein Schnaufen und Seufzen nervt echt«, sagt Uli zu mir, die Fernbedienung in der Hand. »Wir wollen nun mal einen Frauen-Film anschauen. Ist das zu viel verlangt?«

Ach, was soll's. Die drei Damen vom Sofa werden mich so oder so für Wochen meiden. Meine Kumpels haben mich in die Falle tappen lassen, und Ada hat sich nicht gemeldet. Da kann ich mich auch ins Messer stürzen.

»Ein Frauenfilm? Merkt ihr denn gar nichts? Wenn *Sex and the City* ein Film übers Frausein ist, dann kommt euer Geschlecht verdammt schlecht weg.« Vorwurfsvolles Schweigen. Mehr sollte man nicht erwarten von Freundinnen, deren Heldin man ein Ableben beim Abdecker gewünscht hat.

»Im Ernst«, sage ich, »*Sex and the City* ist frauenverachtend, ihr Hühner.« Wenn ich meine Jacke zurücklasse, schaffe ich es in sieben bis neun Sekunden zur Tür.

»Sag' mal, hast du sie noch alle?«, sagt Uli, und es klingt nicht wie eine Frage. Die drei auf der Couch sehen immer noch aus wie Darstellerinnen in einem Weichspüler-Spot. Nur diesmal wie die Frauen, die das falsche Produkt gekauft haben, das den Lieblingswollpulli so kratzig macht.

»Okay, der Film übertreibt ein bisschen«, sagt Mareike. »Die drei Frauen leiden für uns, und wir fühlen uns entlastet und verstanden. Es ist so 'ne Art Katharsis mit Kartoffelchips. Na und?« Jetzt erst merke ich, wie sehr Mareike Miranda ähnelt.

»Bescheuert finde ich ja nicht, dass es ein Frauenfilm ist«, sage ich. »Sondern wie er Frauen darstellt.«

Denn nimmt man *Sex and the City* ernst, lernt man daraus Folgendes:

1. Es ist das zentrale Lebensziel von Frauen, nein, nicht zu heiraten, sondern geheiratet zu werden. Nur dann können sie wahrhaft glücklich sein.

2. Es führt zu Krisengesprächen unter Freundinnen, wenn eine aus der Runde einen winzigen Bauchansatz bekommen hat oder, wie Carries Freundinnen es nennen, »fett« geworden ist.

3. Frau fühlt sich nach langer depressiver Phase erst dann wieder »wie ich selbst«, wenn sie im Designerkleid die »Mercedes Benz Fashion Show« besucht.

4. Eines der schönsten Geschenke, die eine Frau einer anderen machen kann, ist eine Handtasche von Louis Vuitton.

5. Das Wichtigste aber: Ein Mann ist nur dann der Richtige, wenn er alle Behauptungen einer erwachsenen Frau, sie sei erwachsen und glaube nicht an Märchen wie Aschenputtel, ignoriert. Danach geht er in einem begehbaren Schuhschrank vor ihr auf die Knie und bittet sie, ihn zu heiraten. Schließlich zieht er ihr einen lächerlich teuren Stiletto über. Wie den gläsernen Schuh bei – genau – Aschenputtel.

»Und das alles«, sage ich mit der Gelassenheit eines Menschen, der seinen baldigen Tod akzeptiert hat, »das alles wirkt auf mich, als legten es Zuschauerinnen des Films darauf an, als vaterkomplexbeladene Hysterikerinnen abgestempelt zu werden.« Noch ein scheinbar beiläufiger Blick aufs Handy, um gelassen zu wirken: eine SMS der Jungs.

»Und: Überlebst Du's?« Für eine Antwort darauf ist es zu früh.

Jetzt verstehe ich, was ich übersehen habe. Menschen wollen nicht verstehen, weshalb sie mit Figuren im Film, Theater oder Roman mitfiebern. Die Sehnsucht nach stellvertretender Erlösung muss für den Zuschauer unbewusst bleiben, sonst ist der Zauber dahin. Selbst offene Kritik an der Heldin oder dem Helden ist erlaubt – solange man selbst sie übt. Wünscht ein Dritter der Heldin, sagen wir mal, einen gewaltsamen Tod beim Abdecker, dann kritisiert er damit auch die Zuschauerin, die sich mit ihr unbewusst identifiziert. Die bitterste Einsicht aber lautet: Niemand mag Frauenversteher, schon gar nicht Frauen. Sie wollen einen Kerl, der nicht viele Worte macht, so wie Big. Ich hätte von *Sex and the City* ja so viel lernen können.

Uli löst den Pausenknopf, endlich endet die vorwurfsvolle Stille. Noch 40 Minuten bis zum Filmende. The trick is to keep breathing. Uli fragt die Couchfront: »Und wer von euch beiden hat *Sex and the City 2* dabei?« Der zweite Teil? Der Horror. Der Horror. Mein Handy vibriert. Eine SMS der Jungs.

»Typ, komm vorbei, wir machen einen entspannten Abend:

Saw 1 bis 6. Aber bitte, bitte provozier die Mädels nicht mehr. Wir kriegen hier die ganze Zeit wütende SMSe.«

Kurz darauf verlasse ich die Wohnung mit viel Glück durch die Tür. Auf dem Weg zu meinen sogenannten Freunden frage ich mich: Wie konnten sie mich bloß diesem Grauen aussetzen? Wieso musste ich allein einer unberechenbaren Gefahr trotzen?

Aus irgendeinem Grund habe ich richtig Lust, *Saw* zu gucken. Da finden sich unschuldige Menschen in einem fremden Raum wieder und müssen um ihr Leben kämpfen. Die klaustrophobische Spannung ist kaum auszuhalten, der Horror ist nervenzerfetzend. Darauf bin ich vorbereitet. Soll noch mal jemand sagen, *Sex and the City* sei zu nichts gut.

Geschlechter-Check

Liebesszenen: Eine
Dramatische Küsse: Einer
Der beste Moment, um aufs Klo zu gehen: Immer
Zentraler Dialog: Carrie: »*Wirklich? Wir ... wir werden heiraten?*« – Big: »*Wir werden heiraten. Möchtest du einen Diamantring?*« – »*Nein, nein! Schenk mir einfach einen monströsen Schrank.*«
Bester Männer-Spruch: »*Bist du der letzte Mensch in New York, der noch in Leihbibliotheken geht?*« (Big)
Bester Frauen-Spruch: »*Wir waren glücklich, bis wir uns entschieden haben, glücklich bis in alle Ewigkeit zu sein.*« (Carrie)
Taschentuchfaktor für Männer: 0 / 5
Taschentuchfaktor für Frauen: kein Kommentar
Der nächste Film, den Frauen gucken sollten: *Sex and the City 2*
Der nächste Film, den Männer gucken sollten: *Saw 1–6*

FRÜHSTÜCK BEI TIFFANY

Emanzipation im »kleinen Schwarzen«

Frauen sind Meisterinnen der Guerilla-Kriegsführung. Besonders versiert sind Ex-Freundinnen. In einer taktischen Meisterleistung, die großes psychologisches Gespür erkennen lässt, platzieren Frauen in der Wohnung ihres Freundes kurz vor Beziehungsende noch schnell jede Menge Krempel: 99-Cent-Haarspangen von angeblich hohem sentimentalen Wert. Wollpullis, die stärker haaren als Perserkatzen in der Chemotherapie. Oder Schlaf-T-Shirts mit irgendwie ironisch gemeinten Aufschriften wie »Wonderwoman« oder »Little Miss Sunshine«. Dabei ist die einzige Möglichkeit, ein Motto-T-Shirt humor- und damit würdevoll zu tragen, die, als Hochschwangere durch die Stadt zu laufen in einem Hemd, auf dem der Satz prangt: »Bier formte diesen wunderschönen Körper«.

Taktisch geschickt ist dieses Verhalten, weil es zu einem unangenehmen Treffen von Ex-Freundin und Ex-Freund zwingt, um dabei den besagten Krempel zu übergeben. Ex-Freundinnen zeigen sich dann überraschend zuvorkommend und schlagen vor, sie könnten »Wonderwoman« und Katzenpulli der Einfachheit halber abholen. Psychologisch unbeleckte Männer, also die meisten, verkennen dabei, dass Frauen das allein deshalb tun, um nachzuschauen, ob es in der Wohnung des Ex-Freundes Spuren einer neuen Frau gibt. Bloß: Warum Tina gleich hier vorbeikommt, erklärt das nicht. Tina mag Empathie für etwas halten, was man mit Pillen wegkriegt. Aber eines ist Tina nicht, nämlich verschlagen. Bei ihr gilt das Motto: What you see is what you get. Allerdings habe ich mich nun mal entschieden, sie nicht mehr sehen und nichts weiter von ihr bekommen zu wollen. Das soll so bleiben. Unsere Trennung liegt nur wenige Wochen zurück. Kurz darauf habe ich Ada kennengelernt, und sie hat mir das Herz gebrochen. (Was ist das überhaupt für ein Name: Ada?) Das reicht mir fürs Erste, ich will heute Abend alleine sein. Der Haken: Tina ist so was wurscht. Eine ihrer negativen Eigenschaften ist, sagen wir mal, emotionale Robustheit. Als ich ihr gestern sagte, meine Tante sei gestorben und ich müsse zur Beerdigung, war ihre erste Reaktion: »Passt die überhaupt in den Sarg?«

Gleich kommt also meine Ex hierher, in meine Wohnung, und ich frage mich: Wie bugsiere ich sie möglichst schnell wieder hinaus?

Es ist 20:23 Uhr, als es an der Tür klingelt, 37 Minuten früher als verabredet. Das muss Tina sein. Ich drücke den Türöffner und eile ins Wohnzimmer. Was, um Himmels willen, könnte ich um diese Uhrzeit zu Hause Dringendes zu tun haben, das mich vom Gespräch mit meiner Ex-Freundin abhält? Tinas Schritte hallen im Hausflur. Ich greife nach der Fernbedienung, schalte durch Dutzende Kanäle. Rumzuzappen ist kein guter Ersatz für einen ausgereiften Plan, mein Lieber. Die Wohnungstür quietscht, eine Frauenstimme ruft: »Wo bist du, Scheißerchen?« Keine Zeit mehr. Ich höre auf herumzuzappen und schaue auf den Fernseher. Ja, das könnte klappen. O ja, das klappt bestimmt. Arme Tina. In höchstens zwanzig Minuten habe ich sie rausgeekelt.

Als meine Ex-Freundin ins Wohnzimmer tritt, blickt sie auf den Fernseher, auf mich, auf den Fernseher, dann wieder auf mich.

»Wow! Also ehrlich: Wär' ich Ärztin, würd' ich dir jetzt 'n Rezept über zwei Hoden ausstellen.«

»Auch dir einen schönen guten Abend, Tina.«

»Jetzt echt: Was guckst du denn da? ›Sissi – allein zu Haus‹ oder was?« Mit einem Blick, der bedauernd wirken soll, schaue ich von der Couch hinüber zu Tina, dann zum Fernseher.

»Das ist *Frühstück bei Tiffany*. Den muss ich mir ansehen.« In der Rechten halte ich einen Schreibblock, in der Linken einen Stift. Ich tue, als machte ich Notizen. Hoffentlich hat Tina vergessen, dass ich Rechtshänder bin.

»Meine Tante«, sage ich so selbstverständlich wie möglich, »war der größte lebende *Frühstück bei Tiffany*-Fan.«

»Und jetzt ist sie der dickste tote Fan«, sagt Tina beiläufig und schaut sich im Zimmer um.

Wieso habe ich acht Monate mit dieser Frau verbracht? Ach ja: Anfangs sah ich vor allem Tinas Großzügigkeit, die komplette Abwesenheit von Berechnung. Später diente als Kitt eine blind machende Verliebtheit, die mir einredete, Tinas Sprüche seien wie ihr »I fuck on the first date«-Schlafshirt gemeint, nämlich irgendwie ironisch. Und als unsere Verliebtheit schwand, verband uns noch der Sex.

»Jetzt soll ich eine Rede auf der Beerdigungsfeier halten. ›Irgendwas über *Frühstück bei Tiffany*‹, hat mein Onkel gesagt. ›Weil du doch Filme so magst.‹ Ich hab' nur bis morgen Vormittag Zeit, um mir was Schlaues auszudenken. In der Videothek ist der Film ausgeliehen, aber zum Glück läuft er gerade im Fernsehen. Den muss ich jetzt gucken, hat grad erst angefangen. Tut mir echt leid, aber ich hab' jetzt keine Zeit zu reden. Nimmst du bitte einfach deine Klamotten? Die liegen da hinten. Wir können ja die Tage mal Kaffee trinken gehen oder so.«

37 Minuten mehr Zeit, und ich hätte bestimmt eine plausiblere Ausrede parat gehabt. Selbst für meine Verhältnisse ist das eine hanebüchene Geschichte. Als Teenager erklärte ich Mädchen auf Partys, mein hierzulande wenig bekannter Glau-

be verpflichte mich dazu, mit ihnen zu knutschen. Sollten sie nicht mitmachen, verletzten sie meine religiösen Gefühle. Dass dieser Brauch sehr bald ausstarb, erkläre ich mir mit Religionsfeindlichkeit.

Tina blickt gelangweilt auf den Fernseher. Ich weiß genau, wie wenig sie für romantische Filme übrig hat. Ihr erklärter »Lieblingsfilm« ist *Transformers 3*. Zehn, fünfzehn Minuten *Frühstück bei Tiffany*, und sie gibt zermürbt auf.

Zu Beginn des Films kehrt Holly Golightly (Audrey Hepburn) frühmorgens in ihre Wohnung in Manhattan zurück. Wie die junge, sehr elegant gekleidete Frau ihre langen Nächte füllt, wird hier wie im gesamten Film bloß angedeutet. Nur so viel ist klar: Holly verbringt sie in Gesellschaft reicher älterer Herren.

Die literarische Vorlage des Films, Truman Capotes gleichnamige Novelle, ist für den Film arg verharmlost worden. Zwar hinterfragt auch die Kinoadaption die bigotte Biederkeit der amerikanischen Nachkriegsgesellschaft, doch hat das Drehbuch nicht mehr viel mit Capotes Werk aus dem Jahr 1958 gemein. In dem Kurzroman trägt Holly Golightly die Züge mehrerer echter Society-Damen sowie der Mutter des Autors. Am Ende verliert der namenlose Erzähler Golightly aus den Augen. In der Hauptrolle der Verfilmung sah Capote von Anfang an Marilyn Monroe. Deren Berater aber warnten die Diva, die Rolle einer Hure sei schlecht für ihre Karriere. Schließlich sagte Audrey Hepburn zu.

Der Film war eine Großproduktion, Hepburn im Jahr 1961 längst ein Star mit dem Image einer elfengleichen, reinen Kindfrau. Das Studio wollte keine finanziellen Risiken eingehen, indem es die dominierenden Moralvorstellungen der Zeit frontal anging. Alkoholismus, Prostitution – das zeigte man nicht offen. Über das stark umgeschriebene und entschärfte Resultat urteilte Capote: »Ich hätte kotzen können.« Und so ist Holly in der Kinoversion ein strahlend weißer Schwan, der, umgeben vom Schlamm eines riesigen Teichs namens New York, auf rätselhafte Weise sauber bleibt. Unter der Regie von Blake Edwards hält *Frühstück bei Tiffany* eine fast unmögliche Balance zwischen Komik und Tragik. Seit langem habe ich den Klassiker nicht mehr gesehen. Vielleicht auch, weil ich entgegen Tinas Diagnose im Besitz zweier funktionierender Hoden bin. *Frühstück bei Tiffany* ist ein Frauenfilm. Alles an ihm ist mit Sinn fürs Detail ausgewählt: Hepburns schmale, schlichte Givenchy-Kleider, die die Mode der sechziger Jahre prägten, vor allem das »kleine Schwarze«; ihre riesige schwarze Sonnenbrille und der lange Zigarettenhalter; Hollys scharfzüngig-witzige Sätze; vor allem aber die Verknüpfung all dessen mit der großen Sehnsucht nach Befreiung vom Zwang, als Frau wählen zu müssen zwischen einem Leben als sittsame Gattin und dem als »leichtes Mädchen«.

Frühstück bei Tiffany markiert den Übergang von den bigotten Fünfzigern zu den wilden Sechzigern. Die Antibabypille kam auf den Markt, Bürgerrechtsbewegungen machten sich daran, gleiche Rechte für Frauen und ethnische Minderheiten zu erstreiten. Die Zeit verklemmt-hysterischer Frauenfiguren vom Schlage Doris Days ging zu Ende, ebenso die der zwar erotischen, aber entrückten »Leinwandgöttinnen«, wie sie Marlene Dietrich oder Elizabeth Taylor verkörperten. Der Film wird nicht nur von seiner Zeitstimmung geprägt, er weist ihr auch einen Weg in die Zukunft. *Frühstück bei Tiffany* lockt noch heute Zuschauer an, weil es für mehr steht als für die konkrete Geschichte, die es erzählt. Es ist Symbol einer zeitlosen Sehnsucht. Nur die klischeehafte Darstellung eines radebrechenden Japaners passt nicht ins geschmackvolle Bild.

Als Holly morgens müde nach Hause kommt, hat sie wieder mal ihren Haustürschlüssel verlegt. Sie klingelt ihren japanischen Nachbarn, Mister Yunioshi, aus dem Schlaf. Der schreckt auf, stößt sich dabei seinen Kopf an einer Lampe und stolpert durchs Zimmer. Der Schauspieler Mickey Rooney hat sich für diese Rolle Schlitzaugen, gelbliche Haut und riesige falsche Zähne verpassen lassen. Ein Klischee-Asiat, eine Slapstickfigur. Schon damals war die Darstellung umstritten, heute gilt sie als eindeutig rassistisch.

Tina lächelt. »Der Chinese ist ja richtig lustig!«

Jetzt weiß ich wieder, warum unsere Beziehung keine Zukunft hatte. Tina setzt sich neben mich auf die Couch, ich rücke ans andere Ende, bis zum Fenster zur Straße.

»Ich muss das hier echt gucken, Tina. Also …«

»Kein' Stress. Ich guck' einfach mit. Bier ist noch im Kühlschrank, oder?«

»Äh …«

»Rhetorische Frage. Ist noch was da. Hab' beim Reinkommen nachgeguckt.«

37 Minuten mehr Zeit, und mir wäre ein *toller* Plan eingefallen.

In die Etage über Hollys Apartment zieht ein junger Schriftsteller ein. Zumindest redet sich der hübsche Blondschopf Paul Varjak (George Peppard) ein, einer zu sein. Holly und er kommen einander näher, als sie vor einem randalierenden Liebhaber flüchtet und durch Pauls Schlafzimmerfenster in seine Wohnung klettert. Holly hat gesehen, wie sich eine ältere Dame vom schlafenden Paul verabschiedet hat. Der Literat hat seit fünf Jahren nichts veröffentlicht und lässt sich stattdessen von einer reichen Unternehmersgattin aushalten. Holly und Paul ähneln einander mehr, als ihnen lieb ist. Sie sind Getriebene. In Capotes Novelle ist Hollys Nachbar namenlos und kein Gigolo, sondern ein schwuler Schriftsteller – eine Anspielung auf Capote selbst. Für die Filmversion musste er von eindeutig heterosexuellem Charakter sein, weil offene Homosexualität undenkbar war in einer großen Hollywood-Produktion und weil eine Liebesgeschichte her musste.

In ihrem heiteren Singsang sagt Holly Paul, als sie einander kennenlernen: *»Ich passe schon so lange auf mich selbst auf. Sie brauchen keine Angst zu haben.«*

Zumindest das stimmt. Auf einer Party erfährt Paul von Hollys Filmagenten, dieser habe das heute glitzernde Wesen vor einigen Jahren entdeckt. Damals habe sie noch Lula Mae Barnes geheißen: ein Teenager vom Lande, der seiner Herkunft entfliehen wollte. Ein Jahr habe er gebraucht, um ihr den Akzent ihrer tristen Heimat abzuerziehen. Am Abend vor einem Vorsprechen für eine Filmrolle habe er mit ihr telefoniert. Anstatt sich in Los Angeles auf den wichtigen Termin vorzubereiten, sei sie in New York gewesen. Und warum? Einfach deshalb, weil sie nie zuvor dort gewesen sei. Wenn sie bereit sei, habe Holly erklärt, werde sie nach Los Angeles zurückkehren. Darauf wartet ihr Agent noch immer.

»Sie ist wirklich verrückt«, sagt er, halb bewundernd, halb kopfschüttelnd angesichts von Hollys ganz eigener Mischung aus Eigensinn und Selbstbetrug. Andererseits, fügt er hinzu, sei sie nicht verrückt: *»Wissen Sie, warum? Weil sie ernsthaft den ganzen Blödsinn glaubt, den sie verzapft.«*

Tina sieht dem Geschehen auf dem Bildschirm gelangweilt zu, der Reiz des Klischee-Chinesen scheint verflogen. Meine Ex-Freundin hat es sich auf meiner Couch gemütlich gemacht. Über ihre Socken hat sie ein Paar von meinen gestülpt, über ihren Beinen liegt meine Fleecedecke. Käme jetzt ein Fremder in die Wohnung, bekäme er den Eindruck, Tina und ich verbrächten einen schönen, harmonischen Abend miteinander. Einen Abend als Paar. Ich blicke auf sie, auf den Fernseher, aus dem Fenster. Da sitze ich neben meiner Ex-Freundin, mit der mich nichts mehr verbindet, und sehne mich nach einer Frau, die weit weg in Hongkong bei ihrem Ex-Freund ist. Wie Holly, so hat Ada mir nie gesagt, wann sie zurückkehren will. Vielleicht bleibt sie ja für immer dort, bei ihm. Was schert es mich überhaupt? Da finden wir zwei einander, landen gemeinsam im Bett, alles könnte perfekt sein, und ausgerechnet in diesem Moment erkennt sie, dass sie ihren Ex wiederhaben will. Ich wünschte, ich könnte mir einreden, das Ganze sei mir egal.

Zur Filmmitte taucht ein älterer Herr mit ländlichem Akzent und breitkrempigem Hut auf. Es ist Doc Golightly, er stellt sich als Hollys Ehemann vor. Vor sechs Jahren hätten beide geheiratet, seine Braut war damals vierzehn Jahre alt.

»Ich hab' nie verstanden, warum sie mir weggelaufen ist. Sie war immer glücklich und zufrieden.«

Ja, genau. Warum ist Ada bloß in die große Stadt geflohen? Hatten wir zwei nicht das Potential, das perfekte Paar zu werden – Film-Verführerin und Film-Verführer? Dann fällt mir die Antwort ein: Sie lag die ganze Zeit vor mir – in den Filmen, die ich angeschaut, aber nicht wirklich gesehen habe. *Fight Club, Pretty Woman, Sex and the City.* Das letzte Mosaikstück, das das Bild vervollständigt, liefert *Frühstück bei Tiffany*. Wie konnte ich es bloß übersehen? Während mein Hirn endlich die vielen Einzelteile zusammenfügt, die schon lange ein Bild ergaben, ohne dass ich es erkannte, blicke ich wie gelähmt auf den Fernseher.

Holly will nicht zurück aufs Land. Schonend versucht sie, es dem verletzten Doc Golightly begreiflich zu machen: *»Du hast immer den Fehler gemacht, etwas festzuhalten, was man nicht halten kann. Man kann auch wilde Tiere nicht festhalten. (…) Du darfst dein Herz nicht an etwas hängen, was man nicht zähmen kann.«*

Etwas festhalten, was man nicht halten kann. Das ist es.

Ich war wie Pygmalion, der griechische Bildhauer, der aus Stein eine Frau nach seinen Wünschen formte. Die Figur aus Ovids *Metamorphosen* wurde rund 1900 Jahre später Vorbild für George Bernard Shaws Theaterstück *Pygmalion* über das einfache Londoner Blumenmädchen Eliza Doolittle, das ein arroganter Sprachwissenschaftler zum Abbild einer Herzogin erziehen will. Edward Lewis will in *Pretty Woman* aus der Hure Vivian Ward mit Geld eine Dame von Welt formen, anstatt sie so zu lieben, wie sie ist. Eine solche Frau will er nicht, sondern die perfekte Verkörperung seiner Wünsche. Dazu will er etwas in ihr zähmen, was nicht gezähmt werden will, nicht gezähmt werden kann und darf.

Vivian Ward wiederum lässt nicht ab vom Traum, eine Prinzessin zu sein. Zum Schluss lenkt der Prinz ein und fährt vor ihrer Wohnung vor. Es ist die Erfüllung ihres Kleinmädchentraums. Genauso verhält sich Carrie Bradshaw in *Sex and the City – Der Film*. Dort muss der Prinz am Ende vor ihr niederknien, um sie für sich zu gewinnen. Jetzt weiß ich, warum mir die beiden Romantischen Komödien so wenig gefallen: weil sich ihre Helden nicht entwickeln. Weil sie nicht anerkennen, dass sie nur Menschen sind. Und dass die, die mit ihnen leben wollen, auch nur Menschen sind – und keine Märchengestalten, die zur Verzauberung des eigenen Lebens da sind.

Und ich? Ich habe nicht akzeptiert, dass Ada ein einzigartiger Mensch ist. Als ich mich aufgemacht habe, die Frau fürs Leben zu finden, habe ich nicht nach einem konkreten Menschen gesucht. Stattdessen sehnte ich mich nach der Erfüllung meiner Sehnsucht nach der perfekten Gefährtin: klug, schön, interessiert an Filmen und den Geschichten hinter den Geschichten. Sollten Ada Zweifel geplagt haben, ob es gut sei, dass wir einander in so kurzer Zeit so nahekommen, dann habe ich sie ignoriert. Es konnte nicht sein, was nicht sein durfte. Ich war blind, wie Doc.

Frühstück bei Tiffany nähert sich dem dramatischen Finale. Während Tina gelangweilt auf ihrem Smartphone herumtippt, eilt Holly zum Flughafen. In Brasilien will sie ein Leben mit einem reichen, älteren Mann beginnen. Sie redet sich ein, er werde sie heiraten, dabei ist eine Zukunft als seine Geliebte wahrscheinlicher. Holly will ihrem ziellosen New Yorker Leben entfliehen – und droht, dieses Leben vor einer anderen Kulisse fortzuführen. Paul ist bei ihr. Selbst, als er ihr eröffnet, dass der Brasilianer die Verbindung mit ihr löst, rennt Holly ihrem Traum vom besseren Leben hinterher.

»Die Maschine fliegt um zwölf Uhr, und ich fliege mit.«

»Das darfst du nicht, Holly.«

»Et pourqoui pas? Ich hab' nicht die Absicht, ihm nachzulaufen, keine Angst. (…) Aber deshalb lass' ich doch meine Flugkarte nicht verfallen. Außerdem war ich noch nie in Brasilien.«

Paul will ihr die Abreise ausreden. Längst hat er sich in Holly verliebt. In die wahre Holly: in die einzigartige Mischung aus Farmmädchen, Getriebener und Elfe. Nicht in ihre perfektionierte Rolle, sondern in den Menschen.

»Holly, du weißt, ich liebe dich.«

»Na und?«

»›Na und‹? Das fragst du? Ich liebe dich, und du gehörst zu mir.«

»Nein. Kein Mensch gehört einem Menschen.«

»Da irrst du dich, Holly.«

»Ich werde mich von keinem einsperren lassen.«

»Einsperren will ich dich nicht. Ich will dich lieben.«

»Das ist dasselbe.«

»Das ist es nicht.«

»Holly …«

»Ich bin nicht Holly. Lula Mae bin ich auch nicht. Ich weiß nicht, wer ich bin. Ich bin wie der Kater. Wir sind ein paar Niemande. Wir gehören zu niemandem.« Kurz darauf lässt Paul das Taxi anhalten. Er steigt aus, es regnet.

»Weißt du, woran es bei dir fehlt, du armes Ding ohne Namen? Du hast Angst. Du hast keine Courage. Du bist ein Kind, das Angst hat, alles so zu nehmen, wie es ist. Menschen verlieben sich nun mal. Menschen gehören zusammen. Weil das die einzige

Möglichkeit ist, ein bisschen glücklich zu werden. Du hältst dich für einen freien Geist, der nur ungebunden leben kann. Und du zitterst vor Angst, dass dich jemand in einen Käfig sperren könnte. Mein liebes Kind, du sitzt schon lange drin, und gebaut hast du ihn dir selbst. Und der Käfig ist nicht nur in Tulip, Texas oder hier in New York, sondern du schleppst ihn überall mit dir 'rum. Ganz gleich, wohin du auch gehst: Überall wirst du dir selbst begegnen.« Paul geht.

Verdammt! *Das* hätte ich Ada entgegnen sollen, als sie mich frühmorgens in der Küche mit großen, geröteten Augen anblickte und sagte, sie müsse nach Hongkong zu ihrem Exfreund fliegen. *Das* hätte ich sagen sollen – also mal abgesehen von »Tulip, Texas«, »New York« und »Mein liebes Kind«. Ich wollte Ada nicht einengen – oder etwa doch? Zumindest habe ich es nicht verhindern können, dass sie diesen Eindruck gewann. Meine Güte, wer hätte gedacht, dass Gefühlsdinge so kompliziert sein können? Mein Leben wäre viel einfacher, hätte es einen Drehbuchautor vom Schlage George Axelrods. Dessen Arbeit führte bei Capote zwar zu Würgereiz, aber ich hätte in jeder Lebenslage eine geschliffene Formulierung parat.

Nun endgültig allein, erkennt Holly ihren Fehler. Sie lässt das Taxi stoppen, steigt aus und rennt im strömenden Regen zurück zu Paul. Die junge Frau hat ihr Größenselbst, ihre unerfüllbare Sehnsucht nach Großartigkeit, hinter sich gelassen, weil sie verstanden hat, was wahre Liebe bedeutet. Die Heldin gibt ihre narzisstischen Wunschvorstellungen auf, und sie überwindet ihre Furcht vor Nähe. Die Liebe eines anderen Menschen befähigt sie, sich so zu akzeptieren, wie sie ist. Darin ähnelt die Geschichte *Fight Club*. Gewissermaßen ist *Frühstück bei Tiffany* ein *Fight Club* für Frauen.

Das alles hätte ich Ada gern gesagt. Das mit der Liebe. Und das mit dem *Fight Club* für Frauen. Das eine hätte sie bewegt, das andere zumindest erheitert. Aber Ada ist weg. Sie wollte mich nicht. Schließlich bin ich nicht Paul alias George Peppard. Der Schauspieler wurde zwei Jahrzehnte später zum Helden meiner Kindheit: als John »Hannibal« Smith, Kopf des *A-Teams* in der gleichnamigen US-Fernsehserie. Zu scheitern, wo »Hannibal« gewann, ist keine Schande.

Der Abspann beginnt, begleitet von der sentimentalen, Oscar-gekrönten Filmmusik Henry Mancinis. Ich blicke auf die Couch. Ada ist weg. Aber Tina ist da.

Tina hebt ihre Bierflasche, merkt, dass sie leer ist, und seufzt. Womöglich habe ich in unserer gemeinsamen Zeit etwas an Tina übersehen. Es könnte doch sein, dass ich eine zarte, empfindungsreiche Seite an ihr ignoriert habe, weil ich es unbewusst so wollte. So, wie ich manches an Ada übersehen habe. Tina sendet vielleicht Signale, die ich nicht verstehe. Genau: Ich muss lernen, ihre Botschaften zwischen den Zeilen zu lesen.

»Mir ist langweilig«, sagt Tina und rutscht herüber. Mir bleibt kein Platz auf der Couch, mein Hinterkopf lehnt an der Fensterscheibe.

»Ich möchte jetzt gern allein sein«, sage ich.

»Ich lass' dich sofort in Ruhe, wenn du noch mal mit mir schläfst. Abschiedssex. Ohne Verpflichtungen.«

(Andererseits bin ich mir ziemlich sicher, ihre Botschaft diesmal richtig verstanden zu haben.) Ach, warum eigentlich nicht? Ich habe schon schlechtere Deals geschlossen, um Ruhe oder Sex zu haben. Und ich tue niemandem weh.

Tina und ich küssen uns auf der Couch. Der Gedanke an Ada versinkt in einem Teil meines Hirns, den ich in diesem Moment nicht brauche. Bloß nicht nachdenken. Routiniert ziehen wir einander den Pullover aus, das Hemd. Tina steht auf, nur mit einem Slip und Socken bekleidet, und geht zum Fenster, um die Vorhänge zuzuziehen. Leute in den Wohnungen gegenüber und Passanten müssen ja nicht unbedingt sehen, was hier im ersten Stock passiert. Wofür ist schließlich das Internet da?

»Was guckst'n so blöd?«, ruft Tina durchs geschlossene Fenster. »Noch nie 'ne nackte Frau am Fenster gesehen?«

Von einem voyeuristischen Passanten müssen wir zwei uns nicht den Abend verderben lassen, einen Abend ohne Verpflichtungen. Ich gehe auf Tina zu, lege einen Arm auf ihre nackte Schulter, mit dem anderen greife ich nach den Vorhängen. Unten auf der Straße, im Licht einer Laterne, sehe ich eine schwarzgelockte Frau mit einem Rollkoffer stehen.

Ada schaut zu uns hinauf.

Geschlechter-Check

Liebesszenen: Also bitte.
Dramatische Küsse: Einer
Zentraler Dialog: *»Soll ich dir mal was sagen, Schätzelchen? Dich würde ich wegen deines Geldes sofort heiraten. Würdest du mich auch wegen meines Geldes heiraten?« – »Sofort.« – »Schön, dass wir beide nicht reich sind, nicht?« – »Ja.«*
Bester Männer-Spruch: Siehe oben
Bester Frauen-Spruch: *»Gibst du mir bitte meine Tasche, Schätzchen? So was kann eine Frau ja unmöglich lesen ohne Make-up.«*
Taschentuchfaktor für Männer: 0 / 5
Taschentuchfaktor für Frauen: 5 / 5
Der nächste Film, den Frauen gucken sollten: *Fight Club*
Der nächste Film, den Männer gucken sollten: *Das A-Team*

JAMES BOND 007 – SKYFALL

Der berühmteste Agent: ein Muttersöhnchen?

Liebe Ada,
dies ist mein erster handschriftlicher Brief, seit ich damals Anja aus der Parallelklasse fragte, ob sie mit mir gehen will. Ich hoffe sehr, diese Zeilen haben mehr Erfolg. Ich schreibe Dir, weil ich noch Hoffnung für uns beide habe und um ein Zeichen zu setzen. Du gehst ja seit Tagen nicht ans Handy und auf meine SMS reagierst Du nicht. Du warst schon weg, als ich am besagten Abend auf die Straße gelaufen kam, um Dir alles zu erklären. Aber ich bitte Dich, diesen Brief zu lesen, weil ich mir große Mühe gegeben habe, ihn zu verfassen. Ich möchte Dir erklären, wie ich mich fühle und warum ich glaube, dass noch nicht alles verloren ist. Du bist wütend auf mich und verletzt. Das kann ich sehr gut nachvollziehen. ~~Ich war auch wütend und verletzt, als Du Deinem Ex hinterhergeflo~~ (Bitte ignoriere das Durchgestrichene. Das hat nichts zu sagen.) Für den Fall, dass Du nicht wissen willst, was ich Dir zu sagen habe, habe ich mir etwas Besonderes ausgedacht. Nur für Dich.

Du hast mich am Tag, als wir uns in der Videothek zum ersten Mal sahen, gefragt, was ich von James Bond-Filmen halte. Damals blieb mir keine Zeit zu reagieren. ~~Warum eigentlich?~~ Dieser Brief soll meine Antwort sein. Falls Du Dich also nicht mehr für mich interessierst, so interessieren Dich hoffentlich meine Ansichten über 007. Mit einer Deutung des »Männerfilms« Fight Club habe ich in der Videothek zum ersten Mal Deine Aufmerksamkeit gewonnen, vielleicht erhalte ich sie durch das Erklären des »Männerideals« Bond noch einmal. Dieser Brief ist also ~~eine Art Köder~~ eine Bitte um Deine Aufmerksamkeit. Bei genauerer Betrachtung finde ich die Figur Bonds sehr interessant, sie sagt viel aus über die Entwicklung der Männer und des Bilds vom Mann im vergangenen halben Jahrhundert. Und deshalb sagt sie auch viel aus über mich.

James Bond und ich haben ~~eine Menge gemein~~ mehr gemein, als man denken mag. Der Geheimagent ist ein Geschöpf der modernen Arbeitswelt, und er ist ein Zeichen der Krise klassischer Männlichkeit. 1953 erschien Ian Flemings erster Roman über den britischen Geheimagenten. Fleming hatte im Zweiten Weltkrieg selbst eine Spezialeinheit der Royal Marines geleitet, die unter anderem an der strategisch wichtigen Straße von Gibraltar deutsche Beobachtungsposten zerstören sollte. Codename: »Operation Goldeneye«. Großbritannien siegte zwar über Nazi-Deutschland, aber die gewaltigen Kriegsanstrengungen hatten es extrem geschwächt. Das in Jahrhunderten gewachsene, weltumspannende Empire, schon seit langem im Abstieg begriffen, zerfiel zusehends. Indien, das »Kronjuwel« unter den Kolonien, musste bereits kurz nach dem Krieg in die Unabhängigkeit entlassen werden. Die britische Wirtschaft schlitterte in die Krise, das Land geriet in zunehmende Abhängigkeit von den erstarkten USA – noch so einer ehemaligen Kolonie.

Was ich damit sagen möchte, Ada, ist dies: Bond zu erschaffen war der Versuch eines zutiefst gekränkten Mannes, sein geliebtes Ideal vom Mann als Krieger in die neue, komplizierte Ära des Kalten Krieges zu retten. Bond war eine Antwort auf die Frage: Was macht einen Mann aus in einer Zeit, in der er sich nicht mehr auf klassische Art »im Kampf bewähren kann« wie die Generationen seiner Väter und Großväter? Superman entstand in den 1930ern als amerikanische Antwort auf diese Sehnsucht. Tagsüber arbeitet der unauffällige Brillenträger Clark Kent in einer Zeitungsredaktion. Die demütigende Rolle eines niedrigrangigen Büromenschen streift er ab, wenn er seinen blauroten Ganzkörperstrampler anzieht.

Im Kalten Krieg war die Figur, die einem Soldaten am nächsten kam, der Agent. Nach wie vor kämpften Männer gegen das Böse, aber dabei trugen sie keine feldgrauen Uniformen mehr, sondern Smoking oder Businessanzug. Diese Figur passte in die Zeit – in die Angestellten-Ära. Nach dem Zweiten Weltkrieg, vor allem ab den sechziger Jahren, verschwanden in Westeuropa Millionen klassischer Industriearbeiterjobs in Minen und Fabriken. Große Körperkraft, dieses uralte Merkmal eines »echten Kerls«, taugte nicht mehr zur Definition eines Mannes. Das Ergebnis der eigenen Hände Arbeit war keine gefüllte Scheune mehr und kein zusammengeschweißtes Auto, sondern ein ungreifbarer Verwaltungsakt. Das Schwerste, was Männer in Büros neben ihrer Verantwortung zu tragen hatten, waren Aktenstapel – kein befriedigender Zustand. Bond war eine Antwort auf diese Gefühlslage, eine Verbindung aus herkömmlichem und neuem Männerbild: ein Krieger im Maßanzug. Ein Kerl, frei von den Selbstzweifeln, die reale Männer plagten. In Bonds Welt waren Frauen keine zunehmend selbstsicheren Kolleginnen und Partnerinnen, die immer mehr Mitsprache einforderten, sondern sexy Betthasen, die sich nichts sehnlicher wünschten, als dem Eroberer zu Diensten sein zu dürfen. (Ich bin übrigens noch nicht an dem Punkt, an dem ich die Ähnlichkeiten zwischen mir und Bond aufzähle.)

James Bond gab sich so demonstrativ selbstgewiss, weil die realen Männer immer unsicherer wurden. Sie fühlten sich in Frage gestellt. Bond war die Verkörperung jener, die über Jahrhunderte die Macht in Händen gehalten hatten: weiße, zumeist heterosexuelle Männer aus der Oberschicht. Deren Dominanz griffen Emanzipationsbewegungen immer stärker an, allen voran die Frauen. 007 lächelte kalt über all jene, die ihn für unzeitgemäß hielten. Gerade das machte ihn anziehend für Männer, die nach Vergewisserung suchten. Doch Bond war nicht schlicht reaktionär, sonst wäre er keine feste Größe der Populärkultur der halben Welt geworden. Das Mittel, das die im Kern rückwärtsgewandte Figur modern erscheinen ließ, war seine bedingungslose Hinwendung zum technischen Fortschritt:

Bond kämpfte und tötete – aber nicht allein mit Fäusten und seiner kleinkalibrigen Walther PPK, sondern auch mit Maschinengewehren, die im Sportwagen Aston Martin DB5 montiert waren, wie im dritten Film Goldfinger. Mit umgeschnalltem Treibstofftank, einem sogenannten Jetpack, jagte er 1965 in Feuerball in den Himmel. Sein weißer Lotus Esprit aus ~~Die Muppets erobern Manhattan~~ Der Spion, der mich liebte (1977) war nicht nur ein schicker Sportwagen, sondern unter Wasser ein U-Boot. Und zwei Jahre darauf flog der Agent in Moonraker mit einem Space Shuttle ins All. Bond-Filme sind eine Mischung aus Technik- und Allmachtsphantasien, auch bekannt als Männer-Filme.

Die Bond-Serie ist also der mal charmante, mal peinliche Versuch, das Bild vom Mann als Helden zu bewahren. Ein Mann muss tun, was ein Mann tun muss. Je länger die Serie lief, desto alberner geriet dieser Versuch. 007 wirkte bei Timothy Dalton und Pierce Brosnan wie die Karikatur seiner selbst. Ein Mann, der alle Fluggeräte dieser Welt lenken kann, ohne es zuvor erlernt zu haben. Ein Typ, dessen Frisur Explosionen standhält. Dann betrat 2006 ein neuer Bond-Darsteller die Szenerie. Daniel Craig ist das Beste, was der Serie passieren konnte. Durch ihn passt die Figur des Geheimagenten endlich wieder in die Zeit. Das gewandelte Männerbild wird nicht mehr geleugnet, sondern in die Erzählung eingebaut. Craigs Bond ist noch immer ein Einzelgänger, der im Auftrag Ihrer Majestät Menschen tötet. Aber die fröhliche Niedertracht beim Töten, die seine Vorgänger zeigten, ist ihm abhandengekommen. Er weiß nicht mehr, ob das, was er tut, wirklich richtig ist. Er grübelt und sucht neue Wege. Und damit, liebe Ada, bin ich beim Mann von heute angekommen. Und bei mir.

Heutzutage zweifelt und bangt sogar James Bond, ~~dann darf ich das doch wohl auch~~. Daniel Craig spielt in Casino Royale, Ein Quantum Trost und Skyfall keinen zweidimensionalen Superhelden mehr, sondern einen dreidimensionalen Charakter, auch bekannt als »Mensch«. Natürlich bringt 007 immer noch Stunts, die den physikalischen Regeln zumindest dieses Universums nicht unbedingt folgen. Er lenkt einen Bagger auf einem rasenden Zug, taucht in Venedig in einem untergehenden Haus und übersteht einen Flugzeugabsturz ohne funktionierenden Rettungsschirm. Aber spätestens im dritten Craig-Einsatz, Skyfall aus dem Jahr 2012, wird aus der Figur 007 eine Person James Bond. Und wie im richtigen Leben reift ein Mensch auch hier charakterlich vor allem durch eines: Leid.

Craigs Bond hat sich in Casino Royale in eine Frau verliebt, in Ein Quantum Trost um sie getrauert und schmerzhaft erfahren, dass seinen Kräften Grenzen gesetzt sind. Zu Beginn von Skyfall wird der zuvor Unverwundbare sogar im Einsatz angeschossen, obendrein von einem Agenten aus den eigenen Reihen und, was fast noch schlimmer ist, von einer Frau. Als er auf einem Zug mit einem der Bösen ringt, fällt dieser Schuss, der versehentlich Bond trifft. Der Held stürzt von einer Eisenbahnbrücke hinab in einen Fluss. Der Agent ist ganz unten angekommen. Den Schießbefehl hat M im fernen London erteilt, die Chefin des britischen Auslandsgeheimdienstes MI6. Die herrische, alternde Frau (Judi Dench) hat durch ihre Entscheidung zu schießen, auch wenn Bond getroffen werden könnte, ein Urteil über ihn gefällt: Im Zweifel kann man auf ihn verzichten. Bonds Ersatzfamilie und ihre Chefin haben nicht weiter nach ihm gesucht, sondern ihn im Stich gelassen und für tot erklärt. Es ist die ultimative Demütigung. Doch Bond kann nur weiterleben, wenn er sich den Zweifeln, die ihn plagen, stellt. Es bringt nichts, sich hinter einer brüchig gewordenen Fassade klassischer Männlichkeit zu verstecken. Bond muss sich selbst gegenüber ehrlich sein.

Auch ich muss mir selbst gegenüber ehrlich sein. Und Dir gegenüber, Ada.

Ich dachte, ich wüsste, was ich will, ohne darüber nachzudenken. Weil ein Mann nun mal will, was ein Mann wollen muss. Ich glaubte, ich könnte sogar die Suche nach der großen Liebe nach Plan angehen. Ich machte mich auf die Suche nach der perfekten Frau – und fand Dich. Du erfülltest alle Anforderungen, die ich mir in meinem Kopf zurechtgelegt hatte: klug, schön, humorvoll, an Filmen interessiert. Aber ich schaute vor allem darauf, was und wie Du bist. Und zu wenig darauf, wer Du bist. Wenn Du Zweifel hattest, ob das mit uns beiden womöglich zu schnell ging, habe ich sie überhört, weil ich sie überhören wollte. Vielleicht hätten sich die Dinge anders entwickelt, wäre ich auf Deine Unsicherheit eingegangen. Womöglich hättest Du es dann nicht für nötig gehalten, Deinem Exfreund nach Hongkong nachzufliegen, um zu testen, ob zwischen euch beiden noch immer etwas ist. Um Deine Zweifel zu sehen, hätte ich meine eigenen Zweifel anerkennen müssen. Ich wünschte, das hätte ich früher getan.

Die Welt da draußen ist zu kompliziert, um als Mann einfach »seinen Weg gehen« zu können. Immerzu muss man nach der Richtung fragen, und ab und zu gerät man vom rechten Weg ab und in üble Gegenden. ~~Manchmal hat man dann Abschiedssex mit der Ex-Freundin.~~

Vielleicht sollte ich keinen Brief schreiben, wenn ich ~~dabei einen Sechserpack Bier und eine halbe Flasche Weißwein trinke~~ hundemüde bin. Kannst Du meine Handschrift überhaupt entzifxpern?

Damit Du, liebe Ada, diesen Brief an dieser Stelle weiterliest, anstatt ihn genervt wegzuwerfen, habe ich eine weitere These für Dich: Skyfall zeigt, was für ein armer Wicht ein klassischer Macho im Kern ist. Ein Typ vom Schlage Bonds ist eben kein ganzer Kerl, sondern ein emotional halbwüchsiger Junge. ~~Psychanaltisch gesehen Psycharonat~~ Im Grunde ist ein Macho ein Mann, der sich aus unbewusster Furcht vor dem emotionalen Zugriff einer Mutterfigur in die Gefühlskälte flüchtet. Indem ein Macho Frauen benutzt und wegstößt, vergewissert er sich seiner Unabhängigkeit. Nach dem Motto: Mama kann mir nix! Bond ist ein Muttersohn. Über Jahrzehnte hat diese Seite des Machotums entscheidend zu Bonds Popularität beigetragen. Skyfall zeigt die andere Seite dieser ungesunden Mutterbindung.

Unter der Regie von Sam Mendes (*American Beauty*, *Road to Perdition*) erhält der Agent mit dem Durchschnittsnamen nach fünfzig Dienstjahren eine Lebens- und Leidensgeschichte. Woher stammt Bond? Was treibt ihn an? Was fürchtet er am meisten? Wie so viele Heldenfiguren, so ist auch Bond eine Waise. Die Eltern, schottische Gutsbesitzer, sind früh gestorben. Der MI6 wird für den jungen Mann zur zweiten Familie, deren Oberhaupt M gibt Judi Dench als strenge, kühle, ungehaltene, alternde Herrscherin. Der Doppel-Null-Agent lebt im Bewusstsein, ihre besondere Gunst zu genießen – bis sie zu Beginn von *Skyfall* den fatalen Schießbefehl gibt. Bonds Fall ist der symbolische Sturz des Helden ins Schattenreich: Skyfall.

Dem Totgeglaubten kommen Zweifel: Warum soll ich mein Leben für meine Chefin aufs Spiel setzen, wenn ich für sie nur eine Schachfigur bin? Ein Bauer, der der Königin geopfert wird?

M ist eine Mutterfigur, Bond und Silva sind ihre symbolischen Söhne. Immerzu wird die Geheimdienstchefin in *Skyfall* mit »Ma'am« angeredet, und es ist kein Zufall, dass es fast so klingt wie »Mom«. Bonds emotionale Bindung zur »Mutter« ist erschüttert durch Ms Verrat.

Natürlich zieht der Krieger erneut in den Kampf. Es geht gegen Raoul Silva (Javier Bardem). Wie sich zeigt, zählte das Hacker-Genie mit den schlecht blondierten Haaren einst ebenfalls zu Ms Günstlingen – und wurde wie Bond im Stich gelassen. Unter dem Titel »Der Spion, der nur Mutti liebte« urteilt Spiegel Online: »Bond und Silva, das sind zwei enttäuschte Söhne der gleichen Mutter, die, jeder auf seine Art, nach Aufmerksamkeit heischen: der eine mit Gewalt, der andere durch Gehorsam.«

Bond steht vor einer schweren Entscheidung: Hält er in Treue fest zu M? Oder geht er, wie Silva, den Weg ins ~~Blonde~~ Böse? Erst nach längerem Zögern stellt sich der Agent wieder auf Ms Seite. Trotz aller Demütigung will er Silva stoppen.

Die Idee, Bond um die Gunst einer kalten Mutter buhlen zu lassen, ist genial. Denn sie greift eine Idee auf, die in der Figur Bonds immer angelegt gewesen ist: Heranwachsende Jungen müssen lernen, sich von der immens wichtigen Person der Mutter zu lösen. Klassischerweise tun sie das, indem sie alles, was sie an diese Bindung erinnert, hinter sich lassen, abspalten. Dabei ist Männlichkeit definiert als das Nicht-weiblich-Sein. Klassische Weiblichkeit steht für Emotionalität, Schutz, Ruhe und Rückzug. Diese »weiblichen« Anteile glaubt Bond verdrängen und ersetzen zu müssen durch demonstrative Gefühlskälte, Ruhelosigkeit und Härte. Es ist die Definition des Machos. Weil er sich nie wirklich von seiner Mutter lösen konnte, muss er alles vermeintlich Weibliche in sich immerzu fortstoßen. Und seine Männlichkeit muss er sich immerzu beweisen, weil er sich ihrer unbewusst so unsicher ist.

Was das mit mir zu tun hat, möchtest Du wissen? Einerseits schreibe ich schlicht deshalb so lange, weil ich beim Schreiben hoffen kann, dass Du diese Zeilen lesen wirst. Je mehr ich schreibe, desto mehr denkst Du an mich. Aber ich habe Dir auch Parallelen zwischen Bond und mir versprochen. Die zu ziehen fällt mir gerade gar nicht so leicht. Denn ich muss zugeben, ich habe diesen Brief nicht bis zum Ende durchdacht. Aber ich versuch's.

Bond und ich müssen beide erst tief fallen, um geläutert und innerlich gefestigt wieder aufsteigen zu können. ~~Bond steigt wieder in der Gunst seiner symbolischen Mutter, so wie ich in Deiner.~~

~~M hat Bond im Stich gelassen, so wie Du mich.~~

~~Moneypenny ist wie meine Ex: Zwischen Bond und ihr wird nie wieder etwas laufen.~~

Nach längerem Überlegen glaube ich, Bond und ich haben doch nicht so viel gemein.

Was ich eigentlich sagen will: Liebe Ada, Du fehlst mir. Ich habe Dich verletzt, und Du hast mich verletzt. Ich weiß nicht, ob wir zwei noch eine Chance haben, aber ich würde es sehr, sehr gern versuchen.

Das ist meine Antwort auf Deine Frage, was ich von Skyfall halte.

Alles Liebe,

Dein

Film-Verführer

~~PS: Findest Du nicht auch, dass Frühstück bei Tiffany eine Art Fight Club für Frauen ist?~~

P.S: Bitte ignoriere die vielen Durchstreichungen.

Geschlechtercheck

Liebesszenen: *Für James Bond nie genug.*
Dramatische Küsse: *Zwei. M kriegt keinen.*
Der beste Moment, um aufs Klo zu gehen: *Während des Abspanns.*
Zentraler Dialog: *Bond: »Was hatten Sie gesagt? ›Schießen Sie, verdammt nochmal.‹«*
M: »Es war eine Ermessensentscheidung.«
»Sie hätten mir vertrauen sollen, dass ich den Auftrag zu Ende bringe.«
»Sie zu verlieren war möglich, die anderen Agenten zu verlieren gewiss. Ich konnte nicht anders entscheiden, das wissen Sie.«
»Ich glaube, Sie haben die Nerven verloren.«
»Herrgott, erwarten Sie eine Entschuldigung? Sie kennen die Regeln, Sie spielen lange genug danach. Wir beide tun das.«
»Vielleicht zu lange.«
(…)
»Wenn Sie das glauben, warum sind Sie dann hier?«

»Gute Frage.«

»Weil wir angegriffen werden, und Sie wissen, dass wir Sie brauchen.«

(seufzt) »Ich bin hier.«

Bester Männer-Spruch: Silva (zum gefesselten Bond über M): *»Was ist das sonst, wenn nicht Verrat? Sie hetzt Sie auf mich, obwohl sie weiß, dass Sie nicht bereit sind und dass Sie wahrscheinlich sterben. Mami war sehr böse.«*

Bester Frauen-Spruch:
M (zu Silva): *»Reue ist unprofessionell.«*

Taschentuchfaktor für Männer: *5 / 5*

Taschentuchfaktor für Frauen: *1 / 5*

Der nächste Film, den Frauen gucken sollten: *Casino Royale* und *Ein Quantum Trost*

Der nächste Film, den Männer gucken sollten: dito

ALIEN – DAS UNHEIMLICHE WESEN AUS EINER FREMDEN WELT

Der wahre Action-Film für Frauen

Sie hat sich tatsächlich gemeldet. Sie hat mich angerufen, als ich am wenigsten damit gerechnet habe, und bedauert, wie unser letzter gemeinsamer Abend geendet ist. Sie hat gesagt, so könnten wir doch nicht auseinandergehen, und ein Treffen vorgeschlagen. »Eine Art Date«, sagte sie und lachte. »Mal sehen, was draus wird.« Jetzt sollte ich mich wohl freuen. Aber ich freue mich nicht. Denn »sie«, die angerufen hat, war nicht Ada, sondern meine Ex-Freundin Tina.

Ich will der bleiben, der ich bin, nämlich Tinas Ex-Freund. Mit dem Abstand eines Mannes, der sie nicht als Liebhaberin in seinem Leben will, aber als Mensch schätzt, kann ich ihre Marotten womöglich sogar wertschätzen. Wäre ich damals nicht ihr Freund gewesen, hätte mich ihr letzter Auftritt im Kino vor ein paar Wochen, als wir *Titanic 3D* sahen, wahrscheinlich sogar amüsiert: Da sagt eine Frau, die sich einen Dreck um die Meinung anderer Leute schert, offen ihre Meinung. Dummerweise *war* ich aber ihr Freund. Und wer möchte schon eine Freundin, die sich einen Dreck um die Meinung anderer Leute schert – auch um die ihres Freundes?

Weil Tina Tina ist, wartete sie gar nicht ab, wie ich auf ihre Frage nach »einer Art Date« antwortete. Sie legte einfach Datum und Ort fest, und ich ließ es geschehen – noch immer betäubt von der Enttäuschung, nicht Adas Stimme am anderen Ende der Leitung zu hören. Tina ist nicht gut für mich. Ob ich je eine glückliche Beziehung führen werde, weiß ich nicht. Aber ich weiß genau, dass ich lieber allein lebe, als wieder mit Tina zusammen zu sein. Aber wie mache ich das einer Frau klar, die zarte Andeutungen nicht versteht, sondern ein eher, sagen wir mal, robustes Gemüt hat? Einer Frau, die auf Zweijährige eine ähnliche Ausstrahlung hat wie ein schnauzbärtiger Schaffner auf einen Teenager ohne Fahrschein? Wie erkläre ich einer Frau mein Desinteresse, die in unseren gemeinsamen acht Monaten siebenundzwanzigmal den Scherz brachte, ich möge doch Musik von »Simon & Furunkel« spielen?

Vier Stunden vor unserem Treffen schickt mir Tina eine SMS: »Freu mich aufs ›date‹ ;). Problem: Der frauke gehts mies. Neunter monat, und ihr muschigucker muss wieder länger in klinik arbeiten. Will sie besuchen. Komm mit. Bring ne dvd mit. Frauke mag so frauenfilme mit anspruch. Am besten was über schwangere. Aber nich so ne ›romantische komödie‹ wie ›nine months‹ mit der schwuppe hugh grant!«

Als ich das lese, grinse ich breit wie einer dieser stark geschminkten Gangster aus einem alten Stummfilm. Ich kenne Frauke. Leider. Tinas beste Freundin und ich konnten einander nie ausstehen. Frauke hat den Charme einer übermüdeten Gefängniswärterin auf Nikotinentzug. Auch ausgeschlafen. Was ein Problem war, als Tina und ich ein Paar waren, bietet mir jetzt die perfekte Lösung für mein Problem.

Drei Stunden und sechsundfünfzig Minuten später betrete ich den Lift, der mich zur Wohnung der schwangeren Frauke bringt. Ich sehe in den mannshohen Spiegel. Warum, frage ich mich beim lächelnden Blick auf die DVD-Hülle in meiner Hand, warum bin ich eigentlich immer so genial?

Kurz darauf sind alle Freundlichkeiten erledigt: Der keuchenden Gastgeberin habe ich lächelnd versichert, selbstverständlich könne man sie von einem Wal unterscheiden. Wale gelten schließlich als sehr empfindsam. Ohne Murren habe ich Frauke die Dreimanncouch überlassen, die sie problemlos füllt. Die wiederholten Klagen über ihren Freund, der nicht hier sei, um ihre »verdammten, pochenden Riesenfüße« zu massieren, habe ich nicht mit dem Hinweis beantwortet, ihr Freund sei doch sicher nicht blöd. Auch wenn der es sich gefallen lässt, dass seine Freundin ihn, den Gynäkologen, konsequent als »Muschigucker« bezeichnet. Deshalb finde ich es etwas unfreundlich, als Frauke, träge und keuchend vom Klo zurück ins Wohnzimmer stapfend, auf meine DVD blickt und sagt: »*Alien*? Das ist so'n Weltall-Kram, oder? Was soll ich denn damit?«

»Warte, bis du ihn gesehen hast!«, sage ich mit wissendem Lächeln. »*Alien* ist viel mehr als ein Film über ein außerirdisches Monster, das nach und nach die Besatzung eines Raumschiffs auffrisst.«

»Jetzt verrät der sogar die Handlung!«, ruft Frauke und guckt Tina vorwurfsvoll an. Tina zuckt ratlos mit den Achseln. Ahnt sie etwas?

Glücklicherweise sind Schwangere im neunten Monat nicht nur extrem emotional, sondern auch schwach auf den Beinen. Tina bugsiert Frauke zurück auf die Couch, während ich die DVD einlege und auf Play drücke.

Zu behaupten, bei *Alien* gehe es um Außerirdische, ist in etwa so, als würde man sagen, *Thelma & Louise* handle von Verfolgungsjagden: teilweise richtig, geht aber am emotionalen Kern der Geschichte vorbei. Der britische Regisseur Ridley Scott schaffte 1979 mit *Alien* seinen internationalen Durchbruch. Der Film war anders als alles, was Kinogänger kannten. Zwar hatte Stanley Kubricks *2001 – Odyssee im Weltraum* elf Jahre zuvor neue, teilweise bis heute gültige Maßstäbe im Science-Fiction-Genre gesetzt. Auch war kurz zuvor der erste *Star-Wars*-Film in die Kinos gekommen. Aber Scott ließ das Ätherisch-Schöne von *2001* ebenso hinter sich wie die Western- und Sagen-Anklänge von *Star Wars*. Besser gesagt: Scott und sein Drehbuchautor Dan O'Bannon nutzten Elemente dieser und vieler weiterer Filme, kombinierten sie mit eigenen Vorstellungen und schufen etwas Neues: eine bildgewaltige Reise ins Reich menschlicher Urängste. Etliche davon haben mit Vorstellungen des Weiblichen zu tun, mit Mütterlichkeit, Schwangerschaft und weiblicher Sexualität. Obendrein ist der Held – zum ersten Mal im Männergenre Science Fiction – eine Heldin. *Alien* ist also, wie von Tina gewünscht, ein Frauenfilm. Nur ohne Romanze, Freundinnen und flotte Musik.

»Passiert da auch mal was?«, sagt Frauke nach wenigen Minuten. Ihr Tonfall hält mich davon ab, etwas zu erwidern. Nicht, dass die Gute sich aufregt und Wehen bekommt. Sonst könnte ich womöglich die DVD nicht zu Ende gucken. Tatsächlich lässt sich *Alien*, gemessen an heutigen Blockbustern, viel Zeit, um seine Geschichte zu entwickeln. Zu Filmbeginn, irgendwann in der Zukunft, schwebt das interplanetare Handelsschiff »Nostromo« lautlos durchs All. Im Auftrag eines Konzerns bringt es Mineralerz zur Erde. Die Menschen an Bord sind keine Genreüblichen, heldenhaften Raumfahrer, sondern Normaltypen, die eher lustlos ihren Job erledigen: Lastwagenfahrer im All. Plötzlich weckt der Zentralcomputer des dunklen Riesen, genannt »Mutter«, die siebenköpfige Crew aus ihrem Hyperschlaf. Im Kontrast zur Dunkelheit des Alls und des restlichen Schiffs erstrahlt der Raum mit den Schlafwaben in hellem Weiß. Die ovalen Schlafstätten öffnen sich langsam und lautlos wie Blüten. Alles verströmt Geborgenheit, Ruhe, Wärme.

»Ist das nicht großartig?«, frage ich die zweieinhalb Frauen neben mir. Da ich aus irgendeinem Grund nur ein »Hrmpf« zur Antwort bekomme, erkläre ich den beiden, was ich meine. »Ridley Scott und sein Drehbuchautor haben den Film vollgepackt mit tiefenpsychologischen Bildern. Da ist der Bordcomputer, den die Crew ›Mutter‹ nennt, noch das offensichtlichste. Das ›Mutter‹-Schiff beschützt seine Besatzung wie ein Uterus den Embryo. In der Aufweckszene wird die Mannschaft quasi neu geboren: Es ist das Versprechen einer Geburt ohne Schmerzen, ohne Blut und Geschrei und …«

»Möchtest du noch was trinken?«, sagt Tina lauter als nötig, und ich höre in ihren Worten kein Fragezeichen. Als sie aufsteht, um Bier aus der Küche zu holen, fasst ihre Hand meine Schulter deutlich fester an, als es sein müsste. Es tut fast ein wenig weh. Mein Plan funktioniert.

»Mutter« weckt die Mannschaft, weil es ein Signal von der Oberfläche eines unwirtlichen Planeten erhalten hat. Nur die dritte Offizierin Ripley (Sigourney Weaver) hat Zweifel: *»Wissen Sie«*, sagt die junge Frau zu dem kühlen Wissenschaftsoffizier Ash, *»es sieht eher aus wie ein Warnsignal.«*

Niemand hört auf Ripley. Die Crew landet auf dem sturmumtosten, eiskalten Planeten, drei der sieben Mitglieder bilden einen Suchtrupp. Der stößt auf ein gewaltiges Gebilde, eine Art Raumschiff, aber mit organischen Formen. Innen ähnelt es einem gewaltigen, skelettierten Brustkasten, und mittendrin ruhen die Überreste eines vor langer Zeit gestorbenen außerirdischen Wesens. Es scheint geradezu explodiert zu sein. Nicht weit entfernt entdeckt der Offizier Kane große, eiförmige Gebilde, in denen sich etwas regt. Eines öffnet sich. Als Kane sich neugierig darüber beugt, springt ihm plötzlich …

»Bääääh! Wat is dat denn? Bäääääh!«, ruft die Schwangere.

»Tina«, rufe ich gutgelaunt in die Küche, »du verpasst eine der besten Szenen. Ein glitschiges Alien springt dem Offizier Kane durch den Weltraumhelm ins Gesicht. Es klammert sich an ihm fest und lähmt ihn. Geil, oder?«

»Prost«, sagt Tina sehr leise, als sie mir die Bierflasche reicht.

»Prost!«, sage ich laut.

»Hrmpf«, macht Frauke.

Der Außentrupp will mit dem verletzten Kane und dem

fremden Wesen zurück an Bord. Offizierin Ripley fragt über Funk: »*Was ist mit Kane?*«

»*Irgendwas sitzt an ihm fest. Wir müssen ihn sofort auf die Krankenstation schaffen.*«

»*Was heißt ›irgendwas‹? Ich will eine klare Definition.*«

»*Es ist ein Organismus.*«

»*Moment, bitte. Wenn wir ihn reinlassen, wird möglicherweise das ganze Schiff verseucht. Sie kennen die Quarantänebestimmungen. Vierundzwanzig Stunden sind Vorschrift.*«

»*Bis dahin ist er vielleicht tot. Machen Sie die Luke auf!*«

»*Wenn wir die Vorschriften verletzen, kann es für alle aus sein.*«

Wissenschaftsoffizier Ash lässt die drei an Bord – gegen Ripleys Willen. Auf der Krankenstation zeigt sich: Wenn man versucht, das Wesen von Kanes Gesicht abzulösen, schließt es den Griff um den Hals seines Opfers noch enger. Die Lage scheint aussichtslos. Doch dann, für alle überraschend, geht es Kane besser. Er erwacht, das Alien ist tot von ihm abgefallen, die lebensbedrohliche Situation erscheint dem verletzten Offizier nur noch wie ein böser Traum. Erleichtert trifft sich die Crew zum Essen. Es ist eine Szene der Entspannung nach großer Aufregung, die Mannschaft plaudert und lacht. Kane fängt an zu husten, anfangs leicht, dann immer stärker. Er röchelt, bekommt Krämpfe. Schließlich liegt er, seinen Zuckungen ausgeliefert, rücklings auf dem Esstisch, seine Kolleginnen und Kollegen wissen nicht, wie sie ihm helfen sollen.

Ein Alien bricht aus Kanes Brustkorb.

Blut spritzt, die besudelte Crew erstarrt, und das Wesen, das aussieht wie ein Penis mit Zähnen, verschwindet fauchend im Schiff. Kane ist tot. Jetzt müssen die Damen neben mir aber schnallen, warum das hier ein Frauenfilm ist.

Schweigen.

Na?

Noch mehr Schweigen.

Jetzt aber.

»Dein Ex zeigt mir – einer Hochschwangeren! – einen Film, in dem ein Alien durch die Bauchdecke bricht …«, sagt Frauke zu ihrer Freundin.

Richtig! Dafür, dass Frauke nicht weiß, dass sie heute Abend meine Verbündete ist, macht sie ihren Job blendend.

»… hat der sie noch alle?«

»Versteht ihr nicht, worum's hier eigentlich geht?«, frage ich. Wenn ich will, kann ich sehr überrascht wirken. Frauke reibt sich ihren Bauch, als wolle sie ihn vor mir schützen, Tina interessiert sich plötzlich sehr für die Deckenlampe. So hat sie sich unser »Date« wohl nicht vorgestellt.

»Es geht um Urängste! *Alien* ist weniger ein Science Fiction- als ein Horrorfilm. Der Außerirdische springt einem ins Gesicht und pflanzt ein Ei in die Speiseröhre – dahinter steckt die Angst vor Vergewaltigung. Dann der Durchbruch durch die Bauchdecke: Über Jahrtausende setzte sich in den Hirnen kleiner Kinder der schockierende Gedanke fest, so würden Kinder geboren.«

»Beim Kaiserschnitt stimmt's ja auch irgendwie …«

»Tina!«, ruft Frauke.

»Vor *Alien* waren Monster in Horrorfilmen fast immer männlich«, sage ich. »Frankenstein, Mister Hyde, Dracula, Werwölfe, King Kong. Auch verwischten sie die Grenze zwischen Mensch und Tier. Und oft waren sie Symbole für das Bedrohliche der männlichen Sexualität, das Unberechenbare, Gewalttätige. Frauen waren ihre Opfer. *Alien* dreht das um. Hier werden Männer vergewaltigt und geschwängert, sie gebären und erleiden das alles vollkommen hilflos. Und das einzige Crewmitglied, das die Gefahr kommen sieht und sich wirklich dagegen wehrt, ist eine Frau: Ripley. Wenn *Alien* kein guter Frauenfilm ist, in dem es um Schwangerschaft geht – ja, welcher denn dann, bitte schön?«

Während Frauke Tina leise, aber gut hörbar fragt, warum sie »diesen Verrückten in ihre Wohnung gebracht« habe, kann ich ja kurz erklären, was ich meine.

Drehbuchautor Dan O'Bannon beschrieb seine Intention so: »Was alle Menschen verstört, ist Sexualität. Ich dachte mir: ›Damit werde ich die Zuschauer angreifen. Ich werde sie sexuell attackieren. Und ich werde mich nicht an die Frauen im Publikum wenden, sondern an die Männer. Ich werde jedes Bild benutzen, das die Männer im Publikum dazu bringt, die Beine übereinanderzuschlagen: homosexuelle orale Vergewaltigung, Geburt, das Ding legt seine Eier in deiner Kehle ab, das ganze Programm.‹« Die Szene mit dem Monster im Gesicht diente O'Bannon als Metapher für die männliche Angst vor Penetration. Die »orale Invasion« Kanes durch den »face hugger« ist eine Art Rache für die vielen Horrorfilme, in denen sexuell verwundbare Frauen von männlichen Monstern angegriffen werden. Wenn also jemand das Recht hätte, verstört zu sein, dann wäre das der einzige Mann im Raum. Aber streichle *ich* etwa nervös meinen Bauch?

Die männliche Begeisterung für Monster hat nach klassischer psychoanalytischer Sicht ihre Wurzeln in der Angst vor Kastration. Laut Sigmund Freud lernen kleine Jungen früh, zwischen sich und ihren Spielgefährtinnen ohne Penis zu unterscheiden. Den Mädchen, so die Schlussfolgerung der Jungen, müsse wohl etwas Wichtiges fehlen. Sie müssten kastriert sein. Aus diesem Missverständnis entsteht Freud zufolge eine lebenslange Faszination, aber auch Angst unter Männern vor weiblicher Sexualität. Und die Furcht, selbst kastriert zu werden. Bei *Alien* kommt all das zusammen: Stellvertretend für die Männer im Publikum erleiden die männlichen Crewmitglieder schlimmste Formen der Entmännlichung: Sie werden vom unheimlichen Wesen physisch und psychisch überwältigt, als Wirt eines Außerirdischen werden sie gar gewaltsam zu einer Art Frau umfunktioniert. Ihr Brustkasten gerät zum Brutkasten. Die Verwirrung steigert der Umstand, dass das Monster klassisch männliche und weibliche Aspekte in sich vereint. Sein länglicher Kopf erinnert an einen Penis, ebenso der aus dem ersten Mund herausschießende zweite Mund. Andere Interpreten sehen im zweiten, mit Zähnen bewehrten Mund eine »vagina dentata«. Vor allem in Südostasien gibt es Sagen, in denen bezahnte Vaginen Männer beim Sex kastrieren. Das klingt so eklig, dass Sigmund Freud sich gern mit diesem Mythos beschäftigt hat.

Zum Glück muss Tina eine Weile überlegen, bevor sie flüsternd etwas auf Fraukes Frage erwidert. Deshalb habe ich auch noch die Zeit zu erwähnen, dass man *Alien* gar als zutiefst feministisch interpretieren kann. Die US-Autorin Barbara Creed wirft in ihrem Buch *The Monstrous-Feminine* die Frage auf: »Was, wenn Männer Frauen gar nicht unbewusst als ›kastrierte Kerle‹ sehen? Was, wenn sie unbewusst Frauen fürchten, weil diese verstörenderweise sexuell vollständige Wesen sind, obwohl sie keinen Penis besitzen?« Dann wäre ein Wesen wie das, das der Schweizer Künstler H. R. Giger für den Film schuf, noch furchteinflößender: ein penisloses, aber zum Schwängern fähiges, schier allmächtiges Wesen zwischen Mann und Frau. Eines, das kein Mann zur Strecke bringen kann, sondern einzig eine Frau.

Weiblich im Sinne von mütterlich ist das Raumschiff selbst. Zu Filmbeginn wird es gezeigt als Wärme spendender Kokon, dessen Computer auf den Namen »Mutter« hört. Später aber stellt sich heraus, dass sie ihre »Kinder« betrügt. Der anonyme Konzern, dem die »Nostromo« gehört, hat von Anfang an geplant, das Wesen an Bord zu holen und zur Erde zu bringen. Das Unternehmen hofft, die Fähigkeiten des Monsters für seine Waffentechnik-Abteilung nutzen zu können. Ob die Männer und Frauen des Handelsschiffs bei diesem Unterfangen sterben, ist in diesem Plan irrelevant. Sie sind bloß Köder für die Bestie. So wendet sich das Raumschiff, die symbolische Urmutter, die Spenderin allen Lebens in feindlicher Umgebung, gegen ihre »Kinder«. Als von den sieben allein Ripley übrig ist, setzt diese den Selbstzerstörungsmechanismus der »Nostromo« in Gang, will ihn noch einmal aufhalten, scheitert und flüchtet in ein Shuttle. Wenn Ripley leben will, muss die lebensbedrohliche »Mutter«, die sie verraten hat, sterben.

Okay, okay: Im Nachhinein lassen sich natürlich Gründe finden, weshalb es keine gute Idee war, einer Hochschwangeren die Sache mit der gewaltsamen Geburt und der Tötung der symbolischen Mutter durch ihr Kind zu erzählen. Vielleicht war es eine allzu direkte Art, Tina zu zeigen, dass ich ebenso wie sie in der Lage bin, mich einen Dreck um die Gefühle anderer zu scheren. Dass ich keinen Wert darauf lege, den Abend mit ihr als »Date« zu verstehen, aus dem wieder etwas erwachsen könnte. Und womöglich war es nicht sonderlich nett, Frauke als Kronzeugin zu benutzen, um Tina zu zeigen, dass ich nicht zu ihr passe. Und ja, es mag ein klein wenig barsch von mir gewesen sein, den DVD-Spieler nicht auszustellen, als bei Frauke die ersten Wehen einsetzten. Aber ich dachte, Frauke bliebe noch genügend Zeit, das beruhigende Ende des Films zu sehen. Was kann ich denn, bitte schön, dafür, dass in dem Moment, als sich Ripley im Shuttle endlich sicher fühlt, das Monster aus einer Nische dieses symbolischen Ersatzuterus kriecht? Und dass Frauke schrie, »dieser Vollspast« sei verantwortlich dafür, dass sie jetzt sofort und ohne ihren Mann ins Krankenhaus fahren müsse?

Schließlich kam es ja nicht so weit.

Fraukes Freund öffnete die Wohnungstür, als Tina ihn gerade anrufen wollte. Er hatte den Koffer mit dem Nötigsten für die Klinik längst gepackt, und als Gynäkologe konnte er beurteilen, ob sie sofort loshetzen mussten. Deshalb übernehme ich auch keine Verantwortung dafür, dass der »Muschigucker« beim Hereinkommen erst auf seine schnaufende Frau guckte, dann auf den Fernseher, und sagte: »Oh, geil, *Alien*! Ist schon krass, wenn das Biest am Ende aus dem Shuttle ins All gesogen wird, oder? Wie bei 'ner Glockengeburt.«

Von Tina hörte ich nach diesem Abend nur noch einmal. Drei Tage später schickte sie eine SMS: »Frauke und kind gehts super. Sie redet mittlerweile auch wieder mit ihrem freund. Hab in der klinik süßen assistenzarzt kennengelernt. Morgen erstes date. Geburten sind also doch für was gut. Das baby ist dick, schläft dauernd und heißt Ellen Luise.«

Ellen Louise – das sind die Vornamen der dritten Offizierin Ripley. Da bezweifle noch jemand den Einfluss des Unbewussten auf unser Tun.

Geschlechter-Check

Liebesszenen: Wenn darunter auch das gewaltsame Einpflanzen von Eiern in Kehlen fällt: mindestens eine.
Dramatische Küsse: Siehe oben
Zentraler Dialog: Ripley fragt den Wissenschaftsoffizier Ash, warum er den Außerirdischen an Bord gelassen hat: *»Welchen Sonderauftrag hatten Sie?« – »Ist doch ganz klar. Sie haben ihn gelesen.« – »Wie lautete er?« – »Den Organismus zur Erde zu bringen. Das hatte Priorität. Andere Prioritäten gab es nicht.«*
Bester Männer-Spruch: *»So was hab' ich noch nie zu Gesicht bekommen.«* (Ash beim Anblick des außerirdischen Raumschiff-Wracks: einer Mischung aus Penis- und Vulva-Formen.)
Bester Frauen-Spruch: *»Du mieses Stück!«* (Ripley zu »Mutter«)
Taschentuchfaktor für Männer: 5 / 5
Taschentuchfaktor für Frauen: 1 / 5. Faktor 5 wäre es, hätte Re-

gisseur Scott seinen Willen durchgesetzt. Er wollte angeblich, dass das Monster am Ende Ripley den Kopf abbeißt.
Der nächste Film, den Frauen gucken sollten: *Junior.* Arnold Schwarzenegger als Schwangerer.
Der nächste Film, den Männer gucken sollten: *Aliens – Die Rückkehr*

FINDET NEMO

Wie Bambi unter Wasser

»If this is a RomCom, kill the director!
Uuuuuhuu, uuuuuhuu!«

Das geht doch lauter. Ich drehe die Lautstärke an meinem iPhone auf, während ich die Straße entlanggehe. Der scheppernde Gitarrenpop, der aus dem Kopfhörer dringt, nimmt sich freudig, was eine in lauten Clubs verbrachte Jugend von meinen Haarzellen im Innenohr übriggelassen hat.

»If this is a RomCom, kill the Director!
Please!«

Manche Liedzeilen von »Kill The Director« der *Wombats* kann ich nur mitnuscheln, aber das ist nicht wichtig. Wichtig sind der Ärger und die Frustration, die aus dem Song sprechen.

»So, with the angst of a teenage band.
Here's another song about a gender I'll never understand.
Here's another song about a gender I'll never understand.«

Das Geschlecht, das ich nie verstehen werde, ist das weibliche. Ada hat sich nicht gemeldet. Nicht einmal auf meinen Brief hin. Was habe ich da eigentlich mit benebeltem Kopf geschrieben? Langsam schwant mir, dass es keine Dummheit der Menschen war, den handschriftlichen Brief durch eine elektronische Variante zu ersetzen. Mails werden zwar noch häufiger im Affekt verschickt als Briefe, aber wenigstens hat man am nächsten Tag eine lesbare Kopie. Ada ist so schnell aus meinem Leben verschwunden, wie sie hineingerauscht war. Falls die

Zeit mit ihr eine Zeitlang einer RomCom – also einer Romantischen Komödie – ähnelte, dann ist dem Regisseur im letzten Filmdrittel eindeutig die Kontrolle entglitten. Das Happy End fällt aus. Kill The Director!

Heute Abend feiere ich die Rückkehr ins normale Leben. Keine Selbstkasteiung mehr. Keine unbeantwortbaren Fragen, was aus uns beiden hätte werden können. Stattdessen kombiniere ich alle Ingredienzen eines perfekten Männerabends: Alkohol, Horror-Filme, ein guter Freund und eine Single-Frau. Homer hat mich eingeladen: Erst schauen wir in seiner Wohnung DVDs, später kommt eine Kollegin von ihm aus der Videothek dazu. Nichts zelebriert die Schönheit des Lebens herrlicher als ein Horrorfilm-Marathon mit vielen blutigen Toten. Grauenvolles anzuschauen und zu erfahren, dass man es ertragen kann, löst unterschwellige Anspannungen. Von denen habe ich genug. Nach dem heutigen Abend werde ich mich geläutert fühlen, zumindest aber froh sein, die Bildschirm-Massaker überlebt zu haben. Ich frage mich, welche Genreklassiker Homer ausgesucht hat. Etwa ein paar Teile der *Saw*-Serie – Mord und Todesangst auf kleinstem Raum, ohne langweilige Rahmenhandlung, teure Schauspieler oder hohe Produktionskosten? *Paranormal Activity* – die ewige Angst vor Geistern und dem Dunklen? Oder doch etwas Feinfühligeres wie die Geschichte des blutsaugenden, ewig einsamen Teenager-Mädchens in *Let me in*, der US-Neuverfilmung des schwedischen Originals *So finster die Nacht*? Wie auch immer: Auf Homer ist Verlass.

Als sein Wohnhaus in Sichtweite ist, stelle ich die Musik aus und stecke den Kopfhörer weg. Gleich werden mich stärkere Reize als Popmusik vom Nachdenken über Ada abhalten. Homer mag heillos verplant sein und ein Nerd, der sich nicht vorstellen kann, dass irgendjemand kein Interesse hat an Vorträgen über die filmgeschichtliche Bedeutung des deutschen Dracula-

Klassikers *Nosferatu* aus dem Jahr 1922. (Acht gescheiterte Flirtversuche haben bloß seine Zweifel an der Zurechnungsfähigkeit von Frauen genährt.) Aber niemand hat ein besseres Gespür dafür, mich mit einem clever ausgewählten Film aus einem emotionalen Tief zu holen, als mein Freund Homer, der Videothekar.

Als ich vor der Wohnungstür stehe, freue ich mich auf das bevorstehende Nerd-Fest, auf Blut, Geschrei und unnützes Filmwissen. Auf Flirten mit einer mir unbekannten Frau, die schon berufsmäßig auf Filme steht. Auf Chips, zu viel Alkohol und …

»Hallo!«, ruft eine helle Stimme, als sich die Wohnungstür öffnet. Eine Sekunde lang schaue ich ins Leere, dann senkt sich mein Blick. In Höhe meiner Hüfte steht ein blondgelockter Junge. Mein amateurhafter Blick schätzt ihn auf etwa vier, fünf Jahre. Woher soll ich auch wissen, wie alt er ist, schließlich gibt es so wenige Filmschauspieler seines Alters. Er schaut mich an, wie nur Kinder schauen können: interessiert, aber nicht demonstrativ freundlich. Mit dem gelassenen Blick eines Menschen, für den Veränderungen nichts Ungewöhnliches sind, sondern selbstverständlicher Teil jedes neuen Tages. Der Blick eines kleinen Kindes.

»Äh, hallo! Ist … hm … Ist dein *Onkel* zu Hause?«

»Papaaa! Da ist jemand an der Tür für dich!« Aus der Küche eilt ein Mann, der gewaltige Ähnlichkeit hat mit meinem Freund Homer, es aber unmöglich sein kann. Denn dieser Homer trägt kein schwarzes T-Shirt mit Sprüchen von Homer Simpson, sondern ein weißes Shirt, eine Schürze – und ein *Lächeln*. Als der Gastgeber näher kommt, sehe ich, dass auf der Schürze das Gesicht Homer Simpsons prangt. Darunter sein Rat: »If something's hard to do it's not worth doing.« Habe ich mich also doch nicht in der Tür geirrt.

»Komm rein, komm rein! Ich hab' grad die Bolognese-Sauce auf dem Herd stehen. Was zu trinken?« Aus der Küche dringt

Saucen-Duft und das Geräusch kochenden Wassers. Die Nudeln sind wohl gleich fertig. Der kleine Blondschopf geht zurück zu seiner Baustelle ins Wohnzimmer. Vom Flur aus sehe ich die Umrisse einer kürbisgroßen Spielzeug-Baustelle: der offizielle Lego Star Wars Todesstern zum Selberbauen.

»Homer, was ist denn hier schiefgelaufen?« Immer noch dieses Lächeln in seinem Gesicht, das er hinterm Videothekentresen noch nie gezeigt hat.

»Was meinst du?«

»Du hast einen Sohn?!«

»Also, ich bin sicher, das hab' ich mal erwähnt.«

»Nein! So ein Detail würde ich mir ja wohl merken! Wir kennen uns seit – wie lange? – zwei Jahren. Und du erzählst mir nicht, dass du Vater bist!«

»Also, ich bin echt *fast* sicher ...«

»Noch irgendwas, was ich wissen sollte? 'ne Affäre mit Natalie Portman vielleicht?«

»Quatsch! Die war viel zu langweilig als Königin in *Star Wars*. Der kauft doch keiner ab, dass sie und Anakin was laufen haben, weil ...«

»Homer: Konzentration. Wir waren bei deinem Sohn.«

»Okay, okay, die Kurzversion geht so: eine Affäre mit einer Frau, die ich aus der Videothek kannte. Ein geplatztes Kondom. Dann der Versuch, eine Beziehung zu führen, des Babys wegen. Hat nicht geklappt. Jetzt habe ich Bartholomäus jedes zweite Wochenende bei mir. Vorher räume ich immer die ganze Wohnung auf, ich mach' ihm was zu essen. Es klingt spießig, aber der Junge ist das Beste, was mir je passiert ist.«

»Dein Sohn heißt Bartholomäus ...«

»Ja. Und?«

»Du nennst dich Homer, und deinen Sohn nennst du Bart ...«

»Jeder andere Name wäre ja wohl ziemlich albern gewesen, oder?« Gegen Homers eigene Logik, seine Unerschütterlichkeit, mit der er sich für vernünftig hält und den Rest der Welt für erstaunlich uneinsichtig, komme ich nicht an. Erst recht nicht heute.

»Auch wenn dein Sohn heißt wie der ADHS-Patient Bart Simpson – du wirst ihm doch keine Horrorfilme zum Einschlafen vorspielen, oder?«

»Natürlich nicht.«

»Also geht der Kleine gleich ins Bett.«

»Natürlich nicht.«

»Hä?«

»Wir gucken heute Abend *Findet Nemo.*«

»…«

»Also, *da* bin ich aber echt fast sicher, dass ich das erwähnt hab'.« Ich seufze.

»Und die Freundin von dir, die du mir heute Abend vorstellen wolltest?«

»Ach, die. Ja, die ist krank. Hab' ich dir das etwa nicht …?«

Als ich mich auf Homers Wohnzimmercouch fallen lasse, versuche ich, dem Ganzen etwas Positives abzugewinnen. Ich verbringe Zeit mit einem Freund, an dem ich neue Seiten kennenlerne. Ich bekomme Spaghetti Bolognese serviert, und zwar direkt an die Couch. Was gibt es Schöneres als die Kombination aus Filmgucken und Essen, diesen wundervollen Rückfall in Kindheitsgewohnheiten? Links neben mir sitzt Bart und isst seine Nudeln. Er sieht so gelassen aus, als hätte er in seinem fünfjährigen Leben nichts anderes getan, als sich neben fremden Menschen wohl zu fühlen. Wann habe ich diese Gelassenheit verloren? Wann habe ich angefangen, mir Fragen zu stellen, die ich niemals beantworten kann – zum Beispiel Fragen wie diese?

Homer setzt sich als Letzter, auf seinem Teller balanciert er einen dampfenden Spaghetti-Hügel. Sein Sohn klickt zielstrebig durchs DVD-Menü.

»Du hast den Film schon mal gesehen, oder?«, frage ich Bart.

»Hm-hmpf.« Das ist Kinder-Deutsch für »Ja« und »Ich hab' den Mund voll.«

»Hm-hmpf«, macht Homer.

Als ich Vater und Sohn beim Essen zuschaue, wird mir klar, warum wir heute ausgerechnet *Findet Nemo* schauen und weshalb Homer so guter Laune ist. Mein Videothekarenfreund hat sich nicht aus elterlicher Notwehr für den Animationsfilm entschieden, um Bart vor dem Schlafengehen ruhigzustellen. Dazu sind ihm Filme viel zu wichtig. Und sein Sohn – so scheint mir – ist es auch.

Zieht man bei *Findet Nemo* die standardsetzenden Computeranimationen ab, die cleveren Dialoge und die Furzwitze, dann fällt der Blick auf eine ganz besondere Vater-Sohn-Geschichte. Sie ist ganz anders als die in *Terminator 2*, wo die starke, aber ungelenke Vaterfigur erst mühsam ihre Gefühle entdecken muss. *Terminator 2* richtet sich vor allem an Heranwachsende, die Orientierung suchen. *Findet Nemo* zielt natürlich ebenfalls auf Kinder, aber im gleichen Maß auf Erwachsene. Es ist auch eine Geschichte übers Vatersein.

Der Film beginnt mit einer Katastrophe. Marlin, ein Clownfisch im Great Barrier Reef vor der Nordostküste Australiens, verliert bei einem Barracuda-Angriff seine geliebte Frau Cora und ihre mehr als vierhundert Eier – mit Ausnahme von einem. Fortan muss der traumatisierte Marlin Vater *und* Mutter sein und sein einziges Kind allein großziehen: Nemo. Dieser erweist sich als froher, aufgeweckter Junge. Dass er eine kleingeratene rechte Flosse hat, scheint ihn nicht weiter zu kümmern – seinen Vater hingegen schon. Marlin sorgt sich permanent um das Wohlergehen seines Sprösslings und fürchtet, dessen zu kleine Flosse könne ihn behindern. Der Vater glaubt, er könne seinen Sohn nicht genug vor den Gefahren der Welt beschützen, und projiziert diese Angst auf Nemo: Wenn sich er, der Vater, so vor der Welt fürchtet, wie könnte sein Sohn darin bestehen? Abenteuerdrang des Jungen und Schutzinstinkt des Alten geraten aneinander, als Nemo in die Schule kommt.

»Paps, vielleicht seh' ich ja einen Hai, wenn ich in der Schule bin.«

»Ha, das glaube ich kaum.«

»Hast du schon mal einen Hai getroffen?«

»Nein, und ich habe es auch nicht vor.«

»Wie alt werden Schildkröten?«

»Schildkröten? Ich habe keine Ahnung.«

»Sunny Plankton von nebenan, der hat gesagt, dass Schildkröten bis zu hundert Jahre alt werden.«

»Falls ich mal eine Schildkröte treffe, frage ich sie. Gleich nach meinem Gespräch mit dem Hai. Okay?«

Marlins größte Furcht wird wahr. Als Nemo das schützende Riff zum ersten Mal verlässt, fängt ihn ein Taucher ein. Panisch und hilflos muss der Vater zusehen, wie sich das Boot mit dem Taucher immer weiter entfernt. Er hat seinen Sohn nicht beschützen können.

»Krass, oder?«, sagt Homer, während er kaut. »Das ist ein Kinderfilm. Einer der erfolgreichsten Kinderfilme aller Zeiten. Und gleich in der ersten Viertelstunde tut er alles, was Kinderfilme angeblich nicht dürfen: Er konfrontiert Kinder mit dem Verlust der Mutter. Er schafft quälende Sorge um den Helden der Geschichte. Und im ganzen Film tauchen Menschen ausschließlich als böse, niederträchtige Wesen auf, die Tiere fangen und töten wollen. Das hat zuvor nur eine Großproduktion gewagt, und zwar … Na, welche?«

»Äh«, sage ich irritiert. Ich wusste nicht, dass ich bei einem Quiz mitspiele.

»*… Bambi*«, antwortet Bart beiläufig und rollt ein paar Spaghettinudeln auf.

»Genau: *Bambi*, Disneys dunkles Meisterwerk!«, ruft Homer und lehnt sich zufrieden zurück. »*Findet Nemo* ist *Bambi* unter

Wasser. Nur besser.« Fragend blicke ich auf Bart. Der bemerkt meinen Blick.

»Papa redet gerne über Filme.«

Kluger Junge.

Findet Nemo erfasste den Zeitgeist, als er 2003 in die Kinos kam. Scheidungs- oder Trennungskind zu sein war seit längerem keine peinliche Ausnahme mehr, sondern für Millionen Heranwachsende Alltag. Gleichzeitig suchten Väter, durch die Emanzipationsbewegungen und Bildungsreformen der vergangenen Jahrzehnte geprägt, nach neuen Antworten auf die Frage, was ein Vater ist. Die meisten von ihnen hatten selbst keine positive Väterlichkeit erlebt. In *Bambi*, das 1942 erstmals in den Kinos gezeigt wurde, waren die Rollen noch klar verteilt gewesen: hier die für alles Zärtliche, Liebevolle zuständige Mutter des jungen Hirschs, dort der mächtige, aber auch ängstigende, zur Härte gegen sich und andere gemahnende Vater. Der Herrscher des Waldes.

Schon 2001, zwei Jahre vor *Findet Nemo*, präsentierte die Produktionsfirma Pixar einen Animationsfilm über das Vatersein: *Die Monster AG*. Zwei männliche Monster, die ihr Geld mit dem nächtlichen Erschrecken von Menschenkindern verdienen, werden konfrontiert mit ihrer größten Angst: Sie müssen sich um ein etwa zweijähriges Menschenmädchen kümmern und es vor immer neuen Gefahren beschützen. Schließlich wächst das seltsame Paar an seiner Aufgabe. Es ist eine märchenhafte Komödie über Vaterschaft.

Findet Nemo wagt sich an eine dramatischere Erzählung. Dem von Menschen entführten Clownfisch droht der Tod. Der Zahnarzt im australischen Sydney, der Nemo gefangen hat, hält ihn im Aquarium seiner Praxis. Bald will er seine Beute seiner sadistischen kleinen Nichte Darla schenken, die bereits einen Fisch auf dem Gewissen hat. Nemos Vater ist weit weg, irgendwo im Ozean. Helfen kann ihm vielleicht die bunte Truppe, mit denen sich der Heranwachsende im Aquarium anfreundet. Ein Seestern, ein Kugelfisch und die anderen werden seine Freunde und Ratgeber. Sie glauben an ihn. Insbesondere ihr Anführer, der wortkarge Khan, ermutigt den neuen Mitbewohner, Risiken einzugehen. Er ist das männliche Gegenteil von Nemos ängstlichem Vater. Nemo soll ihm helfen, seinen waghalsigen Fluchtplan umzusetzen. Zur selben Zeit stellt sich Marlin seiner größten Angst und wagt sich ins offene Meer. Als er, der Verzweiflung nah, glaubt, die Suche nach Nemo aufgeben zu müssen, begegnet er dem weiblichen Paletten-Doktorfisch Dorie. Die Dauerplauderin mit dem miserablen Kurzzeitgedächtnis ist in einer anderen Weise das Gegenteil des kontrollsüchtigen Marlin, nämlich sorg- und arglos. Gemeinsam begegnen sie einem riesigen Hai mit zweihundertzwei einzeln am Computer animierten Zähnen. Glücklicherweise erweist sich als dessen Motto *Fische sind Freunde, kein Futter*. Er lädt sie sogar zu einer Sitzung seiner Selbsthilfegruppe ein, wo er vor zwei Artgenossen stolz bekennt: *»Hallo, mein Name ist Bruce. Ich hab' seit drei Wochen keinen Fisch mehr gefressen.«*

Kinder lernen, dass auch auf den ersten Blick furchteinflößende Fremde keine Bedrohung sein müssen, während sich Erwachsene über Anspielungen auf Rituale der Anonymen Alkoholiker freuen.

Als sich Dorie leicht verletzt und aus der Nase blutet, erwacht Bruces Killerinstinkt. Marlin und seine Gefährtin müssen vor ihrem vermeintlichen Freund fliehen. Homer und ich lachen, als der riesige Hai, mit irrem Blick, sich gegen eine Tür stemmt und ruft: *»Hier kommt Bruci!«*

Bart hält seinen leeren Teller fest, als wolle er ihn notfalls als Schild hoch halten. Wie *Die Simpsons*, so funktioniert auch *Findet Nemo* auf zwei Erzählebenen. Kinder identifizieren sich mit dem kleinen Clownfisch. Erwachsene halten sich eher an den großen, vor allem aber verstehen sie die eingestreuten Anspielungen. Homer und ich lächeln einander wissend an. Uns ist klar, dass Bruces Ausruf auf Jack Nicholsons berühmten Amoklauf in Stanley Kubricks Psychoklassiker *Shining* hinweist. Wir lachen mit Anspruch.

Die Szene mit den Haien eskaliert, am Ende explodiert ein ganzes unterseeisches Minenfeld. Gegenschnitt: Auf der stillen Meeresoberfläche sitzen zwei Pelikane. Das Einzige, was vom Feuerwerk an die Oberfläche dringt, ist eine kleine Blase, die neben einem der Vögel platzt. Sagt der eine Pelikan genervt zum anderen: *»Na, toll.«* Homer und ich kichern über den Furzwitz länger als Bart. Aber natürlich auch auf eine anspruchsvolle Art.

Durch gemeinsam gebannte Gefahr miteinander verbunden, gehen Marlin und Dorie auf die Suche. Ihr einziges Indiz ist die Taucherbrille des Mannes, der Nemo entführt hat. Auf ihr steht eine Adresse in Sydney. Die beiden bestehen, wie es sich gehört, jede Menge Abenteuer: Sie geraten in einen riesigen Schwarm giftiger Quallen, begleiten eine Schar Schildkröten entlang des Ostaustralischen Stroms – und landen schließlich im riesigen Maul eines Wals. Marlin gerät in Panik: *»Ich muss hier raus! Ich muss meinen Sohn finden! Ich muss ihm doch noch sagen, wie alt Schildkröten werden!«*

Der Clownfisch verzweifelt: Der Wal, da ist er sicher, wird ihn schlucken und verdauen. Er hat seinen Sohn verloren, er hat als Vater versagt, und nun verliert er sein eigenes Leben. Als der Wal tatsächlich seine gewaltige Zunge hebt, scheint das Ende gekommen. Dorie und Marlin klammern sich an der Zunge fest, unter ihnen klafft der dunkle Schlund. Doch Dorie behauptet, ungebrochen optimistisch, sie verstehe die Laute des Wals.

»Er hat gesagt, es ist jetzt Zeit loszulassen. Wir sollen keine Angst haben.«

»Woher weißt du das? Woher weißt du, dass nichts Schlimmes passiert?«

»Keine Ahnung.«

Vielleicht ist es das Bier. Vielleicht hat Homer meiner Portion Bolognese-Sauce etwas untergerührt. Vielleicht bin ich einfach ein Trottel. Jedenfalls sage ich, beide Arme zum Fernseher ausgestreckt: »Das ist doch nicht so einfach, Dorie! Der hat Angst! Marlin hat einen Plan verfolgt, und der Plan ist jetzt geplatzt. Du bist doch hier die Bekloppte! Warum hast du *keine* Angst, dass der Wal dich belügt und einfach verschluckt? Hä? Hä? Wär' ich 'n Clownfisch, dann …« Homer drückt die Pausentaste. Er räuspert sich und fragt: »Alles okay?«

»Es ist kompliziert.«

»Du diskutierst mit digital animierten Fischen.«

»Mmmh.«

»Bist du betrunken?« Neben meinem Teller stehen drei leere Bierflaschen. »Ich bin auf dem besten Weg.«

»Gut. Wo ist dann das Problem?«

Und dann erzähle ich, obwohl ich ebendiesen Namen vergessen wollte, die Geschichte von Ada. Vom Hin und Her, vom Suchen und Verlieren der Film-Verführerin, von meinem Brief und von ihrem Schweigen.

Homers Gesichtsausdruck ähnelt jetzt wieder dem, den ich aus der Videothek kenne. Eine Mischung aus demonstrativem Desinteresse und Unverständnis, auch Coolness genannt. Seine Antwort auf Fragen, auf die er keine Antwort kennt. In Filmen, das merke ich jetzt, ist Homer die Darstellung von Emotionen wichtig, damit er sie selbst im Alltag nicht offenbaren muss. Schweigen im Raum. Homer greift nach der Fernbedienung, die Stille beendend, der Film läuft weiter. In diesem Moment dreht sich Bart zu mir, reckt den Kopf, weitet die Augen und ruft: »Du musst einfach loslassen!«

Ich blicke Bart an. Der schaut mich an, wie nur kleine Kinder gucken können. Ernsthaft, ohne ernsthaft wirken zu wollen. Jetzt verstehe ich. Mein »Plan« hat mich in eine Sackgasse geführt. Es genügt nicht, das Wissen darum in Alkohol zu ertränken oder durch Horrorfilme zu verdrängen. Ich darf meine Sehnsucht nach der perfekten Frau nicht einfach versuchen zu vergessen, sonst taucht sie bei der nächsten Gelegenheit, leicht verändert, wieder auf. Dann ginge alles von vorn los, mit demselben absehbaren Ergebnis. Nein, ich muss mich von dieser Sehnsucht aktiv trennen, von ihr Abschied nehmen. Ich muss loslassen. Das ist es.

Im selben Moment lässt Marlin los – gegen alle Erfahrung, Ängste und Instinkte – und fällt in den dunklen Rachen des Wals, in die bedrohliche Tiefe, in den möglichen Tod. Wenige Sekunden später werden er und Dorie in einer Wasserfontäne in die Luft geschleudert. Der Wal katapultiert sie ins Meer. Sie sind nahe dem Hafen von Sydney. Irgendwo hier muss Nemo sein. Marlin hat losgelassen, und nun ist er zurück im Leben, auf einem neuen Weg.

Mit großen Augen blicke ich auf den Fernseher. Was für eine schöne, liebevolle Geschichte, geschrieben von Andrew Stanton, der auch die Regie führte. Don't kill *this* director.

Den Rest des Films nehme ich kaum noch wahr, ich sehe ihn wie durch Frischhaltefolie. Es folgt das Happy End. Marlin und Nemo finden einander wieder. Der Sohn hat Abenteuer bestanden und weiß um den Wert der Zuneigung seines Vaters, der alles für ihn riskiert hat. Der Vater fürchtet weniger um sich und seinen Jungen. Er hat gelernt loszulassen. Erst wer die grundsätzliche Getrenntheit zweier Menschen (oder Fische) akzeptiert, wer sich selbst als Einzelperson spürt, kann die Aufmerksamkeit und Fürsorge durch einen anderen wirklich wertschätzen.

»Hey, weißt du, was?«, fragt Marlin seinen Sohn, als sie einander wiedersehen.

»Was?«

»Schildkröten. Ich hab' eine getroffen. Und sie ist 150 Jahre alt gewesen.«

»150?«

»Yap.«

»Also, Sunny Plankton hat gesagt, dass sie nur 100 Jahre alt werden.«

»Sunny Plankton? Du meinst, ich durchkreuz den ganzen Ozean und bin nicht schlauer als Sunny Plankton?«

Marlin und Nemo bleiben, die richtige Dosis väterlicher Zuwendung vorausgesetzt, noch einige schöne Jahre miteinander. Der Clownfisch-Vater heißt nicht aus Zufall Marlin. Es ist auch der Name einer weit größeren Fischart. Er ist stärker, als er gedacht hat.

Der Abspann läuft. Bart muss ins Bett, und ich auch.

An der Wohnungstür verabschiede ich mich von Homer. Sein kleiner Sohn lehnt sich an sein Bein.

»Vielen Dank, Homer«, sage ich. »Du hast dir echt was Cleveres ausgedacht, um meine Stimmung zu heben. Und das ganz ohne Horror. Wie hast du gewusst, dass ein Animationsfilm über Fische genau das Richtige für mich ist?«

»Alter, ich hab' absolut keine Ahnung, wovon du redest.«

»Und danke dir, Bart.« Der Junge winkt mir mit mühsam geöffneten Augen zu. In Gedanken ist er vermutlich schon beim nächsten Tag, beim Zusammenbau des Lego-Todessterns. Jeder Tag birgt Neues, wenn man dazu bereit ist.

Als ich nach Hause komme, bin ich froh, den »Film-Verführer«-Plan und die Gedanken an Ada geordnet zu haben. Morgen werde ich gelassener, ruhiger aufwachen als in jüngster Zeit, denke ich, während ich den Schlüssel in meine Wohnungstür stecke. Es kommt ein neuer Tag. Beim ersten Schritt in den Flur rutsche ich fast aus. Ich knipse das Licht an. Auf dem Boden liegt ein Brief. Auf dem Umschlag steht in schöner, geschwungener Handschrift: »Von Deiner A.«

Zentraler Dialog: *»Ich hab' ihm doch versprochen, dass ich nie zulasse, dass ihm was passiert.« – »Ha. Das ist aber ein komisches Versprechen.« – »Was?« – »Du kannst doch nicht zulassen, dass ihm nie etwas passiert. Dann passiert ihm doch nie etwas.«*
Bester Männer-Spruch: *»Wenn das ein Witz sein soll, dann ist er nicht komisch. Und ich weiß, was komisch ist. Ich bin ein Clownfisch.«*
Bester Frauen-Spruch: *»Hey, du alter Schmollmops!«*
Taschentuchfaktor für Männer: 5 / 5
Taschentuchfaktor für Frauen: 5 / 5
Der nächste Film, den Frauen gucken sollten: *Findet Dorie* (soll Ende 2015 ins Kino kommen).
Der nächste Film, den Männer gucken sollten: Das muss ich jetzt herausfinden.

UND TÄGLICH GRÜSST DAS MURMELTIER

Hamlet in einer Sitcom-Welt

Alles sieht aus wie immer, dabei ist alles anders. Als ich die Videothek betrete, sitzt Homer hinter dem Tresen auf einem Hocker und schaut so genervt wie am Tag, als ich Ada kennenlernte. Er trägt sogar dasselbe T-Shirt mit den Sprüchen von Homer Simpson. Vielleicht ist mein Hipster-Freund ja insgeheim nicht nur Vater, sondern auch Spießer und ordnet seine Kleidung nach Wochentagen. Denn vor exakt vier Wochen trafen Ada und ich an dieser Stelle aufeinander. Hier hat die glücklose Geschichte des »Film-Verführers« begonnen, hier soll sie auch enden.

»Gib mir 'nen Tipp, Homer«, sage ich und lehne mich an die Theke, als stünde ich in einer Bar.

»Auch dir erst mal einen schönen guten Abend.« Homer kann wirklich empfindlich sein.

»Du musst mir helfen.«

»Ich dachte, das hätte ich schon gestern Abend getan. Stichwort: *Findet Nemo.*« Aus meiner Jackentasche ziehe ich den Brief und lege ihn auf die Theke. Der Umschlag ist noch verschlossen.

»Was ist das?«, fragt Homer.

»So eine Art Liebesbrief.«

»Alter«, sagt Homer mit der Andeutung eines Lächelns, »ich weiß zwar nicht genau, warum du mir so was schreibst, aber wenn du meinst …«

»Der Brief ist von Ada. Es ist ihre Handschrift.«

»Und warum schickt *Ada* mir einen Liebesbrief?«

»Niemand schickt dir hier 'nen Liebesbrief!«

Homer guckt noch beleidigter als zuvor. Durchatmen.

»Ich weiß nicht, was ich mit dem Brief anfangen soll. Wenn ich ihn öffne, könnte das ganze Tohuwabohu mit Ada von vorn losgehen. Will ich das? Aber wenn ich ihn ignoriere, könnte ich eine wichtige Nachricht verpassen. Etwas, was Adas Verhalten erklärt. Alles könnte von vorn anfangen. Will ich das?«

»Alter, wenn das deine Art ist, mich zu fragen, welchen Film du dir ausleihen sollst, machst du's mir nicht gerade leicht.«

An die Theke gelehnt, senke ich seufzend den Kopf. Was tue ich hier überhaupt? Mittlerweile sollte ich doch selbst am besten wissen, was gut für mich ist. Und für mich ist es immer gut gewesen, erst einen Film zu schauen, bevor ich eine Entscheidung treffe. Der rechte Film zur rechten Zeit hilft, Gedanken zu ordnen. Das Geschehen auf der Bildfläche greift die flackernden Empfindungen im Unbewussten auf und kanalisiert sie. Gute Filme sind Wachträume. Und in dieser vertrackten Lage ist mir nach meinem absoluten Lieblingsfilm.

»Homer«, sage ich mit einem leichten Lächeln, »ich weiß jetzt, was ich gucken will. Ich leih' mir mal wieder *Und täglich grüßt das Murmeltier.*«

Der Film ist wie sein deutscher Titel: Auf den ersten Blick handelt es sich um eine klamaukige Komödie, schnell zu konsumieren und ebenso schnell zu vergessen. Als *Groundhog Day*, zu Deutsch »Murmeltiertag«, 1993 in die amerikanischen Kinos kam, ging selbst einer der angesehensten Filmkritiker der USA, Roger Ebert, gedankenlos über ihn hinweg. Zwölf Jahre später gestand der langjährige Schreiber der Tageszeitung *Chicago Sun-Times*: »Mit Sicherheit habe ich ihn in meiner ersten Rezension unterschätzt. Ich genoss ihn so leichten Herzens, dass ich verführt war, ihn mit heiterer Zurückhaltung zu betrachten.

Aber es gibt einige wenige Filme – und dieser gehört dazu –, die sich in unsere Erinnerungen eingraben und zu festen Bezugspunkten werden. Wenn du merkst, dass du die Formulierung ›Das ist ja wie bei *Und täglich grüßt das Murmeltier*‹ gebrauchst, um deine Empfindung zu beschreiben, dann hat ein Film wirklich etwas erreicht.«

Das Drehbuch ist so perfekt, dass man gar nicht merkt, wie perfekt es ist. Phil Connors (Bill Murray) ist der frustrierte, arrogante und freudlose Wettermoderator eines regionalen TV-Senders. Das vierte Jahr in Folge muss er ins Städtchen Punxsutawney fahren, um dort am 2. Februar von einem lokalen Brauch zu berichten: dem Murmeltiertag. Ein Nager wird unter großer Anteilnahme der Bevölkerung aus seinem Bau geholt. Falls er seinen Schatten sieht und davor erschrickt, bedeutet das der Überlieferung zufolge, dass der Winter noch mindestens sechs Wochen dauern wird. Auf Phils ungeliebter Dienstreise begleiten ihn ein Kameramann und eine neue Kollegin: die lebensfrohe, hübsche Producerin Rita (Andie MacDowell).

»Irgendwann«, sagt Phil auf der Hinfahrt, *»sieht mich einer bei einem Murmeltier-Interview und glaubt, ich hätte keine Zukunft.«*

Rita: *»Ich finde, das ist eine nette Story. Es kommt raus, es guckt in die Gegend, es runzelt sein kleines Näschen, es sieht seinen Schatten, oder es sieht seinen Schatten nicht. Das ist nett, die Menschen mögen so etwas.«*

»Sie sind wirklich noch nicht lange dabei, was? Wissen Sie, Menschen mögen auch Blutwurst und so was. Menschen sind Schwachköpfe.«

Der Wettermoderator Phil Connors ist mehr als ein Charakter, den befreundete Regisseure – in diesem Fall Harold Ramis – dem Schauspieler Bill Murray auf den Leib geschneidert haben. Phil steht stellvertretend für ein Lebensgefühl, das die gesamte Neuzeit prägt: »Die Welt ist zu viel mit ihm«, schreibt

Roger Ebert in Anlehnung an eine Formulierung des britischen Dichters William Wordsworth. Phil »ist ein wenig smarter als alle anderen, ihn erfüllt eine abgeklärte Melancholie, er misstraut Freude zutiefst, er betrachtet Aufrichtigkeit als Waffe, die gegen ihn verwendet werden kann. Und doch verbirgt er emotionale Sehnsüchte. Er ist Hamlet in einer Sitcom-Welt.«

Der Film beginnt wie eine typische Romantische Komödie. Zwei Menschen, die nicht zueinander zu passen scheinen, treffen aufeinander. Hier der egozentrische, seine Frustration durch Überheblichkeit kaschierende Moderator. Dort die das Leben bejahende Rita, heiter wirkend bis zur Naivität. Aber die Liebesgeschichte ist nicht der Grund, warum ich diesen Film jetzt gucken möchte. Warum ich ihn gucken *muss*.

»Tut mir leid«, sagt Homer und tippt im Computer herum, »die DVD ist nicht da. Das einzige Exemplar hat jemand gestern Abend ausgeliehen.«

Ich beuge mich noch etwas tiefer auf den Tresen. Mann, ich wünschte, ich stünde an einer richtigen Bar. Dann könnte ich mich jetzt wenigstens betrinken.

»Welcher Idiot«, frage ich leise, »will ausgerechnet heute einen zwanzig Jahre alten Film sehen, der schon hundertmal im Fernsehen lief?«

»Du meinst: Welcher Idiot außer dir?« Auf den Tresen blickend, kann ich hören, wie Homer leise in sich hineinlacht. Ich sollte aufhören, meinen Videothekar als »Freund« zu bezeichnen.

»Homer, noch so'n Spruch und ich guck' Filme nur noch im Internet.« Zur Theke sage ich: »Okay, ich bin dann mal weg, vielleicht …«

»Warte, warte, warte! Wir finden bestimmt was anderes für dich. Wonach ist dir denn?« Seit wann führt Homer Beratungsgespräche? Mit Männern? Vielleicht zeigt er sich nach all den Jahren hinter der Theke endlich von seiner freundlicheren Seite, weil er gemerkt hat, dass Online-Streams und -Downloads seinen Job gefährden. Ist das Internet also doch für was gut.

»Homer, lass mal.«

»Nix da: ›Lass mal‹. Nee, nee. Wie wär's mit«, hüstel, »*Schlaflos in Seattle*?«

»*Du* schlägst mir vor, diesen Film anzugucken? Wenn du den Titel aussprichst, klingt's wie eine Geschlechtskrankheit.«

»Lass mich kurz überlegen«, sagt Homer und tippt etwas in den Rechner. »Geh nicht weg.« Das könnte ich gar nicht. Meine Stirn ist bestimmt schon mit der Tischplatte verwachsen. Jetzt stehe ich hier, an derselben Stelle wie beim ersten Aufeinandertreffen mit Ada, und bin keinen Schritt weiter. Sie ist weg, und ich bin wieder allein, allein. Es ist wie bei *Und täglich grüßt das Murmeltier*. Gerade deshalb muss ich diesen Film jetzt gucken: um aus dem Gefühl der sinnlosen Wiederholung des ewig Gleichen herauszufinden.

Im Film wacht Phil Connors am 2. Februar um 6 Uhr in Punxsatawney auf, im Lokalradio läuft Sonny & Chers Klassiker »I Got You Babe«. Es ist Murmeltiertag, Phil muss für seinen Fernsehsender berichten und hat keine Lust dazu. Er schleppt sich zum Dreh, will bloß zurück in die heimische Großstadt, raus aus der Provinz. Ein Schneesturm hält das dreiköpfige Team davon ab, sie müssen die Nacht in dem Städtchen in Pennsylvania verbringen. Am nächsten Morgen erwacht Phil wieder um 6 Uhr. Wieder läuft »I Got You Babe«, und langsam beginnt er zu ahnen, dass dieser Tag bis aufs Haar dem vorangegangenen gleicht. Es ist Murmeltiertag. Schon wieder. Die Irritation weicht der Panik: Was ist hier los? Sind alle anderen verrückt, oder bin ich es?

Wie sich zeigt, ist das die falsche Frage, auf sie gibt es keine Antwort. An jedem Morgen wacht Phil nun zur selben Zeit im Hotelbett auf, und alles beginnt von vorn. Die Menschen leben weiter, nur er erinnert sich an die früheren Versionen dieses

2. Februar. Der Lauf der Zeit hat einen Sprung, wie eine Schallplatte, die stets in dieselbe Rille zurückfällt, und allein Phil ist in dieser Rille gefangen.

Was tut ein Mensch, der begreift, dass sein Tun keine Konsequenzen hat? Ist das der Himmel auf Erden – oder die Hölle? Phil durchläuft alle Phasen, die ein Mensch in einer Krisensituation erleben kann. Nach der anfänglichen Erschütterung versucht er, sein bisheriges Leben den neuen Anforderungen anzupassen. Das heißt: Phil sieht die permanente Wiederholung als Chance, Rita bei abendlichen Dates kennenzulernen. Oder besser: sie nach ihren Interessen auszuhorchen und diese auswendig zu lernen. Rita trinkt gern Wermut mit Zitrone und mag französische Lyrik? Phil merkt es sich und behauptet beim nächsten Date, ihre Neigungen zu teilen. Er versucht, ihre Zuneigung durch Schleimerei und Anpassung zu erarbeiten. Ihm geht es um das Erreichen eines Ziels, und nur in zweiter Linie hat dieses Ziel mit der Person Rita zu tun. Am Ende eines Abends scheint er es geschafft zu haben. Die beiden küssen einander zum ersten Mal. Phil sagt: *»Ich liebe dich.«* Rita ahnt, dass Phil einem Plan folgt, um sie herumzukriegen.

»Ist das, was du tust, etwa Liebe für dich?«

»Nein, das ist ehrlich, das ist Liebe.«

»Hör' bitte auf, das zu sagen! Du musst ja verrückt sein. Ich könnte niemals jemanden wie dich lieben, Phil. Weil du niemals jemanden lieben wirst außer dich selbst.«

»Das ist nicht wahr. Ich kann mich überhaupt nicht leiden.«

Ein scheinbar simpler Scherz, aber in ihm steckt viel Wahrheit über das Elend menschlicher Beziehungen. Phil liebt sich selbst tatsächlich nicht, ja, er spürt sich selbst nicht einmal. Erlösung davon soll ihm die Zuneigung eines anderen Menschen bringen. Er wiederholt seinen Anbaggerversuch noch einige Male, stets erfolglos. Schließlich sieht er keinen Ausweg mehr. Der Suizid soll ihn aus seinem Elend befreien. Doch egal, ob er vor ein fahrendes Auto springt oder sich von einem Turm in die Tiefe stürzt: Jedes Mal erwacht er am 2. Februar um 6 Uhr wohlbehalten im Bett, und im Radio läuft »I Got You Babe«. Die Hölle, das ist die ewige Wiederholung desselben.

Schließlich lernt Phil, seine Lage positiv zu sehen. Wenn alles folgenlos bleibt, kann er sein Leben im Irrenhaus auch genießen.

»*Ich bin ein Gott*«, sagt Phil zu Rita, als sie in einem Diner frühstücken. Er stopft sich Essensberge in den Mund, trinkt Kaffee aus der Kanne und raucht.

»*Sie sind Gott …*«

»*Ich bin* ein *Gott. Ich bin nicht* der *Gott. Glaub ich zumindest nicht.*«

»*Ist das irgendein Trick?*«

»*Vielleicht arbeitet der echte Gott ja mit Tricks. Vielleicht ist er aber auch nicht allmächtig. Vielleicht ist er einfach schon so lange da, dass er deshalb alles weiß.*«

Die meisten Romantischen Komödien beschränken sich darauf, ihre Heldinnen und Helden einige Widerstände überwinden zu lassen, um zu bekommen, was sie von Anfang an wollten. In *Pretty Woman* erfüllt sich Vivian Wards Kindheitstraum vom Ritter, der sie aus ihrem Turm befreit. In *Sex and the City – Der Film* erweist sich Mr. Big als genau der romantische Prinz, den sich Carrie Bradshaw immer gewünscht hat. *Und täglich grüßt das Murmeltier* geht weiter. Die unentrinnbare Gleichförmigkeit der Tage zwingt Phil, sich einer großen Frage zu stellen: Wenn ich alles genossen habe, was das Leben an Genüssen bietet – was erfüllt mein Leben dann noch mit Sinn? Nachdem Phil alle anderen Antworten ausprobiert hat, tut er etwas für ihn vollkommen Neues: Er lässt all die Angst vor Nähe und Veränderung los. Er verabschiedet sich von der Wut, die ihn davor schützen sollte zu fühlen. Denn Angst ist überflüssig in einer Welt ohne Tod und Strafe, Wut ist sinnlos, und wer nicht fühlt, lebt nicht.

Phil beginnt daraufhin, charakterlich zu wachsen. Er liest Romanklassiker von Anton Tschechow, nimmt Klavierstunden und baut Eisskulpturen. Wenn die Welt ihren Sinn verloren hat, kann nur ich meinem Leben einen Sinn verleihen. Spätestens hier ginge jeder anderen Hollywood-Komödie die Puste aus. Sie würde sich eilig zum Happy End schleppen, aus Sorge, ihre Zuschauer zu überfrachten. *Und täglich grüßt das Murmeltier* geht noch weiter – ohne an Witz und Humor zu verlieren.

»Homer, ist echt gut gemeint«, sage ich leise. »Ich geh' jetzt. Ich weiß zwar noch nicht, was ich mit Adas Brief mache, aber …«

»Gib mir noch fünf Minuten, okay? Hier, ich mach dir 'nen Kaffee. Milch?« Homer ist so was von freundlich. Die Videothek steht bestimmt vor der Pleite. Da nehme ich doch noch schnell den Gratiskaffee.

Eines Tages erlebt Phil, wie ein alter, obdachloser Mann stirbt. Es ist ein Schock. Der Tod existierte nicht in seiner kleinen Welt, jetzt wird er daran erinnert, dass für alle anderen Menschen das normale Leben weitergeht. Phil beginnt, anderen zu helfen. Er fängt Teenager auf, die aus Bäumen fallen, weil er genau weiß, wann es geschehen wird. Er rettet einen Restaurantgast vor dem Erstickungstod. Phil lernt, das Leben anderer Menschen als genau so wertvoll anzusehen wie sein eigenes. Sein Ego schmilzt dahin, seine Zuneigung für andere wächst.

Einem Bericht der britischen Tageszeitung *The Independent* zufolge wird *Und täglich grüßt das Murmeltier* »von religiösen Führern als der spirituellste Film aller Zeiten gepriesen«. Buddhisten sähen darin das Konzept des Karmas, den Kreislauf der Wiedergeburten. Katholiken verstünden es als Symbol für das Fegefeuer, in dem eine menschliche Seele gereinigt wird, bevor sie in den Himmel aufsteigen darf. Der Titel des Artikels lautete: »Ist das die größte Geschichte aller Zeiten?«

Keine Sekunde lang vermittelt der Film diese Erkenntnis

mit großem Gestus oder Kitsch, sondern ganz leicht, scheinbar mühelos. Phil wird auf seinem Weg nicht zum Heiligen, sondern zur besten Version seiner Selbst. Seine anfängliche Knorrigkeit und Gefühlsabwehr mag überwiegend männliche Zuschauer ansprechen, aber die Botschaft des Films geht über Geschlechtergrenzen hinaus. *Und täglich grüßt das Murmeltier* ist ein Männer-und-Frauen-Film.

Und was mache ich jetzt? Ich bin ein Mann ohne Frau, und ich kriege meinen Film nicht. Seit Minuten blicke ich auf den Briefumschlag, als stünde darauf die Antwort auf meine Frage. Mein Kopf liegt immer noch auf dem Tresen. Kann die Welt bitte mal die Klappe halten? Ich muss nachdenken.

»Suchst du das hier?« Neben mir legt jemand etwas auf den Tresen. Ich schaue hin, es ist eine DVD: *Und täglich grüßt das Murmeltier.*

»Scheiße, ja, ganz genau, die brauch ich jetzt!«, rufe ich und richte mich auf. Als ich die DVD in die Hand nehme, sehe ich, wer neben mir steht.

»Ich dachte mir schon, dass du den Brief nicht sofort öffnen würdest«, sagt Ada und lächelt unsicher. »Du hast mir mal erzählt, dass du den Film immer dann guckst, wenn du nicht weiterweißt. Na, und gestern habe ich ihn mir ausgeliehen, weil ich eine wichtige Entscheidung treffen musste: Schreibe ich dir einen Brief, und wenn ja, was will ich dir sagen? Weil ich geahnt habe, dass du den Film brauchst, wollte ich ihn schnell zurückbringen.«

Homer kommt zurück aus dem Kabuff, einen Kaffee in der Hand. Als er Ada und mich sieht, ruft er: »Na endlich! Mir ist nichts mehr eingefallen, womit ich den Typen länger hierbehalten konnte. Ich wusste ja, du kommst gleich vorbei wegen der DVD, Ada. Ich musste« – hust – »ich musste ihm *Schlaflos in Seattle* empfehlen, um ihn noch länger hierzuhalten.« An mich gerichtet, sagt er: »Übrigens: *Schlaflos in Seattle* ist nicht wie eine Geschlechtskrankheit. Geschlechtskrankheiten sind heilbar.«

»Danke, Homer«, sagt Ada mit einem Lächeln und blickt zu mir. »Vielleicht, na ja, könnten wir zwei ja gemeinsam *Und täglich grüßt das Murmeltier* gucken. Und sehen, was mit uns passiert. Nicht als zwei Film-Verführer, die ständig auf die Reaktionen des anderen achten, sondern einfach als zwei Menschen, die schauen, was sie selbst so, hmm ...« Ada schaut auf den Boden. »... so fühlen. Vielleicht merken sie dann, wer wirklich zu ihnen passt. Was hältst du davon?«

Für einen Moment bin ich sprachlos. Ich blicke Ada an, sie sieht genauso aus wie vor vier Wochen, und doch ist sie in meinen Augen ein anderer Mensch. Dann erinnere ich mich an etwas, lehne mich betont lässig an den Tresen und frage: *»Was suchen Sie denn? Wer ist Ihr perfekter Typ?«*

Homer betrachtet die Szene, er blickt irritiert zwischen uns beiden hin und her. Ada aber versteht, was ich meine. Gelassen antwortet sie: *»Also erst mal ist er viel zu bescheiden, um zu wissen, dass er perfekt ist.«*

»Das bin ich.«

»Er ist intelligent, hilfsbereit, lustig ...«

»Intelligent, hilfsbereit, lustig. Bin ich, bin ich, bin ich.«

»Er ist romantisch und couragiert.«

»Bin ich auch.«

»Er hat einen schönen Körper, aber er braucht nicht alle zwei Minuten in den Spiegel zu gucken.«

»Ich habe einen tollen Körper, und manchmal gucke ich Monate nicht hinein.«

»Er ist sehr nett, sensibel und sanft. Und er hat keine Angst, vor anderen Menschen zu weinen.«

»Aber wir sprechen immer noch von einem Mann, oder?«

Während Ada und ich reden, gehen wir langsam, wie auf einen Drehbucheinfall hin, zur Tür. Wir hören noch, wie Homer uns hinterherruft: »Nee, is' klar: Ihr macht 'nen Dialog aus dem Film nach. Hab' ich sofort gemerkt. Wollte ich bloß nicht gleich sagen und die Spannung rausnehmen.« Homer hält die DVD hoch und ruft: »Wollt ihr die nicht mitnehmen?«

Wollen wir nicht. Wozu auch? Wir beide kennen den Film ja beinahe auswendig. Ada und ich spazieren durch die Straßen, schauen einander an, und sie erzählt, wie leid es ihr tut, dass sie ihrem Exfreund nach Hongkong hinterhergereist ist. Wie unsicher sie war, und wie klar sie jetzt sieht, dass es ein Fehler war. Wie sie eilig zurückgeflogen ist, um mir das zu sagen. Wie sehr sie der Anblick von mir und dieser Nackten am Wohnzimmerfenster verletzt hat. Dass sie meine Nachrichten auf ihrem Anrufbeantworter schließlich abgehört hat und weiß, wie es zu der Szene kam. Und dass sie es sehr gern noch einmal mit mir versuchen möchte.

»Auch wenn ich mich nach deinem *James-Bond*-Brief schon gefragt habe«, sagt Ada, »ob du sie noch alle stramm hast.« Ich lächle sie an.

»Hab' ich natürlich nicht.«

»Aber das weiß ich doch«, sagt Ada und nimmt meine Hand.

Wir erreichen einen kleinen Park, setzen uns auf eine Bank. Stille.

Nach ungezählten Wiederholungen hat sich Phil eingerichtet im 2. Februar. Er bereichert das Leben der Bewohner Punxsutawneys durch Hilfseinsätze für Damen mit Reifenpanne, Klaviereinlagen auf dem traditionellen Murmeltier-Fest und Tipps für Jungverheiratete. Phil lebt im Moment, weil er gelernt hat, dass er nichts festhalten kann. Diese Einsicht ängstigt ihn nicht mehr, sie befreit ihn. Am Ende des Abends kommen Rita und er einander näher. Phil sagt: *»Egal, was morgen passieren wird, oder den Rest meines Lebens: In diesem Moment bin ich glücklich. Weil ich dich liebe.«*

»Ich glaub', ich bin auch glücklich.«

»Weißt du noch«, sage ich zu Ada, »als Phil Connors am Ende des Films wieder in seinem Bett erwacht? Es ist wieder 6 Uhr, alles scheint so zu sein wie immer, aber …«

»… aber dann liegt die verschlafene Rita neben ihm. Und er sagt: …«

»*Warum bist du hier?*« Und sie sagt: …«

»*Ich hab' dich gekauft, du gehörst mir.*«

»*Aber warum bist du immer noch hier?*«

»*Du hast gesagt: ›Geh nicht‹. Also bin ich nicht gegangen.*«

»*Ich hab' gesagt, ›Geh nicht‹, also bist du nicht gegangen? Ich schaff's nicht mal, dass ein Collie Sitz macht.*«

Ada und ich sitzen noch eine Weile auf der Parkbank. Wir reden davon, welche Filme wir großartig finden und welche nicht. Darüber, wie sie uns in bestimmten Lebensabschnitten berührt haben und so Teil unseres Lebens wurden. Vielleicht war die Idee mit dem Film-Verführer ja doch nicht so weltfremd, nur war ich nicht darauf gefasst, was mich auf diesem Weg erwartet. Ada und ich reden immer noch, als die Sonne untergeht, und ich schwöre, der Himmel sieht dabei aus wie ein riesiger, sich langsam senkender, rot-blauer Kinovorhang.

Geschlechter-Check

Liebesszenen: *Keine*
Dramatische Küsse: Einer
Zentraler Dialog: *»Ein wundervoller Tag. Es gibt niemanden, der ihn so planen könnte.« – »Doch, man kann schon. Es ist nur ein Riesenhaufen Arbeit.«*
Bester Männer-Spruch: *»Ich bin mal auf den Jungferninseln gewesen, lernte ein Mädchen kennen. Wir haben Hummer gegessen und Piña Coladas getrunken. Und bei Sonnenuntergang haben wir uns geliebt wie die Seeotter. Das war gar kein schlechter Tag.*

Warum konnte ich denn nicht diesen Tag wieder und wieder und wieder erleben?«

Bester Frauen-Spruch: *»Sie sind kein Gott. Darauf gebe ich Ihnen mein Wort. Aus mir sprechen zwölf Jahre katholische Schule.«*

Taschentuchfaktor für Männer: 2 / 5

Taschentuchfaktor für Frauen: 2 / 5

Der nächste Film, den Frauen gucken sollten: egal. Hauptsache, sie tun es mit jemandem, den sie lieben.

Der nächste Film, den Männer gucken sollten: dito

ABSPANN

Es gibt eine Szene in *Schlaflos in Seattle*, an die ich immerzu denken muss. Annie Reed (Meg Ryan) sitzt mit ihrer resoluten Freundin Becky (Rosie O'Donnell) daheim vor dem Fernseher. Gemeinsam sehen sie einen alten Film: *Die große Liebe meines Lebens (An Affair To Remember)*, opulentes Hollywood-Kino aus dem Jahr 1957, mit den überlebensgroßen Stars Cary Grant und Deborah Kerr. Die beiden lernen einander auf einem Kreuzfahrtschiff kennen und verlieben sich. Doch beide leben in Beziehungen. Was wird aus ihnen werden, wenn sie New York, das Ziel ihrer Reise, erreichen?

In der Szene, die mir nicht aus dem Sinn geht, sagt Annie tief bewegt zu ihrer Freundin: *»Das waren die Zeiten, als die Menschen noch wussten, wie man sich verliebt.«*

Becky, nüchtern: *»Du bist ein hoffnungsloser Fall.«*

»Sie wussten es. Raum, Zeit – nichts konnte sie voneinander trennen. Weil sie es wussten. Es war richtig, es war echt, es war …«

»Es war ein Film. Das ist dein Problem. Du willst nicht verliebt sein. Du willst im Film verliebt sein.«

Schlaflos in Seattle hat mich auf eine Idee gebracht, wie ich die große Liebe finde. Die romantische Komödie zitiert in vielen Einzelheiten *Die große Liebe meines Lebens*, nicht nur im Gebrauch der Filmmusik. Im Drama versprechen Deborah Kerr und Cary Grant einander, sich, falls die Gefühle für den jeweils anderen bis dahin unverändert geblieben sind, in sechs

Monaten auf der Aussichtsplattform des Empire State Building wieder zu treffen. 36 Jahre später werden Meg Ryan und Tom Hanks dort zueinanderfinden. Schon *Die größte Liebe meines Lebens* war ein Remake, bis auf die Szenenfolge geformt nach dem Vorbild *Ruhelose Liebe (Love Affair)* aus dem Jahr 1939. Ein Film inspirierte einen weiteren Film, der einen dritten inspirierte, der mein Leben verändert hat. Das Leben imitiert die Fiktion.

Wer sich nach Verliebtheit und Liebe sehnt, der schaut sich romantische Filme nicht an, um anderen beim Verliebtsein zuzuschauen. Sondern, um die eigene Sehnsucht besonders intensiv zu spüren. Wollen wir wirklich verliebt sein oder bloß, wie Becky sagt, »im Film«? Wer kann genau unterscheiden, was »echt« ist und was »erfunden«? Seit der Erfindung des Kinos vor mehr als einhundert Jahren sind Filme und die menschliche Wahrnehmung von Realität miteinander verwoben. 3D-Techniken, interaktive Drehbücher, Computerspiele zum Blockbuster und fußballfeldgroße Flachbildfernseher – sie alle zeugen von diesem Wunsch nach Grenzüberschreitung.

In *Die große Liebe meines Lebens* finden Deborah Kerr und Cary Grant auf dem Empire State Building nicht zueinander. Zwar eilen beide tatsächlich zur vereinbarten Zeit zum New Yorker Wolkenkratzer. Doch auf dem Weg dorthin wird Kerr von einem Auto erfasst. Sie kommt, schwer verletzt, ins Krankenhaus. Grant harrt vergeblich auf dem Observationsdeck aus, er weiß nichts von ihrem Unglück. Er fühlt sich zurückgewiesen, sein Herz ist gebrochen.

Und bei Ada und mir? Statt auf einem weltberühmten Wahrzeichen hat unsere Geschichte in einer für ihre rüde Bedienung berüchtigten Videothek begonnen, und hier hat sie eine dramatische Wendung erfahren. Unser Leben braucht bessere Drehbuchschreiber. Aber wir leben schließlich nicht in einem Hollywoodfilm – oder zumindest nur zum Teil.

Die große Liebe meines Lebens endet nicht mit der tragischen Szene, als Kerr und Grant einander auf dem Empire State Building verpassen. Was zum Schluss geschieht, will ich nicht vorwegnehmen. Es lohnt sich, den alten Film einmal anzuschauen. Und nicht nur diesen, sondern auch *Der Pate* und *Vier Hochzeiten und ein Todesfall, Einer flog über das Kuckucksnest* und *Smoke, Der Stadtneurotiker* und *The Big Lebowsky, Metropolis* und *Toy Story, Pulp Fiction* und *Psycho, Romeo und Julia* und *Taxi Driver, Sieben* und *Falling Down, Jenseits der Stille* und *Shining, Star Wars* und *Blade Runner, Das Schweigen der Lämmer* und *Die nackte Kanone, Casablanca* und *Gefährliche Liebschaften, Krieg und Frieden* und *Apocalypse Now, Panzerkreuzer Potemkin* und *The Artist*. Die Auswahl ist schier endlos, und jeder Mensch trifft seine eigene.

Ganz am Ende von *Schlaflos in Seattle* begegnen sich Annie und Sam (Tom Hanks) auf der Aussichtsplattform des Empire State Building. Sie blicken einander lange wortlos an. Dann sagt Sam: *»Sie sind es.«*

Und Annie antwortet: *»Ich bin es.«*

Die Anzahl der Geschichten, die wir einander im Kino und Fernsehen erzählen, mag begrenzt sein. Aber das, was sie im einzelnen Menschen berühren und auslösen, ist einzigartig. Wir müssen nur genau hinschauen. Nicht allein auf die Leinwand, auch in uns hinein. Durch Filme wird etwas in uns in Schwingung versetzt. Wir wollen uns intensiver spüren, wir wollen gesehen und tiefer verstanden werden. Am Ende will etwas in uns befriedigt sagen können: Ich bin es.

Danksagung

Mein Dank geht an Manuel Butt, bekannt aus dem Spielfilm *Der Gegenleser*, in dem er den Autor heldenhaft davon abbringt, mehr Peniswitze im Manuskript einzubauen als unbedingt nötig.

Ich danke Alexandra Kosian-Krishnabhakdi, die die weibliche Hauptrolle einer tapferen Lektorin spielte im Drama *Was hast du bloß gegen Pretty Woman*?.

Unvergessen bleiben wird Volker Jarcks schauspielerische Leistung als Geisel, die von einem durchgedrehten Schreiber zur steten Lüge gezwungen wird im Kammerspiel *Das ist aber lustig*.

Schon jetzt danke ich der Filmfirma, die erkennen wird, dass dieses Buch dringend in einen Spielfilm umgesetzt werden muss. Bitten, die Titelrolle des Film-Verführers selbst zu spielen, werden wohlwollend geprüft.

Und ich danke Ihnen, liebe Leserin und lieber Leser, dass Sie gleich noch ein zweites Exemplar des Buchs für Ihre Lieben kaufen. Ich beneide Sie um Ihren guten Geschmack.